EL PENSAMIENTO
DE LOS MONSTRUOS

colección andanzas

Libros de Felipe Benítez Reyes
en Tusquets Editores

ANDANZAS
Maneras de perder
El novio del mundo
Tratándose de ustedes
La propiedad del paraíso

FÁBULA
Tratándose de ustedes

FELIPE BENÍTEZ REYES
EL PENSAMIENTO
DE LOS MONSTRUOS

1.ª edición: octubre 2002

© Felipe Benítez Reyes, 2002

Diseño de la colección: Guillemot-Navares
Reservados todos los derechos de esta edición para
Tusquets Editores, S.A. - Cesare Cantù, 8 - 08023 Barcelona
www.tusquets-editores.es
ISBN: 84-8310-217-X
Depósito legal: B. 38.391-2002
Fotocomposición: Foinsa - Passatge Gaiolà, 13-15 - 08013 Barcelona
Impreso sobre papel Offset-F Crudo de Papelera del Leizarán, S.A.
Liberdúplex, S.L. - Constitución, 19 - 08014 Barcelona
Impreso en España

Índice

El universo no tiene sentimientos, todas las cosas son para él como perros de paja.

Lao-Tse

Lo mismo es camino arriba que camino abajo.

Heráclito

... Porque esta Tierra que pisamos, estas piedras y todos estos lugares que habitamos están enteramente corrompidos y roídos como lo que está en el mar está roído por la acritud de las sales.

Platón

1
Libro de Jeremías
o Las humillaciones del orden cronológico

La conjunción de mis tres ocupaciones habituales no creo que sea tan incoherente como a primera vista pudiera parecer: soy policía, soy un poco vidente y algunas noches las empleo en retransmitir un programa pirata de radio.

Aparte de eso, últimamente me dedico a echarle una mano a mi amigo Jup Vergara en su agencia de viajes. Y estudio, en la Universidad a Distancia, Filosofía. (... Bueno, y también colecciono posavasos.) Por lo demás, mi infancia puede resumirse del siguiente modo: una vez gané en el colegio un segundo premio con una redacción sobre el terror —uno de mis temas abstractos favoritos— y al siguiente curso ni siquiera quedé finalista con una redacción sobre la muerte.

En cuanto a mis ideales de adolescencia, lamento comunicarles que se cifraban —no me pregunten ahora por qué— en llegar a convertirme en propietario de una piscina pública, pues parece comprobado que no existe cosa más enigmática que la esencia de los ideales adolescentes. Pero, entre cosa y cosa, la realidad me cayó desde lo alto como una guillotina, por decirlo de algún modo, y mi cabeza decapitada rodó sin parar por los laberintos de la insensata fortuna, y aquí me tienen: pasma, vidente a ratos y locutor clandestino, aparte de estudiante a distancia del pensamiento de gente mucho más lúcida y preparada que la mayoría de ustedes y que yo.

Me gusta creer, no obstante, que todas estas actividades

de apariencia heteróclita (incluidas la de ayudar a Jup Vergara y la de coleccionar posavasos) guardan algún tipo de relación entre sí, ya que, según nos enseñó Heráclito de Éfeso, las cosas diversas que componen nuestro mundo mantienen entre ellas una armonía secreta... Aunque es secreta, como su adjetivo indica, y tal vez por esa razón no acabamos de entender casi nada, y en ese estupor, en suma, se nos va media vida. (La otra media, por su parte, me temo que se nos va en el intento de explicarnos en qué se nos ha ido la otra mitad.)

Trabajo en pasaportes, un negociado que despierta mucha simpatía entre la población, porque la gente viaja cuanto puede: aún cree en el mundo como misterio. (El exotismo, los climas tórridos, la nieve, las pagodas.) (Incluso los safaris.) Por no se sabe qué motivo, la gente anda siempre de aquí para allá, arrastrando maletas por largos pasillos de hoteles decorados por hombres bisexuales, comiendo salsas vanguardistas de color verdoso, estudiando guías de monumentos, bañándose en piscinas orinadas y bailando al ritmo de polca o de guaracha en un jardín con estatuas de hormigón más o menos grecolatinas. «¿Es aquí donde se saca el pasaporte?», oigo unas cincuenta veces cada mañana, porque la gente, ya digo, no para de moverse: se parece en eso a una urraca que hubiese puesto un huevo inseminado en un momento de locura por un cuervo y que no quisiera aparecer por su nido ni a cambio de todos los diamantes ocultos en el subsuelo de la República de Sudáfrica, como si dijéramos.

Por lo que respecta a la videncia, confieso que no confío demasiado en los poderes paranormales de la mente (porque demasiado tiene una mente con restar y con sumar, con recordar y con arrepentirse, con mantener en pie los sentimientos), pero el caso es que tengo esos poderes, aunque es cierto que a escala muy modesta: el testigo atónito de un suceso que se manifiesta al margen de la cronolo-

14

gía (y eso siempre es un lío). Sí, por supuesto: sé de sobra que en torno al fenómeno de la videncia florecen muchos farsantes vestidos con túnica dorada y teñidos de rubio fosfórico, pero yo soy una especie de farsante a la inversa: no sólo no alardeo de mis poderes insignificantes (que son el tipo de poder del que más suele alardear la gente, porque los depositarios de poderes espectaculares no necesitan alardear de nada: su alarde es el poder mismo), no sólo no alardeo de ellos, según les decía, sino que a veces incluso niego tenerlos, precisamente para no parecer un farsante. Porque, veamos, ¿monto una consulta telefónica de tarot? ¿Me compro una bola de cristal, me disfrazo de merlín de lamé y me dedico a profetizar enfermedades y adulterios a las amas de casa temerosas de la maquinaria del destino?

Mi madre vio una vez en la televisión el número estelar de un fakir: un hombre con turbante que se tragó cristales machacados, alcayatas, chinchetas y una cuchilla de afeitar y que luego se tumbó en un lecho de clavos en punta. Para mi madre fue aquello la revelación exacta de los conceptos de espanto, de inutilidad y de demencia, y decía a menudo que había soñado con el fakir —y a saber lo que hacía el fakir en las pesadillas de mi madre, porque los mundos oníricos tienden de suyo a la desproporción—. He contado esto del fakir porque estoy casi seguro de que mi madre se fugaría de su nicho («Vente conmigo de inmediato, Jeremías. Allí estarás mejor») si se enterase de que su único hijo acaba convertido en una rareza·de dominio público. (Las matemáticas nunca han sido mi fuerte, pero antes preferiría contar los granos de arena de un desierto que revelarle a cualquier impaciente el porvenir: que le fastidie un poco la incertidumbre, dicho sea con el debido respeto.) (Ya le llegará el momento de enterarse incluso de lo que no debe, y entonces se fastidiará del todo, y sin la ayuda de nadie.) (Que no le quepa duda.) De todas formas, confieso que hay veces en que presumo de videncia para intentar ganarme la

15

simpatía de las mujeres o para divertir a mis amigos, pero se trata de ocasiones excepcionales, aparte de infructuosas, porque suelen pillarme bastante colocado, y en ese estado de conciencia no acertaría una ni el profeta san Malaquías, que era un profesional auténtico. Lo frecuente, ya digo, es que reniegue de mis poderes, porque, en el fondo, todo esto de la videncia me parece que no es más que una pirueta estrafalaria del azar: la conjunción anacrónica de una hipótesis brumosa con una casualidad futura. («¿Conjunción anacrónica, hipótesis brumosa, casualidad futura?», me preguntarán ustedes. Bueno, es que los filósofos tenemos derecho a hablar de esa manera.) (Es lo que nos distingue esencialmente de quienes no son filósofos: la manera de hablar, sujeta en nuestro caso a los parámetros etéreos de la especulación.) Cualquier forma de videncia es además intermitente: no la invocas a voluntad, sino que te viene en ráfagas inesperadas; ráfagas de índole generalmente alegórica que te ves obligado a interpretar porque carecen en principio de sentido (un tren que se hunde en un mar agitado, por ejemplo) (¿?); por si fuese poco, esas ráfagas pueden ser retrospectivas, extremadamente retrospectivas en ocasiones: vas por la calle y, de improviso, te sobreviene la visión fugacísima pero nítida de una batalla medieval, con sus caballos disfrazados de fantasma y con sus hombres de hierro, y te preguntas qué sentido encierra esa visión, y la respuesta acertada parece ser «ninguno», aunque nunca se sabe: la Historia General del Tiempo tiene algo de pesadilla circular, de incesante espiral de irrealidades, y existen puntos secretos de intersección entre el presente, el pasado y el futuro. (Y de ahí, tal vez, digo yo, la condición mágica, simétrica y aterradora de la esencia del tiempo, ese demiurgo en estado gaseoso que tiránicamente gobierna un espejismo.)

Por otra parte, mi programa de radio se llama *El cesto de las orejas cortadas*, y lo emito cuando puedo y cuando creo que tengo algo que decir.

(Y de la agencia de viajes de Jup y de Jup mismo hablaré más adelante.) (Y de otras cosas.)

Voy a hacerles una confesión imprudente, si me toleran ustedes la redundancia... Verán: muchas de las cosas que me han sucedido a lo largo de la vida perduran en mí en forma de infinito dolor. (Y espero que esta frase no se le haya ocurrido antes a algún oportunista como Kierkegaard, por ejemplo.) (Porque me parece una buena frase.) No se trata de un dolor tipo punzón, afortunadamente; tampoco es un dolor tipo cuchilla. No es eso. Es más bien un dolor algodonoso que me envuelve con tentáculos blandos y húmedos durante al menos tres o cuatro horas al día, sin contar las de sueño. (Porque el sueño es asunto aparte: el descenso a la cripta psicodélica de la razón.) (Una cripta en la que el tigre que está devorándote se convierte de pronto en un rinoceronte alado y en la que el cadáver de una bailarina japonesa se abre de piernas ante ti y te dice: «Sácame los ojos», por ejemplo.) (Menuda cripta...) (Y tenemos que pasar en ella, diariamente, seis o siete horas.) (Y regresar de allí como si nada.) (Y afeitarnos, y salir a toda prisa a trabajar.) Digamos, en fin, para entendernos, que ese dolor algodonoso consiste en una forma superior de la melancolía. Y la califico de superior no porque me crea por encima de nadie (todo lo contrario), sino porque conozco de sobra la melancolía común y sé que mi grado de melancolía actual está por encima de ella. ¿Los síntomas diferenciales de una y otra? Sí, cómo no: la melancolía común provoca una desazón abstracta, en tanto que la melancolía superior provoca, además de esa desazón abstracta inherente a todo estado melancólico, un pánico abstracto. Y, bueno, eso me parece la intemerata de la mala suerte: algo muy parecido a sufrir la picadura de una abeja mientras orinas un cálculo nefrítico del tamaño de una lágrima.

Cuando ese tipo de melancolía se apoderó un día de mí, casi de improviso, supe que no me abandonaría nunca, porque tenía todo el aspecto de ser una sentencia a cadena perpetua esculpida en mármol. Y aquí estoy, ya ven ustedes, manteniendo el tipo, de cara al torbellino del maelström, como un marinero deshidratado que ve acercarse a su balsa de bambú una ola de doce metros.

Pero, como es lógico, mi espíritu ha conocido tiempos mejores. «¿Por ejemplo?» Pues por ejemplo cuando vivía con Ana Frei, que tenía una especie de bolsa de veneno en el corazón, eso sin duda, pero que es la mujer que más me ha gustado de cuantas me han hecho caso, quizá por la excitación que me producía el hecho de vivir asomado continuamente a un volcán en activo, por decirlo de algún modo... Y, ya que he mencionado un volcán, permítanme referirles la historia de Empédocles, siciliano de Acragas... Bien. De Empédocles se cuenta que tenía facultad para verificar milagros, que sabía controlar a capricho los vientos y que resucitó a una difunta. Pero no nos interesa ahora la vida privada de Empédocles, sino el final que tuvo esa vida privada: un día, Empédocles se subió al volcán que llaman Etna y, para demostrar a la chusma que él era un dios, se tiró de cabeza al cráter. Nunca más se supo de aquel dios. (Una pérdida lamentable para el politeísmo, desde luego.) Pues bien —y a esto iba—, yo me sentía ante Ana Frei igual que Empédocles ante el universo: como un dios. Un dios temeroso y sumiso, predestinado a chamuscarse, a cocerse vivo en lava, pero un dios. Y me arrojé al cráter de Ana Frei, y allí me consumí, y comprobé que no era un dios, sino un muñeco de trapo con una gran pastilla para encender barbacoas dentro de la cabeza. Pero de eso hace ya bastante, y prefiero pasar por el asunto como pasaría cualquiera por un campo de minas: con la mirada baja y en silencio, sin respirar. (Ana Frei, con sus ojos de eterna indignación, como si se tuviese a sí misma por una desterrada del país de los arquetipos...) De todas formas, no hace falta que me aleje tanto en el tiempo: el mes pasado –aunque ustedes no lo crean– aún me encontraba bien... O por expresarlo con más exactitud: me encontraba muy mal, pero al menos la sigilosa tarántula con bigote nietzscheano y con picudas orejas socráticas (por así decirlo) no había levantado casa todavía en mi corazón (por así decir). Dentro de lo que cabe, me encontraba dispuesto y diligente, un anónimo artesano de la vida, un tipo que canturreaba ante su espejo. Mi pensamiento era un agua estancada en la que no se sumergía un número de culebras mayor del que suele ser habitual que se sumerja en cualquier pensamiento adulto –salvo que te apellides Schopenhauer, claro está, porque en ese caso tu mente puede haberse convertido en un suntuoso reptilario–. Y entonces, como sacada de la chistera de un mago peligroso, llegó la melancolía superior y mi reserva de bienestar metafísico pasó de golpe a la historia secreta de los movimientos espirituales pioneros del siglo XXI, porque se me vino encima todo mi pasado y me di cuenta de que mi futuro estaba contenido en él, en ese pasado confuso y fósil, y aquello fue como si un pulpo de dos toneladas se me hubiera sentado en la cabeza. Entonces exclamé: «Hostias, Yéremi, esto es... ¡el Tiempo!», y me pasé la noche entera sin dormir.

Bien. No se espanten ustedes, pero les confieso que, en un principio, cuando me animé a escribir este compendio de mi vida reciente, tuve una idea que me pareció bastante buena: «Voy a plantearme esto como una carta a los Reyes Magos». (Estupendo, ¿no? Una carta. A sus altezas irreales.)

«Una carta», pensé de nuevo. (Porque las cosas conviene pensarlas un par de veces.) Y siguió pareciéndome una idea bastante buena, y empecé a escribir esa carta, inventario de ansias clandestinas, aunque al poco caí en la cuenta de que las cartas a los Reyes Magos tratan siempre de lo mismo: la formulación de unos deseos que comienzan a descomponerse y a oler mal. Y es que las cartas dirigidas a esos magos de un indefinido Oriente son cartas de súplica. Y son monotemáticas. Si acercas el oído a cualquiera de esas cartas anhelantes, podrás oír el crujido interno de la insatisfacción, idéntico a ese crujido que siente en su cerebro musical el pájaro que busca semillas y picotea por error un guijarro. Porque se trata de cartas marcadas, marcadas por el Tiempo, el *croupier* de los dedos veloces.

Las cartas dirigidas a los monarcas mágicos vienen a ser —qué curioso— un inventario de objetos hermosos y brillantes, porque las cosas que necesitamos son casi siempre así: son hermosas, son brillantes. Y esto iba a ser, ya digo, una carta a esos reyes de mal asiento que los poetas universales han llegado a imaginar como jerarcas errabundos, siempre en pos de un diorama con forma de cometa o de estrella de estela en abanico o de punto fulgente en lo celeste o qué sé yo: ellos iban detrás de una cosa que brillaba.

Esto iba a ser, ya les digo, una carta a los magos, aunque esté yo un poco pasado de edad para pensar siquiera en ese tipo de fantasías implorantes (pero reconozco que aún tiemblo a veces en la oscuridad, y ser niño consiste fundamentalmente en eso: en temblar mucho, lo más posible) y aunque sepa de sobra que sus majestades están hastiadas ya —más incluso que nosotros— de tantas ilusiones accesorias, porque llevan demasiados siglos atendiendo los deseos de los niños medio pirados de medio mundo, unidos todos ellos en una palpitación unánime de ansiedad ante la esperanza de poseer un ordenador poderoso o un simple y sonriente caballo de balancín. (Entrenados desde pequeños para sufrir un ansia sin fondo, para la concepción imparable de quimeras doloro-sas.) (Un raro plan de vida, me parece: convertir el deseo en una angustia; mendigos de unos mundos ilusorios...)

Pero entonces medité un poco y me dije: «No escribas esa carta, Yéremi. No eres un niño». (Ese niño duerme en un ataúd color marfil acolchado con raso blanco; apenas recuerdo su cara ni su voz: RIP total, camarada. No pude hacer nada por ti. Te arrojé al remolino del tiempo fugiti-vo.) (Perdóname. Lo siento.)

Esto pudo haber sido finalmente –y no me cansaré de repetirlo– una carta a los reyes orientales, una carta de súpli-ca, porque cualquier veterano, cada vez que un año termi-na, siente nostalgia de aquellos momentos en que, con la lengua entre los dientes, escribía en letra cursiva y en ren-glones muy derechos, como quien redacta la fórmula de un conjuro, todo cuanto necesitaba por entonces para no ser desdichado: un camión remolcador, una espada como la de Simbad o un fusil de cañón luminoso. (O quizá, quién sabe, una muñeca más rubia que la de su hermana.) Porque en ese tiempo los deseos tenían nombre y forma, el contorno de un sueño muy preciso. Pero, justo cuando me disponía a comenzar la página segunda de esa carta, llegó de repente la melancolía de grado superior, con sus andares de bruja recién chutada, me palmeó el hombro y me dijo: «Buenas noches, incauto Jeremías Alvarado. ¿De verdad pensabas que ibas a ser una excepción?». Desde entonces, no paro de pensar no exactamente en la muerte, porque no existe pen-samiento más contraproducente ni vulgar que el necrofíli-co, sino en cómo va la muerte infiltrándose en todo: entra como un gusano en la hoja del árbol tierno, coloca un fil-tro de zozobra y suspicacia en la pupila de todos los ani-males, va enmoheciendo las piezas del engranaje de nuestra mente, hasta que nos deja la cabeza por dentro como un pollo después de pasar por las manos de media docena de cocineros chinos... Porque la muerte va infiltrándose en todo con la terquedad silenciosa de una bacteria. Y cuando ves la muerte infiltrarse en los seres y en las cosas es cuando te ataca la melancolía superior, ya digo, la que no tiene cura, porque en tu diccionario personal ha entrado una nueva palabra, una palabra intrusa que contamina el significado de todas las demás palabras que componen ese diccionario tuyo de palabras habituales: hachís, sueldo, pasaporte, muchachas, Schopenhauer... Y esa palabra es... «¿Muerte?» No, lo siento, no es esa la palabra intrusa, sino otra muy parecida: moribundo. «¿Moribundo?» Sí, porque el universo entero se convierte para ti en un esplendor degradado, en una inmensa ilusión desintegrada: todo palpita, pero todo está muriéndose dentro de ti, y te da por tanto igual que el universo entero siga palpitando de manera fastuosa, porque no se trata de un asunto universal, sino privado. («Moribundo», en suma: esa es la palabra comodín, la que va unida de repente a todo.) De manera que, por el asunto este de la melancolía superior, no pude escribir mi carta adulta a los reyes errabundos, y de eso que se han librado ustedes, porque a nadie le interesa ni lo más mínimo el relato de las aspiraciones insatisfechas del prójimo: allá cada cual con sus infiernos. De todas formas, no me aflige demasiado la imposibilidad de escribir esa carta. Y no me aflige fundamentalmente por tres razones: porque no me gusta escribir cartas, porque últimamente han sucedido demasiadas cosas importantes (importantes al menos para mí, que no soy la medida del mundo, desde luego, pero que tengo mi medida para las cosas del mundo) y... (falta la tercera razón, que es siempre la más difícil). Bueno, pues tal vez porque, al día de hoy, mi carta a los reyes orientales podría resultar un poco compleja. (Incluso tal vez sería bueno que no la leyeran las personas sensibles: «Queridos Reyes Magos de los reinos del sándalo y del hondo oro negro; vosotros, los venidos de países con palmeras, ayudadme a sostener con dignidad este terror...».)

... Ahora bien, también hay cartas a los Reyes Magos que no consisten del todo en la formulación de un descontento secreto (secreto a pesar de tratarse de un tipo de descontento común a toda la Humanidad, curiosamente: un secreto cantado a coro por varios miles de millones de voces inarmónicas), sino en la formulación de un descontento optimista, esperanzado, inexplicablemente positivo.

Mi amigo Jup Vergara, por ejemplo, escribiría sin duda una carta similar a la que sigue: «Queridos Reyes Magos, este año os pido que dejéis a los pies de mi cama una camarera delgada y muy tetuda. Insisto: delgada y muy tetuda. Lo más delgada posible y lo más tetuda posible, camaradas, ¿de acuerdo? Un abrazo, mamones, Jup». (Aproximadamente.) Y si la gente le preguntase: «Oye, Jup, ¿qué les has pedido a los reyes este año?», Jup contestaría: «Una camarera, como es lógico», porque él anda detrás de Vani Chapí, la camarera tuerta y tetuda de Hospital, una nueva macrodiscoteca en la que no he estado todavía, porque queda a más de veinte kilómetros de aquí, y yo no conduzco. (Jup me ha hablado mucho de Hospital, y tengo varios posavasos de allí que me trajo él.) (Y a Vani Chapí me la presentó en una cafetería, y el parche de su ojo ocultaba un ojo sano, y mojaba aceitunas en su cerveza.) (Y tenía unas tetas enormes.)

Cada cual les suplica a esos reyes abstractos, en definitiva, la restitución de una ilusoria realidad ilusoriamente amputada, palpitante en el vacío de lo inexistente: la añoranza artificial de una carencia. En virtud de esta aseveración, ¿tiene carencia Jup de camareras delgadas y tetudas? En general, no sería exacto contestar que sí. (Contestar que sí sería, más bien, una calumnia.) Lo exacto sería dar por hecho que a Jup le gustan incluso las madres delgadas y tetudas de las camareras tetudas y delgadas. Eso sería lo exacto. (Y lo demás sería una calumnia.)

A mí —para qué voy a decir lo radicalmente contrario a la verdad— también me gustan las camareras. (Y las madres de las camareras.) Pero ¿qué ocurre? Exactamente *eso*. *Eso* es lo que ocurre. («Pero ¿qué diablos ocurre?», preguntará sin duda algún despistado, si es que aún quedan despistados en este mundo de avizoradores.) Pues lo que ocurre —siempre según mi versión, claro está— es *eso:* que, a estas alturas de tu vida, si vas a un bar a mirar camareras y les clavas tus ojos de lagarto nervioso en sus cuerpos de mármol imperial romano, por así decirlo, ¿qué sucede? ¿Que ellas saltan sobre ti con las bragas colgadas de las orejas, entusiasmadas y envanecidas por el hecho de que precisamente tú, una patata arrugada y pitagórica, te hayas fijado en ellas de repente? No, ¿verdad? Lo que ocurre es que, a estas alturas de tu vida y a esas alturas de la vida de ellas, las camareras acaban pensando que eres el asesino de la sierra mecánica. O el canoso y herpético inspector de trabajo. O el comisario antidroga, con su aspecto inequívoco de interrogador y con la mano temblorosa ya de tanto pegar hostias en beneficio de la normalidad social. *Eso* es —en esquema— lo que ocurre.

¿Conclusión? El mundo, amigos míos, tiene puertas, y las puertas del mundo van cerrándose. Así que, en términos generales, resulta imprudente andar por ahí mirando con tesón atónito a las camareras atómicas de trajecillos anatómicos tejidos con licra tóxica en la Factoría Universal del Espejismo. Porque ellas no te ven: eres el ectoplasma ambulante que apenas resulta visible cuando se le llenan los pulmones de humo al fumar. (Así te ven —y es un decir— cuando llegas a la barra y les pides algo de beber: transparente. Incorpóreo perdido. Una filigrana de nicotina parlante.) (Aunque la bebida, eso sí, te la ponen: ellas están adiestradas para atender cortésmente a los veteranos. Ellas son, en realidad, las enfermeras piadosas que sirven dosis de balsámico alcohol a los espectros.) Si yo tuviese amigos dispuestos a escucharme como se escucha a los gurús, les daría este consejo práctico: «No hagamos eso, eso de ir por ahí mirando camareras. Tengamos un poco de orgullo, aunque sea el del cangrejo: huyamos en oblicuo con nuestras pinzas abiertas y amenazantes, como si en vez de huir asustados nos replegásemos estratégicamente». (Algo así les diría.)

Dentro de unas horas cumpliré cuarenta años, y me represento esa circunstancia como la acción de verter cuarenta gotas de veneno en un vaso de agua turbia, y estoy nervioso, necesitado de vorágine, aunque no tengo intención de ir a ningún sitio, entre otras razones porque hoy es miércoles y, aunque el cuerpo me pida un poco de toxicidad y aunque el espíritu me reclame disipaciones urgentes, seguirá siendo miércoles incluso cuando el jueves se levante a la hora del vampiro, y, además de eso, porque me noto extraviado en una especie de pirámide metafísica y brumosa (si me permiten ustedes la expresión), procurando interpretar los jeroglíficos que se me forman en el pensamiento, recorriendo las galerías equívocas de la memoria con una lámpara cuyo humo me ciega. «No lo hagas, Yéremi. No salgas por ahí, porque lo más emocionante que puede ocurrirte es que un desconocido te rompa un diente o que te atropelle un coche», me repito en mi salón minimalista de hombre solo, al modo de un monarca que se paseara, meditabundo, por un castillo sin cortinas ni alfombras, aunque con ceniceros rebosantes de colillas.

(Hoy no es un día de fiesta, en fin, según parece.) (Hoy es, más bien, el día del aquelarre.)

Pero entremos ya en materia. En materia sólida.

De modo que ahí va la materia sólida: dentro de unas horas, según acabo de informar, cumpliré cuarenta años. (Perdón por la insistencia en este dato, pero es que en mi periódico mental es noticia de portada.)

Un mal día, en fin. Mítico, sin duda. Pero malo.

De todas formas, me asomo al abismo después de haberme curado el vértigo, ya que la célebre crisis de los cuarenta comienza más o menos a los treinta y siete: esa es la edad del crujido interno importante. (Crac.) (El crac de un gong al partirse por la mitad en el clímax de un delirio wagneriano, si hablamos con exactitud.)

... Lo siento de veras, pero creo que no voy a tener más remedio que contar una anécdota privada para conducirles luego al terreno de las especulaciones generales... Bien, vamos allá, con el permiso de ustedes: una vez, con motivo de algún aniversario (esa simetría artificiosa entre el pasado y el presente), pasé una noche con Yeri («¿Quién es Yeri?») (paciencia) en un hotel lujoso (se le inculcó eso a ella con la rotundidad de un dogma: que fuese lujoso) y lo cierto es que me sentí allí igual que un conejo desollado metido por error en la jaula de oro y lapislázuli del guacamayo bilingüe de un rajá, por intentar expresarlo de algún modo. Porque está comprobado: alrededor de los treinta y siete, llegas un día a un hotel de lujo y, de pronto, al pasar ante un espejo de anonadante marco dorado Luis XIV (pongamos por caso), ves de refilón un rostro en el que está esculpido con cinceles invisibles un rictus de pesimismo estable, un rostro que ha recibido ya el aletazo desfigurador del tiempo, y te preguntas: «¿Quién será ese monstruo?». Y resulta que el monstruo eres tú. «¿Yo?» Sí, tú, porque tienes dibujado en la cara el estigma del condenado a muerte que acaba de enterarse de la sentencia. Allí, en tu cara llena de orejas y de ojos, están ya superpuestos, igual que diapositivas, los ectoplasmas de tu padre y de tus abuelos y de tus bisabuelos, y de Noé incluso, ¿por qué no?, si nos vamos al principio de esa cadena genética que seres laboriosos y apenados fueron formando, grillete a grillete, hasta llegar a ti, de quien depende que la saga siga. (Tú sabrás.)

Eh, vosotros, los muertos, los antepasados, oídme: *Morituri te salutant.* (Latín auténtico: *Morituri te salutant.* Lo decían los gladiadores de Roma antes de matarse entre sí y significa «Los que van a morir te saludan». ¿Lo entienden ustedes ahora? Esa es la base de nuestras conversaciones con los cadáveres: *Morituri te salutant.)* (Nosotros, los que oímos ya a los leones afilarse las garras en el portón del circo del tiempo.)

Pero creo que ha llegado la hora de ensayar al respecto una enseñanza moralizante y a la vez práctica: a partir de los treinta y siete, en definitiva, ni se les ocurra pisar un hotel de lujo. Ni siquiera se asomen allí para curiosear en la vida de los viajeros de pies hinchados que viven en esos palacios provisionales. Mejor que no. Porque los espejos de ese tipo de hoteles suelen ser inmensos, y muy dorados, delatores. (Rayos equis.) A partir de los treinta y siete, en definitiva, lo mejor es evitar los lugares en que haya grandes espejos y los espejos en general. «Pero si prescindimos de los espejos, ¿cómo nos afeitamos esa barba que nos recuerda cada mañana de nuestra vida adulta que Darwin tenía más razón que un astrólogo martirizado en la hoguera de las ordalías babilónicas, en el caso de que tales cosas hayan existido como tales?», me preguntarán sin duda ustedes. Bueno, no hay de qué preocuparse a ese respecto, porque los espejos de casa son amables y dóciles. Nos respetan. Los tenemos amaestrados: nos devuelven la imagen de un ex combatiente un poco cascado y quejumbroso, con la cara descolgada y con los pelos tiesos, o sin pelo quizá, pero aún distinguido; la imagen, en fin, de alguien que procura mantener el mismo tipo de decoro que esas estatuas de celebridades sobre las que se cagan locamente las palomas.

A veces, incluso, ese rostro que vemos reflejado en la superficie de un espejo privado nos recuerda vagamente al de la fotografía de nuestra primera comunión: aquel grumete del barco pirata del tiempo, ajeno por completo al temporal; pequeño y acicalado fantasmilla, con un reloj recién estrenado en la muñeca... Y ese milagro de adivinar en tu cara el rastro del cadáver del niño que fuiste se produce, al menos en parte, porque en casa no cometemos la insensatez de instalar sobre el espejo seis focos halógenos de trescientos vatios cada cual, al contrario de lo que ocurre en los hoteles de lujo o semilujo, esas barracas del terror en las que todo está infestado de luces: los salones, los pasillos, los armarios, incluso el minibar. Todo allí refulgente. (Ignoro para qué.) (Y esto ya se lo vio venir el astuto Pitágoras: «No mires un espejo al lado de una luz», nos avisó.) Abreviando: los hoteles de lujo y semilujo son los palacios fosforescentes del pánico filosófico, la gran fiesta de *halloween* del vatio... Luces homicidas, luces que no sólo delatan las primeras arrugas aún imperceptibles para el ojo en condiciones normales, luces que no sólo hacen visibles las arrugas que vienen de camino bajo la piel como grandes caravanas de células moribundas, sino luces que incluso nos dejan transparente el cerebro —ese cerebro nuestro que comienza a tener el mismo aspecto solemne que un sapo con corona sentado encima de un flan.

«De acuerdo, pero entonces, ¿por qué hablamos los hombres aterrados de la crisis de los cuarenta, mitificando así ese punto preciso de nuestra confusa existencia fugitiva, cuando lo cierto es que tenemos la cabeza convertida en confeti freudiano desde mucho antes?» Pues tal vez por la misma razón por la que hablamos de tantas otras cosas: para disimular. Para mentir un poco. (Porque los hombres aterrados no podemos sentirnos importantes sin practicar el disimulo y sin engañar: somos muy partidarios de eso.) Pero la verdad es que la fiesta de los muertos vivientes comienza a animarse, ya digo, a partir de los treinta y siete, semestre arriba o semestre abajo. (Aunque si eres más feo de la cuenta, estás metido en el ambiente de esa fiesta de zombis incluso a partir de los quince o de los dieciséis, en esa época de la vida en la que tu cara parece una pizza de pus y en la que empiezas a sentir fascinación por la muerte, porque no conoces todavía ningún antídoto contra ese terror que se deriva del hecho de formar parte de un universo en el que casi todo está condenado a extinguirse.) (Y no conoces ningún antídoto contra eso por una sola razón: porque no existe.) (Aunque la costumbre de convivir con ese terror se dulcifica con el paso del tiempo.) (Porque todo es cuestión de costumbre: el gorrión asustadizo acaba durmiendo en el sombrero de paja del espantapájaros.)

De todas formas, nos guste o no —y en general no nos gusta—, lo cierto es que en vísperas de nuestro cuarenta cumpleaños comienzan a suceder fenómenos inéditos dentro de nuestra cabeza. «¿Como por ejemplo?» Pues no sé... Resulta difícil explicarlo si no es mediante el procedimiento de dar alaridos de fiera traspasada por una lanza, pero, en fin, digamos que, en líneas generales, te sientes como debe de sentirse un boxeador que se orina de pronto en su calzona de satén escarlata cuando está tirado en medio del ring con la mandíbula rota, rodeado por un tipo que cuenta hasta diez y por otro tipo que parece tener muelles en las zapatillas.

Y es que a los cuarenta no sólo cambia de repente tu valoración del papel que protagonizas en el teatro circular del mundo, porque te sientes como un actor que, después de pasarse cuatro décadas interpretando diariamente a Segismundo o a Otelo, comprende de la noche a la mañana que le hubiese entusiasmado interpretar al grotesco Sancho Panza en un ballet ruso, brincando con una barriga postiza y con unos pantis de colores. No es sólo eso lo que cambia, ya digo. Cambia también la relación con tu conciencia, porque de pronto firmas con ella un pacto basado en acuerdos de mutuo rencor: lo que esa conciencia te impidió ser, lo que hiciste a pesar de tu conciencia... «¿Y eso es todo?» No, no sólo es eso lo que cambia. Aún queda el cambio principal de relación: la que mantenías con el tiempo. Ese es el cambio principal, porque de repente te das cuenta de que has podido tirar por el desagüe del universo cuarenta años enteros de tu vida, pero comprendes que ya no puedes tirar ni un solo día más: la verdadera cuenta atrás ha comenzado. (Los relojes destilan ya su ámbar, como quien dice.) (Y te vuelves avariento de esa materia pegajosa.)

Por si esto fuera poco, en las inmediaciones de los cuarenta, cada día te duele de una manera inconcreta todo el cuerpo (un dolor que casi no es dolor: esa clase de dolor que padecen los robots anticuados, ese dolor de las puertas que chirrían...) y te aferras supersticiosamente a los complejos vitamínicos con el mismo ánimo con que el salvaje pintarrajeado arroja azufre a la hoguera para ahuyentar de la tribu a los demonios del supremo yuyu. En vísperas de los cuarenta, tu mente adopta además registros pintorescos (el carcajeante bufón con reúma que salta y saca la lengua ante un espejo cóncavo) y tu propio pensamiento se convierte para ti en un espectáculo desconcertante (el domador que mete la cabeza en la boca de un león narcotizado). («¿El bufón con reúma? ¿El león narcotizado...?» Bueno, yo sé lo que me digo.) (Se trata de metáforas filosóficas, que siempre resultan un poco oscuras.) En definitiva, y disculpen la insistencia en los paralelismos: enfrentarte a los cuarenta viene a ser algo muy parecido a llegar a casa con el pantalón desgarrado por un perro y encontrarte debajo de la puerta un folleto publicitario en el que se lee, entre grandes signos de admiración, algo así como «¡APRENDE A TOCAR LA GUITARRA ELÉCTRICA Y DESLUMBRA A TUS AMISTADES!». Así es como te sientes: como si se hubieran aflojado los vínculos que existían entre la realidad y tu noción de la realidad. «¿Y por qué ocurre eso?» Pues por centenares de razones, como es lógico, pero especialmente porque se ha roto esa ampolla llena de veneno ácido que estaba congelada dentro de tu mente desde que eras niño, y ese veneno corrosivo lo impregna todo, célula a célula, y te repites veinte o treinta veces al día: «Eres mortal. Puedes chingarla en el momento menos pensado. Puedes chingarla en cuestión de horas, de minutos tal vez, y a todo el mundo —incluso a ti mismo— le parecería una cosa normal». Y entonces llega el momento en el que te atreves a preguntarte: «¿Se me habrá caído la máscara? ¿Se superpone ya al mío el rostro horrible de mi pobre padre?». Te atreves a preguntártelo, ya digo, aunque enseguida te sobreviene un pensamiento compensatorio: «No, no puede ser. Aún es pronto para eso». De todas formas, ante la duda, madrastra de buena parte de la filosofía de Occidente, te levantas de tu butaca anatómica recomendada para dolencias cervicales, te miras en un amable espejo doméstico para confirmar tu suposición optimista y, a pesar de todo, no tienes más remedio que acabar exclamando: «Hostias, no, ¿por qué?», ya que no existe desconcierto mayor que el derivado de comprobar la buena marcha de tu metamorfosis en monstruo.

Pero, detalles fisiológicos al margen, lo cierto es que, cuando vas a subir la escarpa de los cuarenta (y les prometo que este será mi último paralelismo, al menos por ahora), comienzas a sentirte en el mundo de un modo similar a como se sentiría un rey que, durante la celebración de un importante desfile conmemorativo, notase de pronto que un mimo callejero le mete un consolador de tres velocidades por el culo, y a velocidad tres. Así es como te sientes: como si el tiempo te hubiera faltado al respeto. Porque lo malo de los cuarenta no consiste en el hecho de que te gustaría ser más joven (porque eso ha dejado de ser un problema: lo que quisieras es volver a nacer, que es algo muy diferente). Lo malo de cumplir cuarenta no es ni siquiera el hecho de intuir claramente lo malo que será cumplir cuarenta y uno, cuarenta y dos o cincuenta y ocho... (A fin de cuentas, lo que está por venir será peor, pero *esto* es malo.) Tampoco es lo malo del todo la certeza de que tus pelos y tus dientes comienzan a ser objetos provisionales en tu cabeza y en tu boca, si es que aún andan por allí. No. Lo malo, lo verdaderamente malo de cumplir cuarenta años es que, cada quince o veinte minutos, te haces preguntas fastidiosas: ¿qué distingue un desengaño de una incredulidad?, ¿qué diferencia hay entre padecer insatisfacción o pánico?, ¿con cuántas muchachas menores de treinta años voy a acostarme antes de morir?, ¿qué frontera de humo separa la apatía del suicidio? (Etcétera.) Y la única respuesta que admite ese tipo de preguntas es nada menos que otra pregunta: «¿Qué más da?».

En el fondo, todo este asunto se reduce a una cuestión de lógica: cuando cumples cuarenta años, tienes que comenzar a entrenarte para la vejez, porque sería una ocurrencia discutible la de comenzar a prepararte para la juventud. (Y antes envejecerá tu conciencia que tu cuerpo, tenlo por seguro: lo primero en pudrirse es la conciencia, ignoro yo por qué, por qué es tan frágil eso: la conciencia, esa bola de polvo.) Eso sí: tienes un buen trecho de tiempo por delante. Aún estás bien. El horizonte (hospital, asilo y sepulcro) se divisa lejano. Las canas te favorecen. Existen adolescentes gerontófilas. La medicina avanza... Sin duda. No digo que eso no sea cierto. Todo lo contrario. Pero, como reza el lema de algunos relojes de sol, es más tarde de lo que piensas. (Y es que no existe filósofo más implacable que un reloj, con su mantra de monosílabos: tic, tac.) Si te mueres, en fin, a los cuarenta recién cumplidos, nadie pensará sinceramente: «Una vida truncada». Nadie hablará de muerte prematura. Nadie susurrará: «Con el futuro que tenía por delante...». Sería raro que algo de eso ocurriese, porque lo normal es que incluso los filántropos sostengan una opinión del tipo: «Bueno, ya era hora. Para lo que le esperaba, mejor está en la tumba». (Menudos hijos de perra, ¿no?, los filántropos.)

Hoy cumplo, en definitiva, cuarenta: un mal momento, indudablemente.

Pero ya ha pasado lo Malo.

Ahora sólo me queda desplegar una alfombra roja para recibir como se merece a lo Peor.

Creo haber dicho hace un rato que últimamente —más o menos de un año a esta parte— han sucedido muchas cosas, y muy importantes —dentro de lo importantes que pueden ser las cosas que nos ocurren, desde luego: la serie Z de lo cósmico, como quien dice.

Todo empezó una mañana de octubre en que llovía mucho. (Recuerdo que, en la tertulia de la radio, unos intelectuales reflexionaban sobre las ventajas de la madera sobre el PVC y viceversa; dicho quede aquí como referencia histórica.)

Oí la frase trágica de Yeri cuando estaba yo dándole el primer mordisco sonámbulo a una magdalena de chocolate: «No aguanto más». Pareció decirlo no con la lengua y la garganta, sino con los dientes. (Sólo con los dientes: un puro grito dental cristalizado en el frío de cuarzo de las siete y media de la mañana.) Era aún demasiado temprano para mí como para entender del todo el sentido de aquellas palabras que Yeri parecía tener un interés especial en repetir: «No aguanto más». (Frase prohibida incluso para un filósofo estoico de segunda fila, ahora que lo pienso.) «No aguanto más», repitió, sentada frente a mí con los ojos clavados en el fondo de su taza, como si leyese allí el arcano principal de su futuro, y me quedé paralizado, con un grumo de magdalena de chocolate inmovilizado en el paladar, igual que un camaleón que tuviera una mosca agonizante dentro de la boca. «No aguanto más.» Y, bueno, eran sólo tres palabras, pero, como no tardé en saber, aquellas tres palabras equivalían al hecho de coger mi alma por el cuello, hacer con ella una pelota y lanzarla al cubo de las excrecencias de nuestra vida en común: rencores ocultos, reproches manifiestos, cabezas decapitadas de peces abisales de grandes ojos, pieles pochas de plátano, sospechas... (Todo junto: lo material y lo inmaterial, lo orgánico y lo etéreo, lo espiritual y lo comestible. *Todo*.)

Lo más raro del asunto es que, pocos días antes, Yeri me había regalado sin motivo alguno un diccionario de mitología: «Como ahora te ha dado por este tipo de cosas...». (Porque ella no parecía apreciar muchas diferencias entre la filosofía y la mitología, y puede que estuviese en el buen camino.) (Al menos en parte.) «No aguanto más.» En fin...

(Liríope, hija de Océano y Tetis, madre del fatuo Narciso.) (Toón, gigante al que aplastaron la cabeza.) (Mórrigan la monstruosa, diosa celta de la guerra, que señalaba a los guerreros que debían morir en la batalla...) (Yeri y Yéremi, los amantes hastiados, en su Olimpo de alquiler y de vajillas desconchadas...) (Pílades, hijo de Estrofio, rey de la Fócide, y de Anaxibia, hermana de Agamenón, primo de Orestes...) (Ay de nosotros, corazón mío putrefacto, involucrados en esta alucinación hecha de tiempo...)

Creo, no sé, que Yeri y yo siempre tuvimos mala suerte con las palabras, porque no hay quien me quite de la cabeza que nuestra decadencia aguda como ente platónico de fusión comenzó un par de meses atrás, justo el día en que me hizo una pregunta extrañísima, en el caso de que todas las preguntas no lo sean: «Yéremi, ¿tú me amas?». Hasta entonces, ella siempre me había preguntado lo normal: «Yéremi, ¿me quieres?», y le contestaba que por supuesto, porque era verdad que la quería, ya que no resulta incompatible el hecho de querer a alguien con la esperanza de que un comando extraterrestre se lleve para siempre a ese alguien a un planeta lleno de cráteres —aunque sin hacerle daño alguno, a ser posible—. Pero aquella variante me dejó descolocado: ¿amar? Se trata de un verbo ambiguo, ¿no? Ahí ya no estamos haciendo referencia a todo ese asunto de los espermatozoides y de la lencería ni a las discusiones relativas a la conveniencia de cenar antes de ir al cine o bien a la salida del cine, sino a una acción mental bastante más insondable, porque cada cual la interpreta a su manera: *amar*, un verbo que suena estupendamente en los mundos de ficción, pero que en la vida cotidiana no pasa de ser una palabra recubierta de merengue. «Te he hecho una pregunta.» (Mi hipótesis es que Yeri había leído en alguna revista un test de amor para parejas estables, porque de otro modo no logro explicarme aquello.) «Voy a preguntártelo por última vez, Yéremi. ¿Me amas?» Y yo, que me había levantado ese día muy hegeliano, con ganas de patearle la cabeza a cualquier antítesis que se cruzara en el camino de mi tesis, le dije que quizá no. Le dije que la quería, pero que no estaba seguro de amarla, en parte porque tampoco andaba muy seguro del significado exacto de ese verbo. «Está bien», se limitó a decir Yeri, y noté en el estómago durante un rato algo muy parecido al girar de aspas de una picadora, y sentí de pronto un miedo absurdo: miedo de que en la casa tuviésemos cuchillos. (Aquella noche, a las órdenes confusas de mi mala conciencia, intenté algo que quizá no debí intentar y ella me paró en seco: «Ni se te ocurra. No vuelvas a tocarme, ¿entiendes?».) Lo que les decía: en aquel preciso momento en que le confesé a Yeri que quizá no la *amaba*, empezaron a desmoronarse a plomo los muros de caramelo de nuestro castillo encantado, un poco roído ya por los ratones voraces del tiempo, perdida —sí— la intensidad de su dulzor, pero en buen estado de habitabilidad hasta entonces, sobre todo si se tiene en cuenta que los castillos son lugares idóneos para fantasmas. Pero aquella conversación hizo crujir alguna viga maestra. (Porque los castillos de caramelo tienen ese inconveniente: son frágiles, y sus ocupantes viven con el temor continuo de que se les derrumben encima.) (Los aterradores castillos de caramelo...) Y todo era cuestión de esperar un poco a que fueran produciéndose en cadena los efectos previsibles de aquella causa... Hasta que llegó el momento en que Yeri se arriesgó a enunciar la frase quizá más lapidaria de toda su vida: «No aguanto más».

No hace falta ser adivino para saber que cualquier relación amorosa mantiene una puerta abierta a los infiernos desintegradores o similares, pero el caso es que yo había tenido varias visiones premonitorias al respecto, aunque no habían pasado de ser muy borrosas: un grumo doloroso aunque inconcreto, porque la videncia no suele definir los contornos (ni los físicos ni los emocionales), sino que se trata generalmente de una especie de intuición visual que juega, como tal intuición, con la fragilidad de la certeza y con la rotundidad de lo impreciso. (Para que se hagan una idea: alguien que ha perdido las gafas y que intenta ver una película en un canal de pago sin descodificar.) (En eso consiste, poco más o menos, la forma más corriente de videncia: una borrosa nitidez, un humo sólido.) (La mía al menos suele ser así.) (Aunque me consta que las hay mejores, de alta resolución.) (Y ahí ya te cobran.)

«Me voy, Yéremi.» Y era verdad que se iba: cada día notaba yo el avance del desmantelamiento de la casa, porque Yeri iba empaquetando sus cosas cuidadosamente, y éramos ya dos animales de especies distintas encerrados en una misma jaula, y me sentía como un emperador sin suerte que ve desmembrarse sus dominios, pero, por la ley de la paradoja, me sentía también como el asceta que va despojándose de los bienes terrenales para alcanzar una forma de vida más pura.

Cuando Yeri, veintisiete días después de pronunciar su frase histórica, se fue para siempre de casa con sus dos hijos, me dije: «Bien, ahora estoy obligado a inventarme una nueva vida». Una nueva vida... De acuerdo, todo eso está muy bien: «inventar», «nueva vida». Suena estupendo. Suena sin duda a conceptos importantes. Pero ¿qué podemos entender por «una nueva vida»? ¿Desórdenes horarios? ¿Muchachas de largas piernas que se enjabonan como panteras acuáticas en nuestra bañera? ¿Platos sucios y apilados sin complejo de culpabilidad? ¿Latas de conserva? No estaba yo seguro.

«Adiós, Yeri. Espero que encuentres un buen padre para esos dos monstruos.» Eso fue lo que pensé pero no dije, porque a Yeri siempre le gustó mucho discutir y no me sentía con ánimo para ofrecerle en bandeja de plata un pretexto de oro que le permitiera prolongar los estertores de nuestro andrógino desventurado. («¿Monstruos mis hijos?») En cambio, ella pensó algo y lo dijo con voz firme: «Vas a morirte solo. Recuérdalo cuando estés muriéndote».

Lo más desconcertante de todo aquello –al menos para mí– fue que, nada más irse Yeri, me sentí igual que si alguien me hubiera sacado el hígado por el ombligo y estuviera troceándolo con un hacha. Les confieso que estuve a punto de correr detrás de ella, de pedirle que no se fuese, que intentásemos ponerle una dentadura postiza a la realidad, conjurar otra vez el espejismo diluido, pero me quedé sentado en una silla, extraño ante mí mismo más que nunca, con ganas de vomitar los siete últimos años de mi vida sobre el lugar en que antes había una esterilla marroquí, para así aliviarme la náusea que sentía en la memoria, la punzada de un dolor mental que me resultaba desconocido, porque todo dolor mental es exclusivo y novedoso, y tal vez por eso tardamos tanto en encontrarle bálsamos o antídotos, en caso de que existan. (Una noche en que estaban reunidos Sócrates y otros cuantos pederastas haciendo una competición de discursos sofísticos sobre el amor, llegó Alcibíades completamente borracho y dijo con voz pastosa: «Me sucede lo que a aquellos que han sido mordidos por una víbora, pues dicen que el que ha experimentado esa mordedura no quiere relatar a nadie cómo fue, excepción hecha de aquellos que también han sido mordidos, en el convencimiento de que sólo ellos comprenderán y perdonarán si se atrevió a hacer y decir cualquier inconveniencia bajo los efectos del dolor».) (Y yo fui mordido, en fin, por una víbora.) (Y mejor, por tanto, que me calle.)

Esto que cuento ocurrió hace poco más de un año, y desde entonces, por raro que parezca, no sé nada de Yeri y los niños: han desaparecido hasta de mis visiones borrosas. (Incluso puede haberles pasado algo grave, no sé, porque Yeri siempre condujo de un modo extraño.) (Ojalá no.) (Bastaría con ir al n.º 12 de determinada calle para disipar el enigma, bastaría con entrar en ese comercio y oír tintinear la ristra de conchas que choca con la puerta al abrirla y que parece el estrépito armonioso de un pájaro cantor al estrellarse contra un puente metálico, bastaría cruzar esa puerta musical y pronunciar una frase sin demasiado sentido, una frase incluso inacabada, una frase incapaz de conmover ni de hacer daño, una frase de una sola sílaba que tuviese la facultad de resumir la epopeya inacabable de un pensamiento encogido de dolor y de vergüenza. Pero algo me lo impide: yo.)

La misma tarde en que Yeri salió por la puerta con sus cosas, con las llaves del coche, con sus niños y con una rara mezcla escénica de indignación y de caos, me tomé un ansiolítico, me fumé un canuto y acabé yéndome a la discoteca Oxis, porque no era ya que no pudiese dormir a pesar de esos inductores, sino que ni siquiera me notaba capaz de estar solo durante un minuto, y calculé que allí, en Oxis, donde siempre hay gente, me sentiría mejor, menos asustado de mi flamante soledad, más excitado por ella. Pero nada de eso llegó a ocurrir, naturalmente.

Después de sacar fuerzas de donde había de todo menos fuerza, movido únicamente por el instinto rutinario del depredador, me acerqué a una muchacha que tenía el pelo muy negro y el labio inferior muy caído, y muy húmedo. Recuerdo que le hablé de algún tema neutro y divagatorio, aunque relacionado —sin yo saberlo entonces— con la teoría heraclitiana del tiempo (tema XVI de Historia de la Filosofía de primer curso), y recuerdo también que ella me dijo algo así como: «Oye, pico de oro, déjame en paz durante otra temporada, ¿vale? Estoy con ganas de morirme, y eso merece un poco de respeto». (¿Pico de oro? ¿Qué es en esencia un buen filósofo sino precisamente eso, un pico de oro?) (Un infatigable pájaro mecánico, con su pico de oro, que otea los mundos invisibles desde su rama helada e insegura…)

Luego me acerqué a otra muchacha que no parecía tener demasiadas ganas de morirse. Era rubia, creía en la metempsícosis y se llamaba Mabel. (Lo recuerdo perfectamente: Mabel.) Muy poca gente habrá en el mundo que pueda reírse más veces por minuto que Mabel: te familiarizabas enseguida con sus dientes. No me llevó mucho tiempo elaborar un diagnóstico: corazón de cristal roto en pedazos infinidad de veces por hombres impíos y de pene nómada capaces de prometer paraísos en común a cualquier desconocida a poco que la desconocida no tenga el pelo demasiado sucio.

Todo iba bien entre nosotros (un nuevo polichinela fugitivo a punto de metérsele en la cama, creo yo) hasta que salió el tema de los gatos. «¿Que no te gustan los gatos?» ¿Los gatos? ¿A mí? ¿Esos conejos con complejo napoleónico de tigre? Discúlpenme ustedes la expresión, pero a tomar por culo los gatos. (Incluso los de angora.) Mabel tenía mitificados a los gatos y no estaba dispuesta a oír la verdad sobre ellos. Y la verdad sobre los gatos no es otra que la siguiente: los gatos odian a sus dueños. Los gatos carecen de capacidad de perdón. (Lo sé porque mi madre tenía siempre dos gatos: se le moría uno y buscaba enseguida otro; siempre dos, y los dos odiaban a mi madre con la misma intensidad con que mi madre odiaba la imagen del fakir, símbolo para ella del lado monstruoso y tarumba de lo humano.) No es que tenga yo afición a llevarles la contraria a las mujeres con las que me gustaría irme a la cama en el plazo más corto posible, y menos aún si el móvil de esa contrariedad son meramente los gatos, pero se ve que no era mi mejor día. (De todas formas, y disculpen la insistencia en el asunto, parece claro que, en sus pequeños cerebros, los gatos llevan la cuenta exacta de nuestras afrentas, un minucioso memorial de agravios organizado por orden cronológico: aquel 7 de enero en que lo echamos de la cama de un almohadillazo, aquel 5 de febrero en que le dimos leche cortada...) (Los gatos lo recuerdan todo.) (Y por eso se afilan constantemente las uñas.) (Y, bueno, supongo que la gente tiene gatos en casa porque no sabe vivir sin la compañía de bestias recelosas, y lo mismo le da compartir techo con un pez de color naranja que lleva dadas cinco millones de vueltas al acuario que con una iguana que se esconde cada vez que oye el timbre de la puerta.)

... Pero... un momento... Con todo esto de los gatos, casi me olvido de contar algo importante: al poco de mi ruptura meteórica con Mabel, vi que un tipo se acercó a la muchacha del pelo negro y del labio inferior caído, la que decía querer morirse. Se besaron. Hablaron un poco. Volvieron a besarse. Y, de pronto, el tipo empezó a darle golpes en la cabeza. Ella se protegía con los brazos, encogida y sumisa, intentando evitar los golpes. Lo cual demuestra, supongo, que no era verdad que quería morirse, porque casi nadie quiere morirse, por más que muchos digan. (Los suicidas auténticos se visten de sábado, se peinan y se matan.) (Sin pregones.) (Los suicidas retóricos, en cambio, se pasan la vida hablando de su muerte.) Y es que la noche es rara:

todo el mundo se comporta como si estuviese subido al escenario de un teatro con una capa de armiño, con una corona y con un cetro. Incluso las muchachitas horribles se sienten heroínas estelares del drama nocturno, deseosas de poder despreciar. (Ellas, con sus ojos pintados y con su alma herida rebosante de ansia y de rencor; las muchachitas...) (Transmisoras del asco y altaneras...)

En vista de aquel ambiente, me vine a casa y me puse a pensar con un poco de preocupación en mi debut en la Nueva Vida. («¿Dónde está el fallo?», etcétera.) Y dormí solo por primera vez en siete años.

Mi intención es la de contarles muchas cosas (pronto les hablaré por extenso de mi amigo Jup Vergara, que ha sido una persona muy importante para mí, y también de mis otros amigos principales, de nuestro viaje a Puerto Rico y de la inauguración del Pabellón Helado, entre otros pasatiempos), pero antes quiero aclararme la voz mediante un carraspeo preparatorio, ¿de acuerdo? (¿De verdad que no les importa?)

Bien. Reconozco que mi pensamiento es algo de muy poco valor. Sé que existen millones de pensamientos más brillantes, ordenados y profundos que el mío. Eso lo sé. Lo sé de sobra: el hecho de tener un pensamiento de baja calidad no impide apreciar la calidad excepcional del pensamiento del prójimo. Por esa razón —sin ir más lejos— estudio Filosofía.

Así que filosofemos un poco. Aseguran los especialistas que el semestre que sigue a una ruptura amorosa es malo por definición: la convalecencia de una amputación sentimental, con hemorragias internas incesantes. Y es lógico que sea así: en la mayoría de los casos de escisión amorosa, nos sentimos tan aliviados como si nos hubieran extirpado de cuajo un tumor maligno, pero el problema radica en que toda extirpación, aunque nos salve la vida, resulta dolorosa y requiere tratamiento.

Y sigo filosofando, aunque un poco por la tangente: a mi modo de ver, el universo no es infinito, sino bipartito. «¿Bipartito?» Sí: una infinita extensión de Algo y una infinita extensión de Nada. Así es el universo. (Así de simple.) (O así al menos lo entiendo yo.) Casualmente, el pensamiento tiene una estructura idéntica a la del universo, calcada: una Nada infinita (la ignorancia, el olvido, el subconsciente sepultado...) y un Algo modestamente infinito (la memoria, los saberes, las leyes de manga ancha de la conciencia...). («¿?») (Bueno, aproximadamente, ¿no?) El tránsito de una de esas regiones abstractas a otra es continuo y espontáneo: el olvido invade de repente la memoria, la memoria se escora hacia el olvido, el sibilino subconsciente se manifiesta en un sentimiento casual, se tambalea en el vacío una certeza, nuestra ignorancia se nos revela como la única sabiduría inobjetable (y así sucesivamente). Pues bien, a lo que iba: cuando se fue Yeri, anduve durante una temporada por la infinita extensión de Nada del pensamiento, peregrino de mí, ciego funambulista, buzo en la ciénaga, en busca del camino de regreso a la infinita extensión de Algo, que es donde deben estar los pensamientos, porque las excursiones a la Nada no gustan a casi nadie. Me sentía como el ascensorista de un rascacielos: todo el día del 1.º al 5.º, del 5.º al 29.º, del 29.º al tercer sótano... Todo el día flotando por ahí. En el monótono vacío. (Un ascensorista de botones dorados, ingrávido y sin alma, errabundo en un espacio vaporoso...) (Ya me entienden.) Llegué a convencerme de que, al recuperar mi desamparo, chocaría frontalmente con mi ser profundo, con mi ser diluido durante años en la niebla de una conciencia compartida, pero sólo choqué con una pantalla de soledad, porque busqué dentro de mí y no hallé sino una orfandad indefinible, agria y dulce, una herida que el tiempo iba a cerrar con su cirugía mágica, eso sin duda, pero que entretanto me escocía como una mano despellejada metida en sal. Busqué algo, en fin, y no lo encontré, porque era un algo inexistente, y me sentí como el pirata que se da cuenta de que ha puesto su ilusión codiciosa en el seguimiento del mapa falso de un falso tesoro, después de haber incluso cortado cabezas por la posesión de ese pergamino fraudulento.

Lo curioso es que yo seguía sintiendo centenares de cosas por Yeri, y algunas de ellas muy hondas y nobles, suficientes quizá para haber sostenido una convivencia indefinida (porque incluso el hastío mutuo sirve a veces para sostenerla), pero no puedo decir que entre las cosas que sentía por ella se contara a esas alturas lo que entendemos comúnmente por Amor, con su mayúscula abisal: el lugar al que uno se tira, sin pensarlo, de cabeza, como Empédocles al volcán de entraña roja. Muchas otras cosas sí, pero esa no. (Mala suerte.) «Pero ¿en qué consiste con exactitud lo que entendemos por Amor?», preguntará sin duda alguien. (Buena pregunta, desde luego.) No estoy seguro, pero si dejamos a un lado el desvelamiento de su esencia y nos limitamos al análisis de sus síntomas, creo que notas si estás enamorado cuando, por ejemplo, ni siquiera te inquieta el hecho de ir comprobando día tras día que el amor consiste en la conjunción de dos destinos que se ven obligados a buscar un destino común mediante la renuncia a sus destinos respectivos. Dicho de otro modo: el amor consiste en tirar tu destino a la basura. (Y, curiosamente, la mayoría de la población de mediana edad está convencida de que ese es el mejor sitio al que puede ir a parar un destino: a la basura.) Además, todos los amores nacen defectuosos, porque nos resistimos a asumir de antemano su secreto eterno. «¿Su secreto eterno?» Así es, su eterno secreto invariable: la sucesión mecánica de sus dos fases paradójicas. «¿Sus dos fases paradójicas?» En efecto: una primera fase en la que te atrae de otra persona todo aquello que tiene en común contigo, todo aquello que te parece armonizado con tu visión del mundo (o *Weltanschauung)*, y una segunda fase en que te horroriza la comprobación empírica de que esa persona no tiene nada en común contigo, salvo quizás el asco por las salamanquesas o la afición a los restaurantes tailandeses, por ejemplo. En resumidas cuentas: todo amor deriva en el contacto habitual de dos desconocidos recelosos que comparten la propiedad de un frigorífico lleno de cosas elaboradas con animales de granja asesinados y con glutamato monosódico o similares. Y es que el amor transforma la ilusión del futuro en un continuo presente, y hace falta mucho acopio de ánimo para soportar un presente de ese tipo: un presente que se parece en todo a un pasado, a un tiempo cadavérico, en fase ya de descomposición.

... Lo siento... Me duele la cabeza. Y, cuando me duele la cabeza, me da por filosofar a lo loco: mi pensamiento se pone sus alas de Ícaro (hijo de Dédalo y de Naucrate, por cierto) y se arroja por la ventana, rumbo directo a los fangales de la especulación paranoica. (Y comprendo que el relato de ese tipo de especulaciones sólo lo soporten, y a cambio de mucho dinero, los psiquiatras.) (De veras que lo siento.)

Pero, a pesar de mi dolor de cabeza, no quiero pasar por alto la oportunidad que el hilo de esta argumentación me brinda de poder hablarles de la relación que existe entre el amor y las prendas personales. (Y no hay fijados límites estrictos al respecto, como es lógico: el collar con pinchos de un perro para el bestialista, la máscara de cuero con tachuelas para el disciplinante, y así sucesivamente.) (Lo que a cada cual más le ponga.) Durante la mayor parte del tiempo en que compartimos destino y casa, yo sentía respeto por las prendas de Yeri. Al principio, incluso me gustaba verlas tiradas por cualquier parte, porque nuestra casa era para ella una especie de camerino. Hasta que un día trope-cé con un zapato suyo (azul) en nuestro dormitorio y le pegué una patada. Fue una patada espontánea y, sobre todo, simbólica: en ese instante, aquel zapato azul *era* Yeri. Y el zapato azul, en fin, rodó, y fue a parar debajo de nuestra cama, y Yeri se pasó un rato buscándolo, y no le dije que su zapato estaba allí, porque los zapatos no andan solos y ten-dría que darle una explicación no del hecho de que su zapa-to azul estuviese debajo de la cama (ya que el desorden general hacía posible aquel fenómeno), sino del hecho de que yo supiera que su zapato azul estaba debajo de la cama y no le hubiera dicho antes que estaba allí, o de que no lo hubiera recogido, o similar. (Las armonías difíciles, en fin, de las parejas, predispuestas a la irritación por el rumbo anómalo de un simple zapato...) Y, bueno, cuando los zapa-tos de la mujer con la que vives comienzan a no ser más que zapatos, algo malo está ocurriendo. Cuando ves un zapato de ella tirado en el suelo y no se te ocurre llenarlo de licor o mearte dentro de él, sino darle una patada, es que algo está fallando en el engranaje del espejismo ganancial. Y yo veía zapatos de Yeri por todas partes, y eran sólo zapa-tos. (Y camisones que eran trapos amorfos.) (Y bragas infor-mes.) (Y medias que parecían pieles de reptil, garabatos de carne abandonada.) (Etcétera.)

Pienso ahora, no sé, que Yeri y yo no podíamos ser feli-ces del todo porque los dos habíamos sido felices e infelices mucho antes de conocernos, cada cual por su lado: ella en su adolescencia (su edad de oro bruñido, brillante en su memoria) y yo algo más tarde, y hay cosas que tienen mal arreglo: si has estado en contacto, aunque sólo sea una vez, con la felicidad (y mi felicidad se llamó, a pesar de todo, Ana Frei) y luego entras en contacto continuo con algo que no es exactamente la felicidad, ya nada tiene buena com-postura, porque la felicidad es una torre que roza el cielo, y si esa torre se derrumba, casi nadie se siente con fuerzas para levantar otra torre... a menos que sea una torre de palillos de diente, claro está. (Además, la segunda de las reglas de la Orden de Pitágoras aconseja no recoger lo que se ha caído.) (La primera —algo más discutible— es la que prohíbe comer habas.) (La décima, por su parte, prohíbe comer corazón.) (Fue un hombre raro Pitágoras, ¿verdad?: mago, santón y matemático; y les hablaba a los animales, porque él creía en la transmigración del alma, de modo que una lechuza podía haber sido en una vida anterior Demócedes de Crotona, médico que fue de Polícrates, o un anónimo talabartero de Samos.) (Y por eso Pitágoras hablaba a los animales: nunca sabemos a qué sanguinarios emperadores, a qué brujos escandinavos o a qué prósperos comerciantes fenicios estamos asesinando cuando apretamos el pulverizador del matamoscas.) (El jonio Jenófanes se burlaba, por cierto, de Pitágoras y de esa teoría suya.) (Aunque lo mismo acabó Jenófanes transmigrado en cualquiera sabe qué animal aborrecible, porque nunca se sabe con este tipo de cosas.) (Además, según Apuleyo, Pitágoras visitó la India y fue instruido allí por los brahmanes.) (Que se dice pronto.)

Pero hablaba yo, ¿no es cierto?, de la felicidad, ese concepto tan contradictorio, que incluso puede ir asociado al dolor supremo. La felicidad… ¿En qué consiste la felicidad? Al menos en teoría, no se trata tanto de una convulsión dichosa como de la posibilidad serena de disfrutar de cuanto uno desee disfrutar (incluso a través del dolor, ya digo) y, en consecuencia, no anhelar inútilmente nada, no alimentar rencores abstractos, no arañar con desesperación el tejido de niebla de lo impalpable. Pero el problema radica en la condición esencial del ser humano (excepción hecha de algunos asiáticos o similares), a saber: desear lo que no tiene y menospreciar cuanto posee, porque el deseo es el más veleidoso de los sentimientos: un niño en una tienda de juguetes.

Pero, en fin, a lo que iba: las épocas que siguen a un fracaso sentimental suelen tener sobre el organismo un efecto parecido al de una resaca de napalm con piña colada, por así decirlo, ya que se trata de una temporada bastante tenebrosa (con esa quemazón de cicatrices de andrógino amputado, demediado), sobre todo si no consigues convertirla en una racha llevadera gracias a tu muerte accidental o (en el país ya de Utopía Delirante, en el que no se requiere visado a la entrada, porque está asegurada la salida) gracias al apoyo logístico de alguna adolescente que coja el vicio de saltar en tu colchón, noche tras noche, y que de vez en cuando te lleve a casa a un par de amigas para que todos saltéis juntos, al modo de una camarilla de nereidas degeneradas frente a un fauno peludo dispuesto a gastarse una fortuna en regalos. (Y a veces, por lo visto, ni aun así, porque acechan enemigos: disfunciones eréctiles, lipotimias espirituales, malestar general... Todos esos disfraces tragicómicos del tiempo.)

En los días siguientes al de la deserción de Yeri comencé a comprender muchas cosas de golpe, y comprender muchas cosas de golpe es como no comprender nada. (Aparte de eso, ¿qué nivel de comprensión esperas alcanzar cuando el Tiempo se ha convertido ya para ti en una especie de saltimbanqui con artrosis que ensaya cabriolas en lo alto de tu cabeza y que te grita: «Eh, camarada, mira qué bien estamos. Aún estamos en forma. El mundo es nuestro», y de pronto resbala, se cae y se disloca un tobillo?)

Me incomoda un poco reconocerlo en público, pero, durante una temporada, estuve yendo mucho a bares y a discotecas de gente joven, y entonces comprendí más cosas aún, pero esas cosas no conviene divulgarlas, aunque les daré una pista: a partir de determinada edad, hay sitios en los que te sientes igual que el vendedor ambulante que, al entrar en un pueblo miserable y remoto, se topa con un cartel de cinco metros cuadrados: PROHIBIDA LA VENTA AMBULANTE EN ESTE MUNICIPIO.

Luego comencé a ir a esos bares especializados en treintañeros en los que suele haber mujeres mundanas que, en dúos o en escuadrones, muy raramente solas, consumen combinados con tonalidad de veneno exprés, mientras procuran sobrellevar su ansiedad con elegancia, frescura y discreción, aunque sin poder evitar intuiciones tal vez demasiado optimistas ante la visión del gordito que luce una pulsera de oro y que cuenta, además, chistes muy largos. (Ellas, las casi fragantes. Las casi tersas...) (A mí, la verdad, me gustan mucho, con ese aspecto peculiar de los lirios de pétalos carnosos que llevan demasiado tiempo en el jarrón...) El único problema de esos bares es que toda la clientela suele tener ya el pensamiento convertido en un cóctel demasiado exótico: un cóctel de suspicacia, de desencanto, de resabios difíciles, de espantos endémicos... (Un cóctel, en fin, con cincuenta y ocho gotas de angostura, como quien dice.) Y eso complica un poco las relaciones, claro está, porque si te vas a darle conversación a alguna de las que ratonean por allí, te sientes igual que el tahúr que le propone a otro tahúr echar una partida de cartas, cuando lo que cualquier tahúr anda buscando es un alma inocente.

Pero, detalles al margen, los bares para adultos están de veras bien, como sin duda habrán comprobado ustedes: allí la gente se ríe, baila, propone brindis: «Salud», «Que estemos todos juntos otra vez en tu próximo cumpleaños», etcétera. Son bares estupendos: la rubia vitalista estrena minifalda después de su quinto parto, el gerente sudoroso se afloja el nudo de la corbata y se pone a lanzar miradas de califa empalmado a una bióloga a la que no se le ocurrió depilarse el bigote hasta que cumplió los treinta y nueve... No es el reino de Babilonia, desde luego, y, a poco que auscultes el ambiente, te das cuenta de que retumba allí el latido melodramático de la soledad, y casi llegas a oír el ruido que hace la carne al desprenderse del hueso (un ruido similar al que produce un flan al volcarlo en un plato), pero eso no quita que sean bares estupendos para algunas cosas: para pensar en el reúma, en la artrosis o en la muerte súbita, sí, eso por descontado, pero estupendos también para pensar en el lado cómico del terror, en lo que tiene el terror de divertido, y entonces te preguntas: «¿Pido otra copa?». Y la pides, por supuesto. (¿Por qué no?)

Llegado a este punto, creo mi deber confesar que nunca me ha ido del todo bien con las mujeres. (A Schopenhauer le pasaba exactamente lo mismo.) (Aunque él se vengó minuciosamente en su ensayo sobre ellas, escrito con navaja de barbero: «No ven más que lo que tienen delante, se fijan sólo en lo presente, toman las apariencias por la realidad...».) (El pobre Arthur, con su semen retenido.) Algo hay en mí que no acaba de gustarles, según parece. No creo que ese algo sea concreto: mi nariz, mi boca, etcétera. No creo que se trate de una cuestión de detalle, ya digo, porque mi nariz es normal, etcétera. «Es posible que la causa sea mi condición de policía», me digo a veces, lo que, oído desde fuera, puede parecer una suposición paranoica, pero el caso es que tengo comprobado que la gente recela de un policía aunque no sepa que se trata de un policía: es un instinto. Hasta cuando vamos de paisano se nos nota que nos gusta bregar con la morralla, que nos gusta oír el lamento del reo, su proclamación inútil de inocencia; que nos gusta ver temblar al asesino. Incluso los que estamos en pasaportes nos sentimos poderosos cuando entregamos esa libretilla púrpura que es la llave potencial del mundo: «Vuela, titular de esta mágica libretilla firmada por el comisario en jefe. Corre a tu agencia de viajes. Conoce países remotos. Y no te preocupes: mis colegas de todo el mundo procurarán que no te roben ni te maten. Ten por seguro que lo procurarán». (Aunque a veces las cosas se nos van de las manos.)

«No eres guapo, camarada, y eso lo sabía hasta tu madre, pero tampoco eres feo. Estás en la categoría de los imperceptibles», me dijo Jup una vez. «Y eso es como no estar en ninguna parte.» («Demasiada suerte tienes, camarada.»)

En la Tierra, en fin, hay centenares de millones de mujeres, algunas mejores y otras peores, como es lógico, pero de todas ellas sólo me han hecho caso diecisiete, y alguna que otra de esas diecisiete de muy mala gana. Doce de ellas me abandonaron. Y lo que es peor: a tres las dejé, como si fuese yo el visir de Samarcanda en persona. (Con las dos restantes no sabría precisar lo que ocurrió realmente; supongo que algo parecido al encuentro circunstancial de dos transeúntes que se detienen en la calle a observar el vuelo de una mariposa, hasta que la mariposa cae de repente muerta, y ambos se agachan, le arranca cada uno un ala y sigue cada cual por su camino.)

… Me acuerdo ahora, por cierto, de la explicación que me dio Jup cuando le dije que él tenía éxito con las mujeres: «Mira, Yéremi, vamos a dejarnos de tonterías. Tener éxito con las mujeres consiste en encontrarte una noche en un bar con una muchacha estupenda que te saluda por tu nombre y no saber si te has acostado con ella o no, porque se supone que tienes la cabeza saturada de gente con las piernas en alto. En eso consiste el éxito, y lo demás son miserias. Yo no tengo éxito con las mujeres, porque recuerdo a todas con las que me he revolcado por ahí, incluso cuando tenía mi mente de turismo por Saturno, ¿comprendes? Así son las cosas, Yéremi, camarada. El éxito sexual va unido siempre a la amnesia».

Pero, de momento al menos, prefiero archivar este asunto, ¿de acuerdo? (Ya veremos si más adelante…)

Antes de cumplir cuarenta años, voy a emitir un programa especial de *El cesto de las orejas cortadas*.

Desde que me traje a casa la emisora que mis compañeros le pillaron a un grupo filonazi, he emitido cincuenta y seis programas de duración variable, según lo que el tema diese de sí. («¿Dónde iría a parar la emisora?», se pregunta aún a veces el comisario.) Mi nombre artístico de locutor es Narciso Wonky. Comprendo que a algunos pueda resultarles un nombre artificioso, propio de ilusionista o de rumbero, pero a mí me gusta: el mitológico Narciso, absorto en la contemplación del reflejo de su máscara ondulante en las aguas del lago del tiempo (aproximadamente), y Wonky, una palabra que yo creía haber inventado de la nada, pero que en inglés significa «inseguro», según me dijo Jup, porque Jup sabe un poco de todo. (Narciso Inseguro; inseguro como todos los narcisos.) (Está bien.)

No sé cuánta gente oirá mi programa. A veces sospecho que no está oyéndolo nadie, lo que se dice nadie: cero personas en total, y eso me produce una sensación de afantasmamiento: la voz inútil que suena en la noche vacía, y entonces me siento como un turista belga que tocase el acordeón o similar en mitad del desierto de Nafud (o similar).

He llegado a proponer concursos a mis oyentes, en parte para animarlos y en parte para saber si existen, como por ejemplo el concurso de los aforismos estúpidos. («¿?») Pues sí, contraté un apartado de correos para que la gente me enviara allí el aforismo más estúpido que se le hubiera ocurrido o que hubiera escuchado en toda su vida, pero nunca llegó una sola carta que aspirase a ganar el premio, de modo que tuve que inventarme el aforismo: «Oyentes de *El cesto de las orejas cortadas*, espías de la noche, el aforismo triunfador es el siguiente: "Qué mayor se hace el hombre que envejece". Enhorabuena a su autor: Rogelio Lobo. Muy buena frase, hermano Lobo. Llegarás muy lejos con aforismos de ese tipo. Es muy profundo: después de oírlo, dan ganas de tirarse de cabeza a un pozo con un traje de buzo y de quedarse a vivir allí, rodeado de culebras acuáticas».

En otra ocasión, convoqué un concurso de experiencias espantosas y tampoco recibí ninguna carta, de manera que tuve que inventarme un fantasma atormentado, con su bola de hierro amarrada al tobillo:

«Me llamo Ramón, pero todo el mundo me dice Robin. Acabo de cumplir veintiséis años, pero no aparento más de veinte. Tengo los hombros estrechos, las piernas muy finas y las caderas un poco anchas. Soy extraño, aunque no deforme. Me gusta mucho fumar, y me gusta hacerlo con estilo, pero, según dice la gente, fumo igual que las actrices cuando interpretan un papel de puta o de espía.

»Mi problema es que, cuando voy por la calle, fumando o sin fumar, sé que la gente piensa que soy maricón.

»Para borrarle a la gente esa idea de la cabeza, decidí dejarme la barba, pero sé que la gente pensaba al verme: "Mira, un maricón con barba". Decidí entonces pelarme al cero, para prescindir de mis rizos rubios, y sé que la gente pensaba entonces: "Mira, un *skinhead* maricón", así que opté por dejarme el pelo largo, y sé que la gente pensaba: "Mira, un maricón melenudo".

»Durante un tiempo, decidí fingir una leve cojera para evitar el vaivén de mi culo ancho y –al parecer– extremadamente sensual, pero sé que la gente pensaba: "Mira, un cojo maricón".

»Caí entonces en una depresión tan profunda, que dejé de arreglarme y de asearme, y sé que la gente pensaba entonces: "Vaya asco de maricón".

»Estoy condenado, en definitiva, a que la gente me tome por maricón. No por homosexual, sino por maricón propiamente dicho. Y no es que me resulte vergonzoso el hecho de parecer maricón, ¿qué más da eso? ¿Qué importa que la gente piense lo que quiera si en tu casa, tumbada en el sofá, con un *body* negro de pantera de la muerte, te espera tu Vanessa o tu Marelu? No. Lo que me importa es que, cada vez que me entran ganas de acostarme con una mujer (cosa que ocurre un par de veces por semana), me cueste trescientas pesetas el minuto, porque de otra manera me resulta imposible que las mujeres me hagan caso. (Y, aun así, estoy seguro de que las putas piensan: "¡Vaya pedazo de bujarrón vicioso es este Robin!".)

»En momentos bajos, he llegado a ponderar la opción del suicidio, pero me echa para atrás la idea de que en el periódico aparezca la siguiente noticia: "Se suicida un maricón".

»Seré sincero contigo, Narciso Wonky, porque me parece que eres un filósofo serio: odio los malentendidos entre el ser y el destino.

»Chao,

Robin».

Mi amigo Jup Vergara tiene teorías sintéticas sobre casi todo. (Incluso sobre la teoría en sí: «Una teoría es el carnet de identidad de lo incomprensible».) (O sobre la muerte: «La muerte consiste en mandarse uno mismo a tomar por culo».) Mi amigo Jup... Me acuerdo del día en que lo conocí, en el bar Rinoceronte. Cuando le dije que tenía la intención de estudiar Filosofía, me miró con fijeza y seriedad y me dijo: «Oye, tú, Jomeini (…). Sí, perdona, Yéremi... Pues bien, Yéremi, voy a plantearte un dilema filosófico. Al principio te parecerá un chiste chusco y previsible, pero quiero que captes su estructura profunda, ¿de acuerdo? Bien, veamos... Imagínate que tú y yo vamos en un barco y que ese barco naufraga, ¿de acuerdo? Imagínate que las corrientes marinas nos arrastran a una isla desierta. ¿Me sigues el razonamiento? Bien… Imagínate que nos pasamos cinco años los dos solos en esa isla asquerosa. Imagínate que nos hemos hecho muy amigos: cazamos juntos, pescamos juntos, lloramos juntos, el uno cuida al otro en caso de enfermedad, y así sucesivamente. Pues bien, como en las historias de náufragos masculinos resulta inevitable el factor sodomización, hazte a la idea de que un día me levanto con el pene hecho una roca y que te digo: "Yéremi, viejo camarada, estoy desesperado. No aguanto más. Necesito una mujer. Dios sabe que la necesito. Pero, como aquí no hay mujeres, me conformaría con darte un poco de makumba". Pues bien, ¿me negarías eso?». Yo, por hacerme el amistoso y el ecuánime, le dije que, en situaciones extremas, resulta ridículo andarse con prejuicios: si te encierran en la jaula de un mono durante tres semanas seguidas, lo normal es que acabes tirándote al mono. «¿De verdad, Yéremi? Sé sincero. ¿Dejarías que tu viejo amigo Jup te pusiera una diadema de orquídeas y un tutú hecho con hojas de palmera y te rompiese un poco el culo?» Como la respuesta no me comprometía a nada, pues no tenía intención alguna de embarcarme, y como todo aquello presentaba el aspecto de ser un examen de humor, le aseguré que sí, que dejaría que un viejo amigo me hiciera eso. «Eres generoso, Yéremi», me dijo Jup. «Eres un camarada bondadoso y comprensivo, seguramente irás flechado al Cielo cuando te mueras, pero ¿sabes una cosa?, en el fondo no eres más que un maricón que no sabe que lo es, y siento decírtelo. Testosterona cero, Yéremi. Así que apréndete la primera lección filosófica: si te dejas enredar por la doctrina de los pensadores callejeros como yo, puedes acabar con el culo roto y maldiciendo la hora en que se te ocurrió tener el mismo trabajo que Sócrates: pensar más de la cuenta para poder decirle a la gente que es ignorante y mezquina, turística y pequeñoburguesa. ¿O no es de eso de lo que se trata, pedazo de criptomaricón, camarada Jomeini?»

(En fin...) (La sofística según el método Jup, como quien dice.)

Voy a comenzar ya mi programa número 57, pero creo que antes debería referirles una anécdota que ofrece una idea global bastante exacta de mi antiguo ambiente familiar. Bien... Un día, al volver del trabajo, oí risas y voces provenientes de mi celda privada: dos metros cuadrados de intimidad en un recinto que alguna vez fue lavadero y en el que instalé mis cosas cuando Yeri y los niños acabaron convirtiéndome en un vagabundo en mi propia casa. Pues bien, sentados frente a la emisora, los niños, a micrófono abierto, gritaban algo similar a lo siguiente: «Esta es una radio pirata de un poli drogadicto que se llama Jeremías Alvarado. Esta es una radio pirata y pornográfica. Detengan a Jeremías Alvarado. Vive en la calle Poeta Miguel Hernández 17, 8.º C, en el polígono Ucha. Esta es una emisora pirata. Pedimos a la policía que registre la casa de Jeremías Alvarado, que es un poli de mierda», y así sucesivamente, turnándose entre ellos para delatarme, y a veces haciendo dúo.

A Yeri no le cayó bien que yo les pegara a los niños, aunque sólo les pegué como se pega al gato que se afila las uñas en un sofá de terciopelo recién comprado: un zarandeo de mediana intensidad. Pero no le cayó bien, según iba diciéndoles, no sólo porque ella era ignorante de la gravedad que podía alcanzar el asunto si mis colegas interceptaban aquel mensaje (disponemos de medios para eso), sino también porque era partidaria de aplicar a la educación infantil unos criterios basados en el diálogo y en la comprensión, como si aquellos niños tuviesen alas en la espalda y un arpa contra el pecho. (Y como si nuestro piso fuese la Atenas de Pericles.) Yeri se pasó dos días sin hablarme. (Los niños, en cambio, no volvieron a hablarme nunca.) (Lo que se dice nunca.) Y, bueno, no soy especialmente vengativo ni rencoroso, de veras que no lo soy, y no por mérito moral, sino porque tengo una emocionalidad olvidadiza, pero reconozco que llevé una mañana a casa a un compañero de comisaría que es experto en informática para que metiese treinta o cuarenta virus en el ordenador de aquellos alevines de hijo de la gran perra. Según mi compañero, se trataba de una antología universal de los virus más devastadores, de esos que son capaces de machacar no sólo un sistema informático en cinco segundos, sino también el sistema nervioso central de sus usuarios. Pero, cuando volvieron de clase, los niños, al percatarse de aquella epidemia, recurrieron también a un aliado: un gordo.

Nada más llegar el gordo, lo llevaron a la cocina y le pusieron por delante muchas cosas de comer. «¿Quién es este nuevo fichaje?», pero no me dieron contestación, según era de esperar. Ni siquiera el propio gordo hizo intento de salir del anonimato, porque andaba él absorto entre batidos y bizcochos, lento y ceremonioso al masticar, como si fuese un aprendiz de arzobispo. Procuré no perder detalle de las operaciones que iban llevando a cabo aquellos tres y, por lo que deduje, el gordo era una especie de exorcista informático que, a cambio de una merienda sin límites, liquidó, uno a uno, pacientemente, todos los virus. (Mala pata.) Cuando acabó con sus tareas de exterminio, los niños acompañaron al gordo hasta la puerta y se hartaron de darle patadas y pescozones, porque ellos nunca se caracterizaron por su gratitud. (Yeri les regaló un hámster y le inyectaron whisky.) (Sobrevivió de milagro.) (Otra vez le inyectaron alguna otra cosa y no lo resistió.)

Pero es hora ya de emitir…

«Esta noche comenzaremos hablando de la filosofía del baile... De modo que vamos allá, y entonemos nuestra lección radiofónica en forma de plegaria... Por ejemplo: hadas de los dos jardines lácteos colgantes de un torso, huid de los malos bailarines. Os lo digo yo, Narciso Wonky, uno de los tres o cuatro peores bailarines que han pisado la tierra, alienígenas cabezones incluidos. El hombre que os merecéis debe bailar como si de sus convulsiones dependieran las cosechas o la llegada de las manadas de búfalos. El hombre que os merecéis debe bailar ante vosotras como el salvaje ante el ídolo de las siete bocas.

»Los adultos bailones... Hablando en términos generales, más nos valdría abrirnos con un bisturí una pequeña herida en el cogote y sacarnos por allí la columna vertebral.

»Son las doce de la noche. La hora en que crujen las bisagras del cosmos. La hora exacta en que el conde se yergue en su ataúd forrado de satén violeta. Es la hora ya en que los churumbeles de melenas ensortijadas salen de sus pisos de protección oficial con una navajita en el bolsillo para recorrer los polígonos de viviendas un poco más caras que las suyas en busca de algún pringado que lleve un par de talegos encima y que esté predispuesto a temblar ante el enigma de lo imprevisible o, mejor aún, de lo contingente: navajazo sí o navajazo no.

»Las ondas radiofónicas se meten en tu casa como enormes hostias invisibles. Las ondas radiofónicas están hechas de la misma materia de la que está hecho Dios Padre: un tejido de niebla y de ruido mental. Son unas arandelas de sonido en estéreo que entran por tus ventanas, que traspasan tus puertas, que atraviesan como un alma en pena las paredes de tu pequeña casa con cerradura de cinco golpes y que se cuelan finalmente en tu oído para localizar la médula de tu mente y estrellarse allí igual que un proyectil sinfónico.

»Somos los miembros honoríficos del Club del Cesto de las Orejas Cortadas. Necesitamos oír cosas, porque el silencio nos asusta. Las voces humanas sustituyen la música legendaria de las esferas. Porque imaginad un silencio universal, un silencio inviolable, un rotundo silencio: acabaríamos chillando igual que un mono entre las fauces de un caimán impasible.

»Son las doce y un minuto. ¿Estáis ahí? Esto es *El cesto de las orejas cortadas,* vuestro programa de radio irregular.»

(Etcétera.)

(Este suele ser el esquema característico de mis programas radiofónicos: partir de una anécdota para llegar a una divagación abstracta y generalizadora, ya que ese es el rumbo que sigue el pensamiento de los filósofos de categoría: un filósofo de categoría se rompe un tobillo, se sienta a su mesa de operaciones mentales y escribe: «El universo entero es basura galáctica», por ejemplo.) (Ese es el método adecuado: de lo particular a lo general.) (De la contrariedad doméstica al horror cósmico.) (De la nada minúscula a la Nada vestida de seda.) (Porque la filosofía supone la adecuación de la mecánica del mundo a la dinámica personal, y no al contrario.) (No lo olviden si quieren triunfar como filósofos.)

Como tengo poderes, según ya he dicho (poderes humildes, pero poderes), suelo adivinar de tarde en tarde lo que va a ocurrir, aunque esa adivinación no siempre resulte fiable, según creo haber dicho ya también: el futuro es siempre un camino impreciso, porque, aunque veas lo por venir con relativa claridad, tienes que contar con un factor distorsionante: tu imaginación, que suele ser de naturaleza optimista, especialmente cuando padeces una época de desesperación y sólo te queda eso: imaginar que todo lo terrible es transitorio. (Aunque no siempre lo es, lógicamente.) Tienes de improviso una revelación adversa y sabes que es casi del todo probable que esa adversidad vaya a tener cumplimiento, pero tu imaginación te dice: «¿Y si todo sucediera al revés? ¿Y si todo fuese la falsa apreciación de una visión falsa?». (La imaginación: la fofa bailarina soñadora del cabaret cerebral, con sus gordos tobillos...)

El problema adquiere gravedad, no obstante, cuando estás en una mala racha imaginativa y sólo logras prever el lado malo de las cosas −que suele ser, por cierto, el lado natural de las cosas−, aunque esas cosas pudieran serte favorables. (Esto es lo que me he atrevido a denominar «suspicacia imaginativa *ad nauseam*».) Sin Yeri, mi futuro era un territorio tan extenso, que ni siquiera sabía por dónde empezar a transitarlo. Yo, el repentino soltero compulsivo, creía tener tanto futuro ante mí, que no atinaba a administrar mi presente, a disfrutar su condición de tiempo exento, sin antes ni después, y acabé malgastando de ese modo aquella coyuntura irrepetible: un fulano que de repente es propietario del porvenir y del instante.

Me ponía a hablar con una muchacha con la que me gustaría irme a la cama, pongamos por caso, cerraba yo los ojos y me ponía a sondear el futuro más cercano posible: la mañana siguiente. ¿Y qué veía? ¿La imagen refrescante de una sirena que se sumergía en mi bañera desconchada? No, ¿verdad? Veía, más bien, una máscara con el esmalte cuarteado que procuraba sonreír con el pánico propio de una oveja que intuye que van a mandarla al matadero por más que le hayan adornado previamente el cuello con una lazada rosa. (O imágenes similares.)

Fue una mala época parapsicológica para mí, ya digo. Había ocasiones en que veía a una camarada de treinta y no podía evitar imaginármela con treinta años más, y eso desencadena sentimientos muy raros, se lo aseguro a ustedes, porque es algo muy parecido a ver salir un gusano verdoso de una tarta blanca, de modo que, a la espera de recuperar la sensatez, dejé de ir durante un tiempo a los bares nocturnos, lo cual siempre constituye una decisión dolorosa. (Pero uno no puede estar en todas partes.) (Especialmente si está seguro de que el sitio equivocado no está en un sitio concreto, sino precisamente en todas partes.)

Antes, cuando aún no se había inventado el frigorífico ni nada que se le pareciese, había individuos que, en las épocas de calor, iban a coger nieve de las sierras altivas: los llamados neveros —dicho quede por si alguien lo ignoraba.

El camino hasta la ciudad solía ser muy largo, porque la nieve era fruto madurado a la altura de las nubes, y la nieve iba derritiéndose en los carros tirados por mulas o por bueyes meditabundos. Los neveros miraban con angustia cómo el cargamento menguaba, porque su precio menguaba en cada desagüe, y supongo que a veces se preguntaban si la nieve resistiría el mucho calor del camino, y supongo que se preguntaban también si el esfuerzo de acarrearla merecía de verdad la pena. (Me imagino que sí, claro, porque los neveros eran comerciantes; líricos comerciantes de nieve, pero comerciantes al fin y al cabo.)

Pues bien, como este tipo de digresiones alegóricas casi siempre requiere una moraleja edificante, aquí la tienen ustedes, y gratis: «De manera muy similar va contemplando uno su propia vida, su menguante porción de tiempo: ese tolondrón de nieve que a cada instante se consume, desangrándose (metafóricamente) gota a gota, sumidero abajo de la inexistencia». (Bueno, es relativamente fácil hablar como Confucio o como los profetas antiguos, aunque nadie suele tomarte en serio, como es lógico. Ni tú mismo quizá, porque te sientes como el predicador negro que lleva puesto, debajo de su túnica morada, un juego de lencería de color turquesa. Pero en fin...)

No me entusiasma el hecho de popularizar este tipo de doctrinas, aunque no tengo más remedio que informarles de que el tiempo nos pone un reflejo de espanto en los ojos. A todos: al gato, al lagarto y al doctor en medicina. (A todos.) Los ojos acaban transparentando el espanto personal, porque dejan de funcionarles los filtros: la inocencia, el asombro, la sorpresa. Miras a un cachorro de gato y ves en sus ojos una alegría luminosa cuando regresa al salón de las alfombras peludas tras haberse comido su ración de piensos especiales para gatos de seis a doce meses. Pero observas en cambio a un gato adulto en la misma circunstancia y aprecias en sus ojos el rastro de una larga humillación: la del depredador venido a menos que come piensos blandos en un cuenco que tiene impreso su nombre. Bueno, y el lagarto lo mismo: el joven lagarto de ojos vivaces, galán infatigable de lagartas libertinas por los muros, y el anciano lagarto de ojos de saurio escarmentado por la vida, con su lacio pene verde. Y más de lo mismo el joven doctorcito, con su complejo inicial de salvador chamánico, seguro de sus manos curanderas, pero que, poco a poco, irá acumulando en los ojos un detritus de pánico profesional ante las salvajadas que es capaz de hacer nuestro propio cuerpo para matarnos: cirrosis, diabetes, enfisemas... (Estas cosas son así, y no merece la pena popularizarlas, porque parecen recursos efectistas de mala escuela filosófica: la escuela de un

Sócrates aterrado al que acaban de estrellarle una tarta de cicuta en la nariz.)

... Pero creo que estaba hablando yo de un asunto un poco más concreto. De Yeri y los niños, si no recuerdo mal.

Yeri, sí. Los dos niños... De todas formas, me temo que este asunto es mejor pintarlo con brocha gorda: Yeri y los niños formaban un clan, aunque los niños no querían demasiado a Yeri, y yo era el enemigo principal de ese clan: el juez de la horca, el robagallinas, el cuatrero y el destilador clandestino de whisky de patata. (Todo a la vez.)

Conocí a los niños cuando ya soñaban con mujeres gigantescas. («¿?») Lo que pretendo sugerir es que yo no era el padre biológico de los niños de Yeri, del mismo modo que Yeri no era la madre biológica de sus hijos, lo que a su vez quiere decir que, al menos en el plano biológico, los niños eran prácticamente huérfanos, circunstancia que no constituía obstáculo alguno para ellos: nos despreciaban igual que si los hubiésemos traído al mundo. Pero Yeri adoraba a esos dos niños, y asumía el desprecio que ellos le manifestaban continuamente como una variante anómala de la complicidad filial, el flujo unánime de tres sangres cómplices que se repelen (o algo así), y en ese punto me resultaba especialmente difícil estar en armonía con ella, como en tantas otras cosas (por mal que esté decirlo cuando el agua ha pasado bajo el puente), ya que, en términos relativos de valoración, Yeri fue mala para mi destino, pero estoy seguro de que, en líneas generales, yo fui peor para el suyo: ella me impidió ser quien hubiese querido ser, pero yo le impedí ser, en fin, quien ella era.

La última vez que vi a los niños, el mayor andaba por los catorce años y el menor por algo menos... «Pero ¿de dónde salieron esos niños?», se preguntarán ustedes. Muy fácil: mediante no sé que clase de nigromancias burocráticas, Yeri, que por entonces andaba casada con una especie de negociante desdoblado en político, logró adoptarlos cuando aún no tenían dientes, con una tregua de menos de un año entre una adopción y otra, lo que demuestra la pujanza de su instinto maternal, ya que el margen de apenas un año me parece muy corto para que alguien logre olvidar las noches de biberones sonámbulos (un pasillo sin principio ni final, un hipnótico tramo de ida y vuelta) con un pequeño ser vivo que grita sin moverse entre los brazos de un coloso.

El mayor vino de Portugal, aunque de padres chinos, y el pequeño del Perú, porque Yeri era víctima de unos antiguos conflictos ocurridos en las regiones de Falopio, en las que millones de intrépidos espermatozoides de diversa nacionalidad y condición perdieron inútilmente la vida. Paradojas *mundi*, por así decirlo, porque yo me enamoré en su día de Yeri gracias al método Falopio. «¿El método Falopio?» En efecto. La denominación es de Jup: el método Falopio, que con suma paciencia me apresuraré a desvelar (y digo «con suma paciencia» porque acabo de fumarme un petardo del tipo trompeta imperial de Camelot y mi pensamiento traza rápidas espirales discontinuas, ráfagas de clarividencia que duran un segundo y que se desvanecen de forma vertiginosa antes de invadir siquiera el molde de una formulación coherente.) (Mucho antes.)

Bien. El proceso más común de fecundación, como ustedes saben, es el que sigue: una pareja heterosexual (en este caso no sirven ni siquiera los travestis) se va a la cama. Sin condón ni diu ni nada parecido: igual que Moisés con cualquier vampiresa descarriada de la Biblia. (A pelo.) De entrada, se frotan un poco. (Y siempre nos resultará estremecedor ese tacto avaricioso de los que se meten mano: como si quisieran alisar los poros de la piel cuando acarician, como si quisieran arrancar un trozo de carne cuando palpan al ser que tienen arriba o abajo, o al lado tal vez, con ojos muy abiertos o muy cerrados quizá, pero abiertos o cerrados con fuerza, con una energía —o *chi*, si son ustedes chinos, o al

63

menos taoístas— impulsada mentalmente por ese terror maravilloso que resulta característico de quien está disfrutando de un paraíso volandero y sabe que lo es, pues cualquier paraíso es un relámpago. Y eso lo sabe todo el mundo.) (Hasta los más torpes.) Después de frotarse un poco (la duración del frotamiento suele estar en relación directa con el hecho de que ella lleve bragas con rabo de conejo, pantera o similar), los amantes (estrictamente heterosexuales, insisto, en este caso) se ponen ya estupendos: ella comienza a sentir una especie de torbellino cósmico en el vientre y él comienza a sentir en los genitales colgantes algo parecido al bombeo de un motor sumergido en un barreño de gaseosa. Y ocurre, en fin, lo que todos sabemos: la divertida agonía.

Pues bien, como consecuencia de ese fenómeno carnal sale a escena un montón de espermatozoides con mentalidad de virus: microorganismos agresivos deseosos de pegarle un picotazo a otro microorganismo. Por decirlo del modo más didáctico y alegórico posible: esos espermatozoides se comportan como andantes caballeros del siglo XV (o similar) que fuesen en busca del castillo del gigante Ovulofecundable, gran mago en forma de burbuja genésica. («¿?») (Un hachís buenísimo.) (De enorme pelotazo, camaradas.) Por no se sabe aún qué razón, entre los espermatozoides tiene mucho prestigio la velocidad: el que llega primero es el único que cuenta. Pues bien, imaginemos que el espermatozoide que llega primero al castillo redondo de Ovulofecundable tiene por nombre artístico el de Caballero de la Blanca Sierpe. (Un nombre de tantos.) ¿Qué hace entonces el caballero llamado de la Blanca Sierpe? ¿Ponerse a bailar como un pirado anfetamínico? ¿Se mete en una cesta y se yergue como una cobra ante las melodías encantadas de Ovulofecundable? No, un espermatoize no puede perder el tiempo, y el de la Blanca Sierpe es un espermatozoide: él ataca de inmediato a Ovulofecundable, le pega el preceptivo picota-

64

zo genético y se funde con él en singular y sangrienta batalla, de la que, mediante embrujos celulares, surgirá de repente (nada por aquí, nada por allá) un solo y nunca visto engendro al que llamaremos Ovulofecundado. (Lo llamaremos así, si no tienen ustedes inconveniente, en memoria de Ovulofecundable, ya que el Caballero de la Blanca Sierpe trabaja bastante al principio, cuando corre como una culebra trastornada por el océano de la sangre y las vísceras, pero luego, después de pegarle el picotazo al óvulo, no vuelve a saberse nada de él, mientras que el óvulo se ve obligado a convertirse, día tras día, durante nueve meses, en un bulto del tamaño de un balón.) (La maternidad, en fin, con sus múltiples modalidades: suspirantes mujeres de pies hinchados, gambas coralinas, ranas con el lomo cuajado de huevos, etcétera.)

Ovulofecundado, según decíamos. ¿Quién es Ovolufecundado? La respuesta correcta es muy fácil: el boceto de un destino, un ser titubeantemente germinal, metido en su burbuja *(glup)* y muy parecido —por mal que esté decirlo en voz alta— al embrión de una lagartija.

Bien. Hemos analizado hasta aquí un caso venturoso. Pero las cosas no siempre vienen así, ya que a veces surgen problemas: por ejemplo, que el caballero de la Blanca Sierpe no pueda acceder al reino redondo de Ovulofecundable porque en el reino fronterizo de Útero haya algo que no marche bien. (Unos bandoleros otomanos que tiendan emboscadas a los caballeros.) («¿?»)

... Sí, tienen ustedes razón: todo esto es una serenata alegórica insufrible. Todo este lenguaje tan figurado y florido, ¿no? (He aquí el principal problema de los canutos muy cargados: hacerte pensar que el mundo es una comedia y que tú eres la reencarnación perfeccionada de Aristófanes.) Pero, en fin, intentaré explicarlo nuevamente de un modo directo y comprensible incluso para los niños onanistas: el método Falopio es todo aquel método que respeta la

siguiente ley: «Si el espermatozoide no puede llegar al óvulo para fecundarlo porque hay un atasco en las trompas de
nuestro camarada Falopio, lleva cuanto antes el óvulo al
espermatozoide».

El procedimiento clínico es relativamente simple: extraer
un óvulo de un ovario, hacer que el aportador de semen se
masturbe en una habitación blanca, fecundar luego el óvulo extraído con el espermatozoide que presente mejor aspecto (cabeza gorda, cola vibrante) y volver a poner el óvulo
en su sitio como si no hubiese pasado nada —aunque el
óvulo puede sentirse al principio un poco raro, con una
sensación general de *jet-lag*.

Y ya todo es cuestión de entretener la espera y de ir
pensando en un nombre propio: Roberto, Blanca, Zaca-
rías...

(Tengo la cabeza llena de humo.) (Enorme pelotazo.)
(Soy el payaso de los pies deformes.) (Y acabo de pisar un
pájaro recién nacido.) (Y comienzo a sentir un poco de pánico.) (Pero el pájaro pisado resucita y el pánico se va.) (Viene del humo y vuelve al humo: un pánico volátil.)

Pues bien, más o menos, en eso mismo consiste, en definitiva, lo que Jup ha dado en llamar el método Falopio aplicado a la vida cotidiana: si no consigues llegar a una mujer,
por ejemplo, porque el destino sólo se dedica a darte patadas en el bazo, haz que ella salga de su sitio habitual (su
ambiente, su trabajo, su familia, su pequeño país de encan-
tamiento) y, una vez fuera de allí, le pegas un par de pico-
tazos y luego la devuelves a su sitio habitual sin que logre
explicarse del todo qué diablos ha ocurrido.

Ese es el método de Falopio. (Según Jup.)

Y eso fue, como decía, lo que me ocurrió con Yeri: tras
una conjunción anodina de azares que me daría hasta vergüenza relatar, conseguí que no saliera un par de veces con
el novio que ella tenía por entonces y ya luego la dejé en
condiciones inmejorables para que saliese con aquel novio

durante todos los días de su vida futura, si era eso lo que les apetecía a ambos, porque Yeri me gustaba mucho, pero por aquel entonces yo disfrutaba de una racha de optimismo y era partidario, como lo fue Schopenhauer, de la poligamia, aunque de poco —es cierto— me servía.

Claro que el método Falopio tiene a veces efectos secundarios imprevisibles...

Viajemos a la prehistoria: estaba yo una noche en un sitio que se llama —o se llamaba, porque hace bastante que no voy por allí— Mundo Tex-Mex, uno de esos bares para treintañeros en los que todo el mundo tiene mirada de velocirráptor.

Solía ir yo mucho por allí, por Mundo Tex-Mex. Era un buen sitio. (Los había mejores, pero Mundo Tex-Mex era un buen sitio para ser un sitio de treintañeros.) (Los de cuarentones, créanme, suelen estar mucho peor.) En Mundo Tex-Mex, los extraños entre sí acostumbraban a iniciar conversaciones: podías lanzarte como una flecha arapaho hacia una clienta que tuviese el pelo teñido de caoba señorial, por ejemplo, y decirle que qué tal iba todo, y ella no dudaba en contestarte que bien ni en pasar a darte detalles específicos de ese bienestar en principio inconcreto. Al rato, podías estar ya con ella en la pequeña pista de baile de Mundo Tex-Mex, moviendo vuestros brazos y piernas de manera poco artística quizá, pero con entusiasmo repentino, esclavos ambos ya de los intensos placeres de la vida, sin pensar siquiera el uno del otro que pudieran olerle los pies. Y si las cosas seguían por ese rumbo, ella, a la mañana siguiente, con ojos espesos de insomnio y de dulzura, mientras buscaba sus medias antivarices entre el rebujo de sábanas con estampaciones de pingüinos o de orquídeas, podía decirte: «Soy diabética», por ejemplo. (Lo sabías de primera mano: diabética.) O bien: «Tengo cuatro hijos». (Cuatro: un número casi perfecto.) O acaso: «En realidad no me llamo Sheila...».

... Allí, en Mundo Tex-Mex, en fin, estaba Yeri. Con su gran culo elegante. (Sería difícil explicarlo con palabras: grande, y gordo, pero elegante.) (Comprendo, en fin, que resulte difícil de imaginar y, sobre todo, de creer, aunque resultaría muy fácil explicarlo mediante la mímica: imagínense que tienen un globo del mundo en su regazo, imaginen ahora que acarician con sus manos la mitad del mundo.) (Imaginen también, ya puestos a imaginar, que un candente meridiano volcánico divide en dos ese mundo.)

Entonces éramos relativamente jóvenes (treinta y cuatro ella, treinta y dos yo) y los relativamente jóvenes no necesitan procesos psicológicos complicados para irse a la cama con gente desconocida, porque aún están en la fase de coleccionismo indiscriminado de sorpresas, previa a la fase de coleccionismo fortuito de terrores. («Es una mancha de nacimiento.») («Desde niña, tengo mucha fe en la Virgen de la Montaña.») (Etcétera.) Yeri y yo, en fin, nos fuimos juntos a la cama al poco de conocernos. Y aquello, en mi opinión, tuvo un desarrollo digno, al menos si tenemos en consideración la atenuante de que irse a la cama con alguien por primera vez casi siempre es algo que tiene muchos puntos en común con el baile nupcial de los paquidermos.

Jup, en uno de sus ataques ciceronianos, les dio un día este discurso a unos universitarios que fueron a que les agenciara el viaje de fin de curso a Tailandia: «A propósito, camaradas chavales, ¿en qué consiste chingar bien con desconocidas?». (Y se quedó meditando.) «... No estoy seguro, ¿verdad?, porque trabajo desde los trece años y no he podido andar tanto por ahí como vosotros, pero sospecho que consiste en poder pensar luego: "¿Cómo he podido hacerle una cosa así a esta criatura que seguramente tiene padres preocupados por su formación y angustiados por su futuro: esposarla al cabezal, atarla de pies y manos, ponerle una peluca, meterle vibradores, trufarla de bolas chinas por delante y por detrás, vendarle los ojos, amordazarla, afeitarle el conejo de la suerte, palmearle el culo duramente...?". En eso consiste, al menos en teoría, el hecho de chingar bien, creo yo, sobre todo si hablamos de chingar con gente desconocida, que es, por lo visto, de lo que se trata. Pero no olvidéis esto: cuando le hagáis ese tipo de cosas a una pobre tailandesa huérfana, pensad que sus padres os estarán mirando desde el Cielo o desde dondequiera que vayan los tailandeses cuando la palman. ¿Prometido?» (Así suele hablar Jup, y por eso a veces lo llamo, de broma, Zaratustra.)

Yeri... Cuánto me gustaba Yeri al principio, cuando aún era un misterio para mí el verla desnudarse, cuando sus frases hechas aún me sonaban a revelaciones, cuando mis manos temblaban por la sorpresa de ir descubriendo los huecos y volúmenes de su cuerpo denso y oscuro... Pero, en fin, como todo el mundo sabe, hay dos etapas amorosas: una primera etapa en la que alguien te gusta cada vez más y una segunda etapa en la que ese alguien te gusta cada vez menos. La primera etapa suele ser breve, la segunda no tanto. (El mérito consiste, me parece, en no mitificar esa primera etapa y en evitar que la segunda degenere en un estado continuo de espanto emocional.) (Pero, a saber...)

No voy a presumir de disponer de certezas absolutas al respecto, pero estoy casi convencido de que el problema de toda relación amorosa es de orden involutivo. «¿Involutivo?» Sí, involutivo, porque recorres el camino que va del fascinado extrañamiento mutuo a la mutua confusión de corazones, para luego dar marcha atrás y regresar al punto de partida: la mutua extrañeza, sin grado alguno ya de fascinación. Y es lógico que sea así, ya que te enamoras de una persona en un periodo psicológico específico para los dos, pero todo pensamiento está hecho de tiempo, y el tiempo es corrosivo y disolvente, una portentosa maquinaria que tritura a diario la conciencia, hasta que llega el momento en que ambos os preguntáis: «¿Quién es esta persona intrusa que duerme junto a mí, que folla conmigo sin cobrarme, que come lo mismo que yo como, que entra en mi casa sin llamar?». Pero lo más desconcertante de todo es que a veces también acabáis preguntándoos algo así como esto: «¿Quién es esta persona extraña que estaría dispuesta a dar la vida por mí y por la que yo daría, casi sin dudarlo, la vida?». Y es que toda relación amorosa crea vínculos irracionales, rebeldes a cualquier análisis lógico: el hecho de asesinar a la persona amada o el hecho de morir por ella son opciones que van en paralelo, pero que acaban teniendo un punto de intersección casi imperceptible.

Creo, no sé, que con el amor ocurre algo similar a lo que ocurre con los electrodomésticos: se nos estropea la lavadora y nos vamos a la cama con la esperanza de que, durante la noche, después de unas horas de reposo, la lavadora se arreglará sola. «Mañana funcionará», nos decimos antes de dormir, porque la perspectiva de pagar a un traumatólogo de lavadoras es algo que entusiasma a muy poca gente. «Mañana recuperará la lavadora el vigor de su centrifugado», nos decimos. Pero llega la nueva mañana y la lavadora sigue sin funcionar, como es lógico. Pues bien, con las averías del amor sucede lo mismo: pensamos que van a arreglarse por arte de magia, pero muy pocas veces ocurre eso, porque una avería es siempre una avería. Y es que los fallos en los circuitos de las lavadoras y en los circuitos del amor no se deben a la intervención de duendes caprichosos, sino que en ambos casos se trata de fallos mecánicos. (Así de sencillo: fallos mecánicos.)

Pero, en fin, ¿qué tal si, llegados a este punto, nos metemos en un laberinto filosófico por el simple gusto de meternos allí, por el simple placer de improvisar sinuosos arabescos metafísicos? Por qué no. De modo que vamos allá… Bien. En determinada medida al menos, me parece que el secreto del amor es el resultado de una operación matemática relativamente simple: sumar un deseo indefinido y un cuerpo adecuado, multiplicar el resultado por un número variable de espejismos, sacar la raíz cuadrada de todo eso y, finalmente, dividir el resultado por la suma de esa abstracción a la que llamamos Tiempo y de esa otra abstracción a la que llamamos Realidad; dos abstracciones, dicho sea de paso, que tienen la facultad de ir poniendo las cosas en su sitio y que convierten en inútil esa absurda secuencia matemática que acabo de exponer. (Bueno, reconozco que no soy Platón. Ni siquiera soy Plotino. Pero comprendan ustedes que esto de la filosofía consiste en gran parte en ir inventando frases sin parar, con la esperanza de que alguna pegue fuerte en la conciencia colectiva.) (Porque la meta del filósofo, su triunfo, consiste en contaminar el pensamiento de la gente, en introducirse allí con las mismas intenciones que un gusano cibernético.) (El filósofo de éxito es un hipnotizador que te ordena pensar en la muerte y en la nauseabunda gnoseología, en las falsas disyuntivas y en la ontología de la existencia, en el ser y en la razón pura, en el terror y en el superhombre, en el alma y en las proposiciones de los silogismos.) (Ese es el filósofo triunfante.) (Y disculpen la epidemia de paréntesis.) (Pero es que el pensamiento suele ser parentético.) (Porque pensar supone construir un dique de contención en el cauce del magma del instinto, del sentimiento, del discurrir inconexo e informe de la bestia.)

Bien, a lo que íbamos: creo que ya he desvelado a través de una metáfora matemática un poco liosa el secreto del amor, pero, dado que toda demostración lógica lleva en sí el germen de su contradicción intrínseca (ya que la realidad puede respetar parámetros simétricos, pero rara vez acaba siendo lógica), añadiré, aun en perjuicio de mi anterior demostración, lo siguiente: el secreto del amor es incluso más simple que esa fórmula matemática metafórica. El secreto del amor es tan simple como una simple pregunta sin respuesta: ¿quién va a amar a alguien si puede no hacerlo? El amor, por tanto, se nos revela así como una patología afectiva que se manifiesta a través de un entramado dual: dos personas que deciden dejar de ser unidades autónomas en cuanto a acción y a pensamiento para constituirse en una especie de cooperativa espiritual con sede en un piso generalmente alquilado o hipotecado. («¿Estás improvisando a lo loco, Yéremi?», me preguntarán ustedes.) (Bueno, permítanme recordarles que la filosofía no se inventó para ser comprendida, sino sencillamente para ser formulada: basta la formulación de algo para que ese algo parezca un pensamiento analítico digno de análisis.) (Estas cosas son así.)

Otra cuestión: si los científicos no se han equivocado al contarlas una por una, el cuerpo humano tiene un promedio de cien billones (100.000.000.000.000) de células. (Una cifra excelente, desde luego.) Bien. Si los científicos no son unos embusteros ni unos charlatanes aficionados al melodramatismo, toda célula dispone de capacidad para suicidarse. (Como suena.) Una embolia, por ejemplo, no es más que un suicidio celular masivo: las primeras células muertas emiten señales químicas que inducen al suicidio a las células colindantes. (Igual que ocurre en las sectas apocalípticas, poco más o menos.) ¿Y por qué cuento esto ahora? Muy fácil: porque en el amor ocurre en esencia lo mismo. El sentimiento amoroso es un conjunto de células abstractas. Si un mal día se suicida alguna de sus células (qué sé yo: deja de gustarte la sonrisa de tu novia, por ejemplo), la célula vecina se dice algo así como: «Si esa camarada se ha suicidado, ¿por qué no voy a suicidarme yo también?». Y la célula en cuestión se suicida, como es lógico. Al día siguiente se suicida otra célula, y al otro otra, y otra al otro, hasta que se produce el holocausto celular, la embolia irreversible del amor, porque el amor, ya digo, funciona así: deja de gustarte la sonrisa de tu novia, según ha quedado dicho, y al día siguiente deja de gustarte el tinte de su pelo y al otro aborreces la forma de sus orejas y al otro el diámetro de sus muslos y al otro su idea de la inmortalidad del alma y al otro el olor a maderas orientales de su perfume, etcétera. El amor también se suicida. Y, cuando eso ocurre, el único remedio científico consiste en pegar la espantada.

No sé si esto vendrá ahora a qué, pero el caso es que tengo para mí (aunque ojalá me equivoque al menos en un 50%) que a las mujeres les gustamos poco los hombres. No me refiero a los hombres entendidos como esos bultos ansiosos y erectos con los que se pasa un rato en una cama propia o prestada, en el lecho de hojarasca crujiente de un bosque tenebroso o cualquiera sabe dónde. No. Eso es normal que les guste, porque a casi todo el mundo le divierte el hecho de tener de vez en cuando algún estímulo en el sistema nervioso de la entrepierna —y gratis, siempre que sea posible—. No, no es a eso a lo que me refería, sino a lo que viene después de eso, que es un periodo psicológico igualmente importante —aunque sin duda sobrevalorado—. Pero el problema es que somos como somos (escurridizos, violentos), aunque seamos los primeros en aborrecernos por ser como somos, y debemos comprender, en consecuencia, que a ellas no podemos gustarles demasiado. No les caemos del todo bien, porque manejamos valoraciones diferentes de determinadas acciones compartidas: eyaculación precoz frente a orgasmo múltiple, falocracia festiva frente a maternidad responsable, sexo urgente frente a sexo razonado, y así sucesivamente. Y eso va creando un fluido energético bastante malo entre los dos sexos, una especie de cortocircuito entre el yin y el yang, entre otros motivos porque vamos dándonos cuenta de que no les gustamos mucho, y eso nos vuelve aún peores.

Hablando en general (que es el modo en que se debe hablar lo menos posible), con las mujeres podemos comportarnos como hechiceros mientras intentamos que nos inviten a pasar a sus viviendas adosadas o a subir a sus pequeños áticos decorados con tiestos de cerámica y varillas de sándalo y carteles de cine y esterillas, cuando aún nos intriga el color de sus bragas y el hecho de que lo tengan afeitado o no. Pero, una vez que el luciérnago pasa un rato en la casita de chocolate de la luciérnaga fulgente, le entran ganas de salir volando de allí cuanto antes, ya que a todo luciérnago lo que de veras le interesa de las luciérnagas es el resplandor que emana de ellas durante la noche, pues de día las ven como lo que son: insectos coleópteros de tegumento blando, sin alas ni élitros, paticortas y con el abdomen formado por anillos negruzcos de borde amarillo. (Y no estoy inventándome nada: es la descripción científica oficial de la luciérnaga.)

A ellas, en fin, no podemos gustarles demasiado. Ellas suelen tener un ideal platónico de hombre, y los hombres nos pasamos a Platón —dicho sea con el respeto que se les debe a los difuntos— por el escroto aristotélico. (Ellas, curtidas por las lágrimas rápidas y expertas en la tarea dolorosa de inspeccionar continuamente su propio corazón, y que llegue de pronto un luciérnago excitado, en fin, y se ponga a hablarles de lencería...) (No tiene sentido.)

Pero creo que ha llegado el momento de revelarles la clave de mi afición adulta por la filosofía... Pues bien, ahí va la clave: una vez llegó a la comisaría un filósofo profesional con un paquete y dijo que era muy posible que se tratase de un paquete bomba, porque muchos intelectuales habían sido amenazados últimamente por los terroristas. (No recuerdo el nombre de aquel filósofo, pero lo había visto varias veces en los debates de la televisión local opinando sobre las guerras y sobre los ovnis, entre otros asuntos.) «Le dejaron el paquete en mano al portero del bloque, y no sé qué editorial es esa que figura en el remite. Ante la duda...», explicó el filósofo, interesado tal vez en no aparentar paranoia, que suele ser la preocupación principal de todos los paranoicos. El comisario observó el paquete con gesto de mago que intenta desentrañar el porvenir en una bola de cristal y le dijo al filósofo que en ese momento no disponíamos de medios para verificar su hipótesis, pero le sugirió que dejase el paquete allí a la espera de un análisis con infrarrojos. El filósofo dijo que por supuesto, porque a nadie le gusta explotar en pedazos (ni siquiera a un filósofo profesional), y se fue, tras alegar que tenía prisa, pues no conoce el ocio un pensador.

El tema bomba era inédito en la comisaría, y todos andábamos inquietos ante aquella novedad. *(Pum.)* Tras una consulta telefónica con altas instancias, el comisario llamó al jefe de bomberos para que se hiciera cargo del paquete y lo trasladase a un descampado, bajo vigilancia policial, hasta que llegase de Sevilla un comando de artificieros, y el jefe de bomberos replicó al principio que bombero no significa el que se come el marrón de las bombas, aunque al final se vio obligado a ceder, porque le llegó una orden del propio alcalde.

«Tú y tú os vais con los bomberos cuando lleguen», ordenó el comisario, «y os ponéis a vigilar la bomba a una distancia de unos cincuenta metros, aunque sin perderla un momento de vista, ¿entendido?», y los dos policías encargados de la misión asintieron. Una vez resuelto el traslado y la custodia de la presunta bomba, quedaba por resolver otro problema: el de la inmanencia de la presunta bomba, de manera que el comisario sugirió que lo prudente sería desalojar de inmediato nuestro kiosco antihampa, por si acaso se trataba de una bomba de relojería. «Por lo menos, yo me voy al bar de enfrente», porque él se pasa media vida tomando café y la otra media con ganas de tomar café. Los demás le dijimos que también nos parecía una buena idea la de irnos al bar de enfrente a tomar café o similar. «Pero no podemos dejar esto solo. Alguien tendrá que esperar aquí a los bomberos», reflexionó el comisario. «Que se queden dos de retén. Tú y tú. Uno dentro y otro en la puerta. Que no entre nadie», sentenció finalmente, y entre esos dos me contaba yo (el de dentro), de modo que allí me quedé, expuesto a los albures más atroces.

Los bomberos tardaron más de media hora en manifestarse como cosas en sí, tiempo que dediqué a intentar asomarme al futuro, que agoreramente imaginaba como una comisaría reducida a escombros y un policía del negociado de pasaportes convertido en carne picada. Pero nada de eso apareció por fortuna en mis visiones, por la sencilla razón de que no tuve visión alguna, sin duda por lo inquieto que estaba y lo aterrado.

«Venimos por lo del paquete», y con enorme tensión le entregué el paquete a uno de los bomberos. «Nos lo llevamos», dijo otro bombero. «Con cuidado», dijo el tercer y último bombero. («A la mierda con la bomba», suspiré.)

«¿Todo en orden?», me preguntó el comisario cuando volvió con los demás desertores. «Vete tú ahora a tomar algo, anda.»

A los pocos días de aquello, el comisario nos dijo que todo había sido una falsa alarma y que el paquete del filósofo televisivo sólo contenía libros. «Estos libros», y nos mostró tres pequeños volúmenes de color naranja. «Si el filósofo viene a recogerlos, se los metéis por el culo», y se fue a tomar café.

Como ustedes saben, Platón conjeturó que el origen de la filosofía es el asombro. (El asombro, por ejemplo, de hallarnos aquí, pensando angustiosamente en la eternidad del alma y en los tacones de aguja, bajo una cúpula celeste que de repente se pone negra, entre otra infinitud de asombros.) A un nivel más modesto, debo confesarles que el origen de mi afición filosófica vino a ser el estupor, ese hermano nervioso del asombro. El caso fue que aquellos tres libros de color naranja estuvieron durante un tiempo rodando de mesa en mesa, porque el filósofo jamás fue a recogerlos, hasta que un día, aprovechando un rato de tranquilidad (uno de esos ratos en que la gente que jamás ha salido de su barrio no decide irse de repente de turismo a Nueva Delhi o a Santo Domingo), cogí uno y me puse a hojearlo por ver de qué trataba, a pesar de que el título me resultaba un trabalenguas psicodélico: *Parerga y paralipomena (Tomo III)*, escrito por Arthur Schopenhauer, una persona de la que nunca había oído hablar.

Lo primero que leí fue lo siguiente: «Hay que guardarse de asentar la felicidad de la vida sobre una *base extensa*, abrigando numerosas pretensiones al bienestar; establecida sobre tal fundamento, se derrumba más fácilmente, porque da entonces infaliblemente origen a más desastres». Y me dije entonces: «Hostias», porque no había leído nada tan desconcertante como eso jamás, ni siquiera en los prospectos de las medicinas. «El edificio del bienestar es opuesto a todos los demás edificios que son tanto más sólidos cuanto su base es más amplia.» Y entonces pensé lo que suelen pensar los ignorantes: «A este Schopenhauer debieron de pegarle fuerte en alguna comisaría. En la cabeza. Muy fuerte», pero, aun así, igual que la serpiente que no entiende la música que la hechiza, continué la lectura: «Por eso, nuestras consideraciones pueden no ser tal vez más que un tanteo en las tinieblas...». Y justo ahí, en ese preciso punto, noté que se me revelaba por sorpresa la esencia incógnita de la filosofía, su ábrete sésamo: *un tanteo en las tinieblas*. Esa era la clave. Lo que yo llevaba haciendo durante toda la vida: tantear en las tinieblas. De modo que me adueñé de los tres tomos errantes de *Parerga y paralipomena* y, después de leerlos de cabo a rabo, solicité una beca de estudios para policías con afanes de superación. («Todo hombre tiene naturalmente el deseo de saber», según leemos en la primera frase de la *Metafísica* de Aristóteles), me matriculé en la Universidad a Distancia y me convertí en aprendiz de filósofo, una decisión que hasta el momento no he tenido que lamentar, aunque reconozco que me ha envenenado un poco el pensamiento, hasta el punto de convertirme, en sólo los cuatro meses que llevo de alumno, en autor de aforismos como este: «Envejecer no es llegar, es alejarse». (Tengo más de sesenta de este corte, porque el principal problema del aforismo es que nunca viene solo.)

Ahora bien, ¿llegaré a convertirme algún día en un filósofo profesional? No. Seguiré siendo un policía dedicado a investigar el pasado de la gente que solicita un pasaporte. Sé que suspenderé todas las asignaturas de primer curso y que perderé la beca. Sé que nunca podré dedicar tiempo suficiente al estudio de la antropología, de la lógica (la misteriosa lógica de enunciados como sistema axiomático, la escurridiza noción de presuposición...), del idioma francés, del difunto latín ni de la teoría de los sistemas sociales (porque en el saco etéreo de la filosofía los programadores pedagógicos han metido todo eso). Pero he leído ya diecinueve libros filosóficos, concienzudamente, y los tengo subrayados y anotados, porque llevo el veneno inyectado en el cuerpo, y sé que me pasaré la vida tanteando en las tinieblas, intruso en los reinos neblinosos de las fantasías metafísicas, autodidacta atónito de las fluctuaciones vertiginosas del ser y de las espirales agónicas de la nada. El espía, en fin, de sí mismo y del inmenso mundo, ese inmenso mundo que puede caber incluso en un pensamiento equivocado.

(Y en eso estoy.)

... Pero, un momento... Ya que ando en fase de confesiones, creo conveniente hablar ahora de mi colección de posavasos, porque sé que luego puedo olvidarme, y tampoco se trata de ir dejando cadáveres por ahí, por la memoria, que es de por sí un cadáver en pie.

Permítanme, no obstante, que, antes de hablar de mis posavasos, les ofrezca un dato histórico que sin duda ustedes conocen de sobra: allá en el siglo XVIII, en tierras de Canadá, un tipo dijo haber pescado en aguas heladas una trucha peluda, y a todo el que quisiera verla le enseñaba con orgullo su trucha peluda: una trucha adaptada sabiamente al rigor de las aguas más frías. La gente miraba con asombro aquella trucha prodigiosa, envuelta en pieles, y en el pensamiento de los lugareños había un pequeño rincón para la imagen de la trucha peluda: la trucha peluda ocupaba un par de neuronas activas del cerebro de todos los testigos de aquel insólito fenómeno, la trucha aquella estaría ya en su memoria para siempre, como un hito indeleble, a pesar de no ser más que eso: una trucha peluda.

(Luego se supo que el pescador de la trucha peluda no era más que un bromista que había revestido una trucha vulgar con una piel de hurón o tal vez de gato, no sabría yo precisarlo ahora. Pero, a pesar de conocerse el fraude, el concepto de trucha peluda seguiría para siempre en el pensamiento de quienes vieron y admiraron la trucha impostora.)

Pues bien, los posavasos vienen a ser la trucha peluda de mi pensamiento, por así decirlo.

Los posavasos no son más que circunferencias o cuadrados de cartón con dibujos, logotipos y letras, de acuerdo, pero forman parte de mi pensamiento desde el 17 de abril de 1997, día en que el poeta Blasco cumplió treinta y nueve años y nos fuimos con él de fiesta, por ahí, los amigos, la ruidosa cabalgata, a inspeccionar las grutas hechizadas de la noche.

Reconozco que me coloqué mucho, porque era ocasión de gran tralla, y, curiosamente, me dio por recolectar posavasos en todos los bares a los que íbamos, ya que las manías de la mente suelen tomar un rumbo imprevisible, y más aún si la mente en cuestión está empapada de algún derivado anfetamínico y de ginebra. A la mañana siguiente, después de despertarme con el ánimo de quien entra en ese infierno de alta seguridad que debe de existir para quienes siguen portándose mal en el infierno, después de abrir los párpados como quien abre dos latas de berberechos a la vez, me dije: «Hoy te espera un día asqueroso, Yéremi». Y fue un día asqueroso, eso sin duda, aunque, cuando recogí mi ropa del suelo, vi que tenía posavasos repartidos por todos los bolsillos, y aquello me hizo sonreír, porque los posavasos me recordaron los detalles de la farra en honor a Blasco el poeta, y me dije: «Si ya tengo nueve posavasos, ¿por qué no tener nueve millones de posavasos?», ya que el coleccionismo es sólo eso: una modalidad maniaca de la insistencia. No, no voy a decir que hoy tengo nueve millones de posavasos, porque nadie en el mundo tiene esa cantidad de posavasos, al menos que yo sepa, pero no miento si digo que tengo trescientos cuarenta y tres, sin contar —como es lógico— los repetidos. Cada vez que entro en un bar, lo primero que hago es buscar posavasos con la vista, porque, como digo, los posavasos forman parte ya de mi pensamiento, aunque sospecho que no es propio de un filósofo coleccionar posavasos. (En realidad, un filósofo sólo debe coleccionar aforismos, porque el aforismo es la base de todo.) Pero en mi descargo debo señalar que inicié mi colección de posavasos antes de leer a Schopenhauer, y nadie se sacude del todo su pasado cuando se mete a filósofo, ni siquiera el propio Schopenhauer, que antes de ser filósofo fue comerciante, y eso se le nota a veces en sus escritos: «Tomo aquí la noción de la sabiduría en la vida en su acepción inmanente; es decir, que entiendo por tal el arte de hacer la vida lo más agradable y feliz posible». (Una característica ilusión de comerciante, según ven.)

Y otra cuestión autobiográfica, ya que andamos en fase imprudente de confidencias: ¿por qué soy policía? Bien, me temo que la pregunta está mal formulada. La pregunta correcta sería tal vez esta otra: ¿por qué no soy otra cosa? Busquemos, en fin, una respuesta convincente, o al menos una respuesta que no entre en contradicción con las desalentadoras teorías fatalistas del determinismo... Mi padre era policía municipal, y le gustaba serlo. («Mira, Jeremías, al menos puedo salir a la calle con un uniforme limpio. Si no fuese policía, tendría que andar por ahí vestido de pobre, como la mayoría de la gente», me decía cuando yo, durante mi fase *flower power*, le afeaba su oficio.) El caso es que, cuando terminé el bachillerato, pedí una beca, me la dieron de milagro, me pelé un poco y me matriculé en Derecho, en parte porque siempre me han gustado mucho las películas de juicios: me atraía la perspectiva de verme convertido en un abogado ingenioso, siempre con el as en la manga, implacable tahúr de leyes sorpresivas, redentor de asesinos inocentes. Qué sé yo. (La juventud...) Pero el Derecho me decepcionó enseguida, quizá porque, ahora que lo pienso, los textos jurídicos son en buena medida una especie de filosofía civil mal redactada. Puedes pasarte tres o cuatro días intentando desentrañar un párrafo de Schopenhauer y, al final, no sacar nada en claro. Puede ocurrir eso, no digo que no. (A mí me ocurre con frecuencia.) Pero es que Schopenhauer tenía la disculpa de que tanteaba en las tinieblas, y las tinieblas son difíciles de apresar, de amaestrar, de introducir en la probeta de los experimentos mentales. Te lees, sin embargo, el artículo 17 de una estúpida ley sobre arrendamientos y no entiendes nada, y eso me parece el colmo: convertir unas simples normas contractuales en un engrudo sintáctico y conceptual. Así que, a mitad de primer curso, le dije adiós con la mano a la Facultad de Derecho y me dediqué durante un tiempo a vagabundear durante la noche y a dormir durante el día, para desconsuelo de mis padres, que veían hundirse mi futuro en un mar fangoso de alcohol, de hachís y de holganza.

«Esto no puede seguir así. Si quieres vivir como un degenerado, búscate otro techo», me dijo un día mi padre, a pesar de ser él un hombre no sólo conformista ante la adversidad, sino también cobarde por naturaleza, incapaz de enfrentarse a los niños que jugaban a la pelota en lugares prohibidos. Otro techo... Era lo que faltaba: errante, desnutrido, sin un duro, maldurmiendo en zaguanes, presa fácil del hampa y de la angustia...

Voy a contar el resto del proceso, en fin, en versión abreviada, para ahorrarles de ese modo las lentas y profusas descripciones de las espirales psicológicas en que me vi envuelto durante aquellos meses: una especie de guerra civil entre mis quimeras y la realidad, con cientos de cadáveres amontonados y pudriéndose al sol.

Un día llegó mi padre a casa con un impreso de solicitud para los exámenes de ingreso en el cuerpo de Policía Nacional y me dijo: «Mira esto», y miré aquello, y no supe en ese instante si vomitar o reírme, de modo que me quedé como estaba. «Es una buena ocasión», añadió mi padre.

El sueño de todo policía local consiste en tener un hijo que, a falta de policía imperial, llegue a ser policía nacional. Y entonces pensé... Pero importa poco lo que yo pensara, si a aquello puede llamársele pensar. El caso es que aquí estoy, en la sección de pasaportes, con mi uniforme. Pasma.

De todas formas, no podemos olvidar ni por un instante (ni por uno solo) que tanto ustedes como yo formamos parte del género humano, un género biodiverso que lo mismo engloba a un filósofo fenomenológico que a un hombre calvo que está convencido de que pisar casualmente una mierda de perro trae buena suerte. «¿Y por qué es el género humano tan heterogéneo, a diferencia de la uniformidad y coherencia que se aprecia en el comportamiento de las lagartijas o de los mosquitos, pongamos por caso?», me preguntarán ustedes. Pues bien, lamento darles una respuesta decepcionante, a saber: la heterogeneidad del género humano es sólo aparente, ya que no existe ninguna diferencia esencial entre el filósofo fenomenológico y el calvo supersticioso de la escatología. Es más: en el fondo son idénticos, porque ambos creen ingenuamente en cosas abstrusas: en el apriorismo del alma o en la influencia que ejerce la mierda de perro sobre la gran maquinaria del azar, según cada caso. Pertenecemos, en fin, a una especie que se aferra a supersticiones de apariencia muy distinta, pero en esencia similares: un gravísimo delirio de trascendencia que propicia alucinaciones entre esotéricas y gnósticas, ya sea a través de los astros, del tarot, de la filosofía, del psicoanálisis o de la mierda de perro. Todo destinado a amagar el desvelamiento del bodrio misterioso que es la realidad. La nuestra. La de todos. La del filósofo que se hunde en los fangales retóricos del ser y la del que compra el amuleto infalible de la suerte anunciado en televisión.

Pues bien, una especie animal de ese tipo necesita ser vigilada de cerca. (Y ahí estamos nosotros.)

«¿Por qué eres policía?», me preguntó un día Jup, y no supe qué contestarle, porque, como ya he dicho, se trata de una pregunta mal formulada.

(Un paréntesis.) (O varios.) En el cuarto de baño, mientras buscaba una pomada para aliviar orzuelos, he encontrado un bote de crema hidratante vacío y me he pasado un rato recordando a Yeri (recordándola como quien recuerda un cadáver o una muñeca inmóvil) y pensando, de camino, en el Tiempo.

A Yeri le gustaba llevar un tipo de pendientes que parecían lágrimas. Lágrimas de color esmeralda de verdor titi-

lante. Lágrimas rojas con pedrería de lágrimas más pequeñas. O lágrimas de ámbar (el ámbar: ese microbosque coa-
gulado). O largas lágrimas lúgubres de azabache.

Lágrimas, en todo caso.

Qué transparente suele ser, por cierto, el espíritu de las
mujeres que llevan pendientes en forma de lágrima: todas
necesitan decirnos, a través de la simbología que sugieren
esos pendientes, que ellas, a pesar de su esplendor provisional, tienen siempre presente el recuerdo amenazante de las
lágrimas. Esas lágrimas que manarán de sus ojos cuando el
tiempo les pase por la cara sus garras de acero oxidable, por
más que los botes de cremas regenerantes sigan ocupando
las repisas de su cuarto de baño en calidad de ungüentos
milagrosos que no dejan grasa... Una crema que intenta
vencer al Tiempo. (Sí.) Una crema que asusta al Tiempo.
(Desde luego que sí.) Una cremita blanca y perfumada que
ahuyenta al Destructor, como las ristras de ajos o la cruz de
plata al conde sanguijuela de Transilvania.

Dermoterox. Derminix. Cristaldex. Dexmitalia... Exfo-
liantes, decapantes, salvadores de ojos, cremas reparadoras
con biosome, fórmulas *rinse-off,* complejos reafirmantes,
lociones clarificadoras, mixturas potenciadas de citoquinas,
cremas faciales de respuesta nutritiva con gamma orizanol...
(La tienda de Merlín, como quien dice.) (Hechizados pota-
jes de Morgana.)

«Mete tu cabeza agrietada y reseca en un cubo de crema
reafirmante dermoprotectora con cristales líquidos y con des-
pojos de vacas y sácala de allí tersa como una pandereta.»
(Un cubo lleno de crema reafirmante dermoprotectora...)
(No resulta un truco lo que se dice barato, desde luego, aunque sí fácil.) (Porque el Tiempo le tiene mucho miedo a ese
tipo de cremas.) (Le aterran esas cremas.) (Él, el Tiempo, que
va matando poco a poco, con la meticulosidad de un orfe-
bre macabro, a los emperadores y a los atletas, huele una de
esas cremas y sale huyendo.) (Despavorido.)

(El Tiempo, en fin. Las cremitas.)

Yeri, con sus pendientes que parecían lágrimas...

(«Vas a morirte solo. Recuérdalo cuando estés muriéndote».)

(Y el Tiempo. Las cremitas...)

Mutis se llama Alejandro Jiménez y es profesor de latín en un instituto. Le llamamos Mutis porque habla muy poco, incluso cuando va de *speed*, que es lo que él suele tomar. Sospecho que habla poco porque es un pesimista, y a los pesimistas les cuesta mucho trabajo creer incluso en lo que ellos mismos afirman con total contundencia.

Mutis, ya digo, habla muy poco, al menos fuera de sus clases (porque allí algo tendrá que hablar, aunque sea en latín), pero, una noche en que nos reunimos los amigos en Oxis, llegada la hora de las melancolías extravagantes e imprevisibles, mientras mirábamos con tesón doloroso a las tres o cuatro muchachas que aún rondaban por allí como unas dementes que bailaran en la cubierta de un trasatlántico que se hunde, Mutis, que andaba sin duda sobredosificado, no paró de susurrar una misma frase: «*Collige, virgo, rosas*». A todos nos invadió la curiosidad: «¿Qué es eso, camarada? ¿Una blasfemia turca?», le preguntó Jup.

Inesperadamente, Mutis nos soltó el discurso más largo de su vida: «*Collige, virgo, rosas* significa: chingad cuanto podáis, chavalitas menores de edad. Chingad con nosotros, los astutos latinos. Coged las rosas carnales, porque luego sólo podréis coger las flores de papel y de cera. Coged la rosa flácida de nuestros músculos varoniles, la rosa fermentada de nuestra vejez, porque dentro de poco sólo podréis aspirar el perfume de esas rosas polvorientas que son los pompones de maquillaje. ¿Entendido? Eso es lo que los romanos les recomendaban a las chavalitas: que chingaran ocho o nueve veces diarias con los senadores y con los poetas épicos. Porque mucho latín y mucha hostia, pero todos andaban majaras por el sexo gratuito. Los niños romanos mamaban leche de loba, y esa leche se transformaba en sangre, y todos acababan aullando y queriendo devorar cruda a una cabra... Los antiguos romanos hicieron cuanto pudieron por chingar, y por eso se pasaban el día diciéndoles a las chavalitas lo de *collige, virgo, rosas*, a ver si alguna recapacitaba un poco y se la chupaba al viejo en un callejón de Pompeya o de cualquier otro sitio... Es curioso: la gloriosa Roma, que tuvo a medio mundo cogido por los huevos, cuando en realidad sus intelectuales más famosos y sus más grandes poetas se limitaban a recomendarles a las chavalitas que chingasen lo más posible... Menuda papeleta».

(Es bueno tener amigos profesores: te enseñan a comprender la Historia, a verla de otro modo.)

Pero ¿de qué estaba hablando yo? (Porque tiempo habrá de seguir hablando de Mutis, aunque él sea de poco hablar.)

Cierto: de Yeri. Hablaba yo de ella.

Según creo haber dicho, Yeri tenía un novio cuando la conocí. Un novio que había sustituido con relativo éxito a un primer marido sin éxito y a varios apaños fugitivos y desastrosos. Y ustedes me preguntarán: «¿Conviene irse a la cama con una mujer emparejada?». Con el debido respeto, me permitiría repetirles una idea un poco vulgar, aunque creo que certera, que le escuché a Blasco, nuestro poeta dipsómano y maldito, cantor de los enigmas de la noche y de cualquier tipo de enigma oscuro: «El advenedizo amoroso tiene mucho a su favor, porque es el representante oficial de otro planeta, aunque en ese planeta la tengan más chica».

Bien. No puedo presumir de ser un tigre peligroso en el amor, entre otras razones porque me gusta demasiado acariciar a las mujeres, tocarlas como quien saca brillo a una joya, palparlas como si fuesen el aura de un espectro: con el temor de que el tacto las disipe, y hay mujeres que prefieren un poco más de leña, como ustedes saben, pero, durante la primera noche que pasé con Yeri, las cosas fueron bien, según creo haber dicho. Al menos me fueron bien a mí: no pensé en ninguna otra mujer durante bastante tiempo, y eso a pesar de que, en aquella época, yo estaba habituado a pensar continuamente en casi todas las mujeres del universo a la vez, incluidas las inexistentes y las actrices muertas.

Ahora bien, uno de mis principales problemas psicológicos consiste en que padezco rachas en que me arrepiento de casi todo cuanto hago y de casi todo cuanto digo al instante de hacerlo o de decirlo. Salgo del supermercado y me arrepiento de haber comprado mantequilla en vez de frutos secos. Me digo a mí mismo, en voz alta, que el alma existe y, al instante, me arrepiento de haber formulado esa temeridad, sin fundamento alguno (porque a ver qué sabe nadie de esas nebulosas). Me arrepiento, en fin, de casi todo. Aunque acierte en algo, me arrepiento de haber acertado. (De haber nacido para rey, la posteridad me conocería seguramente por un sobrenombre de resonancia penitencial: el Arrepentido.) (Jeremías I el Arrepentido.) De modo que, a causa de este problema, me arrepentí enseguida (nada más correrme, digamos) de haberme ido a la cama con Yeri, entre otras razones porque no existen nostalgias más punzantes y tercas que las sexuales, y Yeri me gustó, y, cuando alguien te gusta, te pones a pensar de inmediato en el disfrute de los sucedáneos de la eternidad (la pasión que convierte al tiempo en una abstracción en llamas, la compañía duradera y consoladora, el pacto optimista entre dos catastrofistas, y así sucesivamente), y confieso que pensé en ese tipo de cosas mientras miraba la espalda desnuda y el culo prodigioso de Yeri, y supo por tanto que estaba condenado a recordar mi folleteo ocasional con ella durante todos los días de mi vida, que es lo que suele ocurrirnos a los tipos que nos hemos ido a la cama de forma gratuita con muy pocas mujeres, y una memoria ocupada por resplandores volanderos es siempre una memoria dolorida, un asco de memoria, porque, a fin de cuentas, el placer ocurre siempre en el pasado. (Recuerdo diariamente, por sus nombres o apodos, a todas las mujeres con las que me he ido a la cama, y reconstruyo sus diecisiete cuerpos durante el limbo de la duermevela.) (Y a veces reconstruyo también el cuerpo de alguna puta, aunque eso sea hacerle trampas a la realidad, o jugar con ella de farol.) Me arrepentí de haber establecido esa complicidad involuntaria con Yeri, ya digo (un arrepentimiento inexplicable, desde luego, porque ya me dirán ustedes...), pero también me arrepentí de no haber vencido ese arrepentimiento en el mismo instante en que me sobrevino, en el preciso instante en que pensé: «A ver si se va ya esta tía». (Pero lo pensé, y lo sentí.) (Dos o tres veces.)

«Me ha gustado», me dijo Yeri cuando salió del cuarto de baño con el pelo húmedo. «Me escuece todo un poco», y le aseguré que eso es siempre una buena señal. (El escozor: una señal estupenda.) «¿Nos veremos alguna otra vez?», y le contesté que sí, que nos veríamos, porque el verbo «ver» puede tener una significación muy difusa: lo puede utilizar hasta un ciego. (Un verbo raro.) «¿Me lo prometes?»

Yeri y yo nos vimos al poco tiempo de prometerle que nos veríamos: en Oxis, en la Fiesta del Ron, pero ella iba con su novio, de modo que sólo pudimos vernos como quien ve la lluvia bajo un paraguas.

El novio de Yeri se ajustaba a un fenotipo muy común: pálido, blando de cintura, kiowas con borlas, símil *chemise* Lacoste de una tonalidad imprecisa (entre el rosa y el morado), gafas ovales... «Un profesor», pensé. (Y me equivoqué por poco: por aquel entonces, estaba a la espera de unas oposiciones a monitor de electrónica industrial en una escuela-taller.) Aquel novio de Yeri era un enigma transparente, porque llevaba escritos en la cara sus secretos básicos: sexualidad resoplante, temperamento temeroso y teorías desenfocadas sobre el universo. («¿?») La pesadilla segura, en resumidas cuentas, de cualquier mujer que estuviera dispuesta a permanecer a su lado, según me arriesgué a pronosticar, porque —quién lo diría— yo, el proselitista teórico de la poligamia teórica, estaba celoso, y ahí comenzó la ópera bufa: un travieso diablillo de tierna cornamenta se me coló de matute en el pensamiento con el propósito de divertirse durante una temporada a mi costa, y se divirtió bastante, hasta que no tuve más remedio que decirle: «Juguemos a lo mismo, diablillo». De modo que una noche en que Yeri apareció por Oxis con un grupo de amigas aparentemente muy salidas y evidentemente muy borrachas le pedí que dejara a su novio.

Yeri era dueña de una pequeña floristería. Vendía flores naturales y secas. Hacía ramos muy extraños: parecía que iban a atacarte en cualquier instante. (Acechantes orquídeas, mordientes crisantemos, claveles ninja...) (Ramos rarísimos: fieras florales.)

Yeri tenía los ojos violáceos, y ese color está bien, porque tiene un pronto exótico, aunque luego, después de verlos unas mil veces, llegas a la conclusión de que los ojos no deben ser violáceos, de que los ojos de las muchachas es mejor que tengan un color corriente, porque unos ojos violáceos no parecen mirarte, sino estar ahí expuestos para que los mires, decorativos, gélidos en su autismo de amatistas, y eso hace que te sientas insignificante, porque jamás parecen detenerse con emoción en ti los ojos violáceos: ellos llevan dentro de sí un crepúsculo, y los crepúsculos son ciegos: no existen para mirar, sino para ser admirados. (Ya me entienden.)

«Tengo dos hijos», me confesó Yeri la segunda vez que nos acostamos juntos, mientras se ajustaba unas bragas pequeñas como quien embute un sofá en un calcetín. Le aseguré que eso no sería un obstáculo para nuestra relación: dos hijos. (Y no me equivoqué: aquello no resultó ser un obstáculo, sino dos obstáculos.)

Al principio de salir con Yeri, el amor era algo más que una palabra en mi mente: era un estado anímico extraño y casi palpable, intenso y a la vez desvaído como una alucinación. «Te quiero, Yeri», le decía a cada instante y sin esfuerzo alguno. (Lo que cualquier psicólogo pesimista calificaría de trastorno grave de la personalidad.) «Yo también te quiero, Yéremi.» (Yéremi Yang y Yeri Yin, como quien dice: el gran circo del amor flamante, con sus alegres sombras chinescas, con sus habilidosos hipnotizadores, con su cajón de la muerte atravesado por espadas de latón que aún no hacen daño...)

Yeri, en fin, me gustaba mucho. Fundamentalmente, Yeri me gustaba mucho por tres razones... Sí, de acuerdo, ya sé que cuando alguien dice que va a exponerte tres razones, las dos primeras las da con firmeza y rotundidad, pero que en el momento de enunciar la tercera siempre titubea. (Es una ley; no falla.) «¿Y por qué ocurrirá eso?» Bueno, quizá porque no hay casi nada en este mundo que soporte tres razones.

Por ejemplo: ¿tres razones para amar?

1ª) Chingar con alguien de carne y hueso (incluso las muñecas hinchables acaban decepcionando, por raro que parezca, y hay que lavarlas).

2ª) Necesidad de imponer un trazado doméstico al laberinto cósmico.

3ª) ¿Repartir los gastos? ¿Tener hijos que te pidan explicaciones y dinero? ¿Amanecer cada día junto a un cómplice despeinado que acabará tan aburrido de ti como lo estás tú de ti mismo?

Ahí, en la tercera razón, es cuando se duda.

A pesar de todo, no esquivaré mis responsabilidades confesionales: ¿por qué me enamoré de Yeri? Por tres razones, como es lógico: por sus ojos, por su culo... ¿Por aburrimiento de las visitas al club Garden, con su catálogo de muñecas deprimidas? (Me aficioné allí durante un tiempo a Flu, una hondureña muy resabiada. Un soplo fugitivo: Flu.) ¿Me enamoré de Yeri por ella misma, entendida como unidad de cualidades dispersas, como kantiana *cosa en sí?* (Ahí, en la tercera razón, como ven, comienza el titubeo.)

He salido con pocas mujeres a lo largo de mi vida, según he confesado ya. No he sido afortunado en ese aspecto. Me asomaba de madrugada a la ventana y pensaba: «Dios mío, sólo en este polígono debe de haber por lo menos cien personas follando o, como poco, tocándose».

Enfrente de mi bloque, por cierto, vive un tipo que debe de andar por la misma edad que yo y que ejerce, desde muchacho, de dandy rockabilly. Nunca he hablado con él, pero lo he observado mucho, hasta el punto de llegar a apodarlo por mi cuenta: Coyote Psicopático, pues algo de coyote hay en su pinta y algo de psicosis adivino dentro de su cabeza engominada. (Un diagnóstico meramente impresionista, desde luego.) (Pero, a fin de cuentas, ¿qué son los demás sino figuraciones?) (¿Qué fue Sócrates para Platón sino un títere cabezón y parlanchín?) A veces, muchas veces, al ver llegar a Coyote Psicopático abrazado a una muchacha, me digo: «Eh, mira, Yéremi, ahí viene Coyote con una muchacha. Creo que se trata de una nueva», y aquello me parece milagroso: que alguien llegue a casa casi todas las noches con una mujer distinta y sin duda hermosa a su peculiar manera (aunque, a veces, Coyote llega con alguna que está simplemente regular, y entonces le envío este mensaje telepático: «Hoy no estás de suerte, Coyote», a pesar de que yo, si pudiera, haría lo mismo que él: ser el filántropo universal de los ángeles

91

noctívagos, el barrendero sexual de los ángeles últimos, los más lunares).

Antes de mantener mi relación estable con Yeri, yo miraba mucho por la ventana con mis prismáticos. La ventana era mi microscopio y mi telescopio, mi acuario y mi espejismo, mi espejo encantado y mi pantalla de rayos equis. Pero, después de conocer a Yeri, incluso la ventana dejó de tener importancia para mí, porque el mundo lo llevaba yo dentro, y ni siquiera sentía curiosidad por espiar a Coyote.

Al principio, Yeri y yo salíamos casi todas las noches. Nos besábamos sin parar en los bares por las urgencias avaras del deseo, sí, pero también para demostrarle a la plebe anónima que no éramos dos solitarios, por alardear —al menos yo— de no ser un satélite vagabundo ni un buscador fracasado de tesoros. Mirábamos a la gente que intentaba ligar y nos reíamos de sus estrategias, y nos reíamos de sus risas, y nos reíamos del mundo, y nos besábamos.

Por aquel entonces, los hijos de Yeri no me miraban siquiera, pero al menos aún no se atrevían a insultarme. (El cholito peruano no era malo del todo, sino un despersonalizado absoluto que se dedicaba a imitar a su hermanastro el chino, y ese pequeño chino portugués tenía en las venas sangre tóxica de Fu Manchú.) Hablábamos con timidez y vaguedad de un futuro impreciso, hasta que ese futuro tomó cartas en el asunto: «¿No crees que va siendo hora de que vivamos juntos o algo parecido a eso?», me preguntó Yeri una noche, y me enternecí, pero también me aterré, y le dije que no convenía precipitarse. (Porque el error suele consistir en llegar a la convivencia por necesidad.) (Por necesidad de comprensión, de sexo asiduo, etcétera.) (A la convivencia conviene llegar más bien por hastío, por saturación de casi todo: de comprensión, de sexo asiduo, etcétera.) (Me parece.) «Como prefieras», dijo Yeri, y aprovechó que fui al servicio para dejarme plantado en Oxis. A lo largo de aquella noche me despertaba a cada rato y me ponía a mirar por la ventana, y en una de esas vi llegar a Coyote Psicopático abrazado a una adolescente de largas piernas indecisas, y el pelo engominado de Coyote brillaba bajo la luz anaranjada de las farolas igual que un casco de charol, y entonces llamé a Yeri y le dije que sí, que ya era hora de que viviésemos juntos, aunque lo cierto es que, a medida que las iba pronunciando, iba arrepintiéndome de todas y cada una de esas palabras y arrepintiéndome a la vez de estar arrepintiéndome de ellas, porque los sentimientos indefinidos siempre se enmarañan. «¿Sabes la hora que es, Yéremi? Es muy tarde, Yéremi. Es muy tarde para casi todo, Yéremi», y me colgó. Cuando alguien te cuelga bruscamente el teléfono, cuentas con unos siete segundos de neutralidad emocional: no aciertas a sentir nada. Al octavo segundo, no obstante, comienzan las explosiones emocionales en cadena. En mi caso, sentí desolación, pero también alivio. El único problema consistía en que ignoraba si me apetecía más el alivio que la desolación.

Al día siguiente, como es de suponer, no llamé a Yeri, porque no hay cosa que achique más a un tímido que la perspectiva de verse transformado en suplicante. (No se trata, por tanto, de una cuestión de orgullo –porque a fin de cuentas casi nadie es un emperador o un afamado deportista–, sino de timidez, esa educada manifestación del terror al prójimo.)

Cualquier herida infectada requiere tratamiento, así que llamé a los amigos y quedamos en vernos en Habibi, que es un bar idóneo para tomarse la primera copa de la noche: casi se te quitan allí las ganas de tomarte la segunda, porque incluso Boto, el camarero argentino, reconoce que ninguna persona medianamente guapa ni medianamente alegre ha pisado ese bar desde aquel día en que entraron un par de gitanitos adolescentes con dos turistas enrojecidas por el sol y perdidamente borrachas. De todas formas, me encontraba a gusto entre mis amigos: nuestros corazones fraternos se mantenían firmes como una gelatina de sangre solidaria, de modo que, tras vencer la tentación de una retirada a tiempo, del Habibi nos fuimos al Sándalo, y de allí a la discoteca Karim, famosa por sus camareras altivas y autistas.

Mentiría si dijese que no estaba pasándomelo bien aquella noche, pero echaba de menos a Yeri, cuya imagen circulaba libremente, bajo la forma de un fantasma líquido, por mi conciencia.

Cuando conseguí colocarme, susurré: «Yeri», y aquello tuvo el efecto de un conjuro azteca o similar, porque al instante entró Yeri en Karim en compañía de su reciente ex novio de los kiowas con borlas.

Creo que es preferible que no comente siquiera lo que en ese momento pasó por mi mente, porque me temo que si lo comentase, perdería el poco crédito de que dispongo ante ustedes no ya como filósofo, sino incluso como interlocutor ocasional.

«¿No es esa tu novia?», me preguntó Jup, desconcertado ante el hecho de que mi novia se refregase en la pista con alguien que no era yo. «¿Quién es ese pirulo?», me preguntó incluso Mutis, el latinista de la boca de tumba. Bien. El pirulo, como ya he dicho, era el novio que tenía Yeri antes de tenerme por novio a mí, aunque en realidad el genuino pirulo, en ese instante al menos, era yo: el arlequín desconsolado que se tragaba en secreto sus lágrimas de cocodrilo. (Lágrimas de cocodrilo que —todo hay que decirlo— tenían el mismo sabor que las lágrimas verdaderas.) (Porque cualquier lágrima es importante.)

«¿Por qué no le partimos un par de dientes entre todos?», propuso Jup. «¿A él o a ella?», preguntó Blasco, nuestro poeta maldito, autor del libro inédito, y en crecimiento continuo, titulado *Leve y de jade*, presentado sin éxito a diversos concursos literarios.

Yeri y su ex novio renovable (por darle algún tipo de categoría kantiana) se fueron pronto, supongo que en cuanto me vieron sonreír como una hiena con colitis desde el púlpito de la barra de la disco Karim, decorada con elementos orientales y luces láser.

Después de echar una mirada a la turba del local, Blasco (que, a pesar de ser poeta, tiene una acusada mentalidad pragmática) nos preguntó: «A ver, ¿cuántas de las tías que hay ahora aquí están deseando irse a la cama con alguno de nosotros cuatro?». Todos nos encogimos de hombros y Jup contestó en forma de pregunta: «¿Ninguna?». Blasco asintió: «Exactamente, esa es la cifra correcta: ninguna. Así que ¿nos vamos al Garden?».

Creo que ya les he hablado del club Garden, pero, por si acaso, siento comunicarles que se trata de un bar de carretera repleto de putas procedentes de medio mundo: una especie de ONU en lencería. «Venga, tomaos eso pronto, que nos vamos al Garden», nos urgió Blasco, poeta del placer y de la luna, metaforista compulsivo del pecado y la tiniebla. Y al Garden nos fuimos. (Flu ya no trabajaba allí. Y aquella otra chica era colombiana. Y tenía los pechos oblicuos y caídos. Y quería volver a su país. A casa de sus padres. Con su hija. Pero había firmado un contrato de esclavitud. Y le dije que, casualmente, yo era un pasma humanitario que podría echarla legalmente. Y ella me suplicó que lo hiciera. Y le prometí hacerlo.) (Pero jamás lo hice, como es lógico, entre otras razones porque me gusta ser respetuoso con los infiernos de los demás: si has estado en el infierno, el infierno se queda para siempre dentro de ti, ya que se trata de un viaje sin retorno, aunque con billete de ida y vuelta: ida al infierno y vuelta al infierno.)

Vomité un poco a la puerta del Garden, volví a casa y llamé a Yeri.

—¿Estás sola?

—No, estoy metida en la cama con una banda de cornetas y tambores. ¿Qué quieres ahora?

Al día siguiente, volví a llamarla desde la comisaría.

A pesar de la resaca, había estado concentrándome durante más de una hora para intentar obtener una visión aproximada del futuro, y los indicios no habían sido desfavorables. (Al menos, no sentí esa especie de náusea cerebral que suele hacer compañía a las premoniciones adversas.) «De acuerdo. Espérame en tu casa sobre las diez», me dijo, así que, un poco más tarde de las diez, Yeri entró en mi casa con la contundencia escénica de una reina troyana ultrajada por los espartanos, como quien dice. «¿Qué?», y, a la media hora, ya habíamos decidido vivir juntos, en mi casa, que tenía una renta más baja que la suya y una habitación más. Con los niños. Con la bomba de un futuro común sostenida por ocho manos titubeantes.

Hoy estoy preguntón: ¿qué diferencia existe entre el hombre que llega a casa y se arrellana en su sillón favorito y el leopardo que duerme cada noche en el mismo rincón de su jaula del zoo? ¿Qué diferencia aprecian ustedes entre el elefante que le rompe una pata a la hembra durante el frenesí del apareamiento y el joven que le estruja las tetas a su novia antes del polvo número 5 de su vida en común, cuando aún los cuerpos son enigmas mutuos que pugnan por desvelarse mediante los ojos, la lengua, las uñas hirientes? ¿Qué diferencia existe entre el polvo número 5 y el polvo número 2005? (Etcétera.)

A los ocho o nueve meses de compartir techo con Yeri y con los niños, yo llegaba a casa, comía, me echaba una siesta, me daba luego una vuelta por ahí, volvía más o menos a la hora en que Yeri cerraba el negocio, cenábamos, me liaba un canuto, veíamos una película intrigante o algún concurso de gente avariciosa, nos íbamos a la cama, nos tocábamos o no nos tocábamos y, en medio ya de la duermevela semimágica, me decía a mí mismo, a la manera de una oración fatalista: «Un día menos de vida, Yéremi».

Yeri llevaba a casa las flores que estaban a punto de marchitarse, flores con los minutos contados, moribundas, invendibles, y la casa parecía un jardín agonizante, y los pétalos caídos formaban en el suelo un dibujo multicolor y abstracto, y un perfume dulzón y funéreo flotaba por el aire, y a mí el declive de aquella flora me parecía la metáfora cruel del tiempo mismo, el vértigo de una perfección que huía hacia la zona de misterio del caos, por querencia fatal, como si la muerte fuese el argumento secreto de toda perfección.

A veces, en los instantes previos al sueño, en esa lúcida ceguera, las visiones se me agolpaban del modo en que se agolpa la gente a la puerta de los grandes almacenes en el primer día de rebajas. ¿Y qué veía yo? Pues eso, un agolpamiento, un mero barullo que me angustiaba lo indecible, ya que no hay cosa peor que una videncia defectuosa y sin sentido, sobre todo cuando no aciertas a distinguir una visión premonitoria de un vulgar presentimiento pesimista. (Una de esas veces vi a un hombre desnudo atado con cadenas a una columna de altura incalculable, pues se hundía en las nubes; estaba aquel infeliz al borde de un abismo, y pugnaba por arrojarse a él, pero las cadenas se lo impedían, y pensé entonces: «Ese hombre soy yo, el añorante del abismo», y ya no se me fue de la cabeza la imagen de aquel cautivo que anhelaba el misterio de la sima en tinieblas, del submundo de fuego en que arde la vida.) (O similar.)

Dejé de sentirme bien al lado de Yeri cuando llevábamos cuatro años juntos, día más o día menos. «¿Por qué?» Bueno, ojalá me equivoque, pero creo que llega un momento en toda pareja a partir del cual hay siempre una persona que está de sobra. Ahora bien, lo enigmático es que quien está de sobra no es ninguno de los integrantes de la pareja, sino ese tercer integrante que surge espontáneamente de toda pareja: el andrógino platónico, que, como ustedes saben, es el monstruo resultante de la fusión de dos cuerpos y de dos almas que no tienen gran cosa que ver entre sí y que aguardan pacientemente la hora de hacerse el mayor daño posible el uno al otro.

Existen parejas duraderas, por supuesto, y hay que reconocerles el mérito de mantener en pie esa mutua desesperación durante años infinitos: una negación acrobática del tiempo. Pero, si me permiten ustedes la confidencia, nunca he presumido de estar hecho de la pasta de los héroes sentimentales. Sabía que mi vida con Yeri era *mi verdad*, pero yo no estaba hecho de *verdad*, sino de múltiples mentiras, y de delirios tremendistas, y de nervios imperfectos, y de grumos de pánico puro, y de terrores solidificados. Aquello, lo nuestro, lo que existía entre Yeri y yo, era *mi verdad*. Lo era. (No digo que no.) Pero el caso es que me sentía ante *mi verdad* como una bruja leprosa ante el espejo de su alteza la reina tetuda de las hadas culonas, por así decir.

Además, Yeri (aparte de aborrecer con toda la fuerza de su subconsciente a mis amigos) parecía predispuesta a molestarse por cualquier cosa que yo hiciese, así me hubiera dado por comprarme un laúd y meterme a trovador. Un día, por ejemplo, me sorprendió mientras leía yo las cartas de sus antiguos novios: casi dos decenas de fantasmas ansiosos por eyacular dentro de Yeri. «Tengo derecho a mantener en secreto mi pasado», me dijo, y me arrebató con malas formas los fajos de cartas, clasificados por autor, ordenados por fecha y atados con bramante. Otro día también se enfadó mucho: encontré por casualidad su álbum de boda (el joven comerciante del flequillo abombado, la inacabada Yeri) y rompí todas las fotos. «¿Qué derecho tenías tú a romperlas?», y le contesté que tenía el derecho que dan los celos. «¿Celos? ¿Celos de qué?» Y la verdad es que no estaba yo muy seguro del fundamento de aquellos celos retroactivos, en el caso optimista de que se tratara de un simple asunto de celos y no de una reacción un poco más complicada, porque sospecho que, de repente, sentí envidia de la suerte de aquel tipo: él había estado con Yeri y ya no estaba con Yeri, había cumplido su ciclo de fascinación junto a ella y Yeri sería ya para él —y aun eso como mucho— un recuerdo veloz y desvaído, una imagen que no le serviría ya ni como inspiración para masturbarse, mientras que Yeri era un bulto que respiraba junto a mí cada noche, perdida ella en sus frecuentes pesadillas, en las que sin duda aparecía yo transformado en cualquiera sabe qué clase de engendro que follaba con otras. «Eran mis fotos.» «Oye, lo siento. Me dio por ahí, ¿qué quieres que te diga?» (Aquella misma noche, por raro que parezca, Yeri entró desnuda en el dormitorio con un vaso de whisky en cada mano y me preguntó: «¿Nos bebemos la copa de la paz?».) (Y eso que me lo explique quien lo entienda.)

La realidad viene a ser una entelequia invertebrada que se vertebra a partir de preguntas duales. («¿?», se preguntarán ustedes.) Pues, sí, eso mismo, preguntas duales: ¿por qué el pan, en contacto con el aire, se pone duro y las galletas, en cambio, se ponen blandas?, ¿por qué decimos que las ancas de rana saben a pollo y no que los muslos de pollo saben a rana?, ¿por qué razón, en fin, los amores imposibles pueden ser vitalicios y por qué el amor correspondido acaba siendo siempre pasajero? Sólo existe una respuesta para este último arcano: porque el amor parte siempre de cien, pero termina siempre —lo que se dice siempre— en menos de cien. Esa es su regla matemática principal: una regresión aritmética.

De modo que (abracadabra, pata de cabra) me lié con Olga.

En términos generales, la práctica de la infidelidad no es selectiva. El infiel en abstracto se forja, según es natural, grandes quimeras: adolescentes recauchutadas, vampiras de imaginación corrupta, indómitas demonias sin control, gigantas estremecedoras, y así sucesivamente. Pero luego, como es lógico, llega la realidad, con sus tijeras de plata, y hace los recortes oportunos. (A veces la realidad llega incluso en forma de muñeca hinchable, con los labios abiertos y muy rojos, por ejemplo.)

Pues bien, dado que la sinceridad pasa actualmente por ser un valor del espíritu, seré sincero: Olga era casi enana. Medía algo así como un metro treinta o metro treinta y cinco, pero respetaba la proporción áurea a su manera; es decir, a escala de gnomo: una perfecta muñeca de porcelana hecha con poca porcelana. La conocí en el bar Rinoceronte una noche en que Yeri y yo discutimos porque ella no quiso acompañarme al Rinoceronte. (Así las reserva el azar, con sus toscas estrategias.)

Olga acababa de cumplir treinta años, o eso me aseguró. Iba pintada como el carromato de un prestidigitador de los Balcanes, pero daba la impresión de estar anclada en una infancia paranormal, con sus manos pequeñas y repletas de anillos fantasiosos: una especie de niña a la que le hubiese tocado en la tómbola del colegio un saco de bisutería.

Olga... Recuerdo su silueta pequeña moviéndose por la oscuridad de su piso pequeño, atiborrado de objetos de imitación *art-déco* y de reproducciones de cuadros prerrafaelistas, con aquellas figuras que parecían tener metido hasta el fondo un consolador de marfil... Algo había en Olga de niña elástica y diabólica, con sus largos tacones de aguja que no se quitaba jamás, y daba un poco de grima verla andar en la penumbra: brujilla gorgoja, con su nariz aquilina y su lacio pelo negro, y su culo de niño, y sus pechos ojivales, que parecían a la vista muy duros, pero que al tacto resultaban muy blandos.

Cuando volvía a casa, después de pasar unas horas con Olga, Yeri me parecía una mujer titánica. «A ti te pasa algo», me decía Yeri. «¿Qué va a pasarme?» (Sí, ¿qué iba a pasarme, aparte de la culebra que me recorría de punta a cabo la conciencia?) «A ti te pasa algo», insistía Yeri. «Seguro que tienes una golfa por ahí», y me olía la ropa, y me inspeccionaba el cuello de las camisas. Y así durante meses. («A ti te pasa algo», me dijo también Olga una vez, cuando me despedía apresuradamente de ella, envuelta en su amplia capa de vampira del país de Liliput. «¿Estás harto de mí?») (Pero nadie podría estar harto de una miniatura, que yo sepa.)

A tanto llegó esa especie de festival de suspicacias, que Yeri me preguntó un día: «Oye, por cierto, ¿tú me eres fiel?», a pesar de ser esa la única de todas las preguntas posibles que ni siquiera merece el esfuerzo de sostener en el aire sus preceptivos signos de interrogación, entre otras razones porque cualquier respuesta será siempre no sólo falsa, sino también una infidelidad en sí misma: «Mira, Yeri, si te digo que sí, pensarás que estoy mintiéndote. Si te dijese que no, te enfadarías. Y si te contase la verdad, te pasarías el resto de tu vida intentando olvidar mi respuesta». (Así le contesté.) (Y es que alguna ventaja tiene el hecho de ser discípulo de Schopenhauer.) Yeri se quedó mirándome –y es un decir– con sus ojos violáceos, hasta que soltó secamente: «Te he entendido», cuando la verdad es que ni yo mismo entendía lo que acababa de responderle. «Te entiendo a la perfección.» Y aquello no fue bueno, en fin, para lo nuestro. (De nuevo las palabras, las fatídicas palabras: trampa retórica para los amantes, como cepo para ratones. A veces las palabras estrangulan.)

«¿Te estás tirando a Belén, Yeremi? ¿Estás tirándote a Belén?», me preguntó Yeri otro día mientras cenábamos, fingiendo ella serenidad, como si pretendiera darme a entender que una respuesta afirmativa iba a ponerla de un humor excelente. «Te la estás tirando, ¿no?» Antes de nada, permítanme presentarles a Belén: treinta y seis años, unos treinta y cinco kilos de peso —casi a kilo por año—. A Belén le gusta mucho acostarse con hombres, pero nunca me he acostado con ella, porque nuestro desinterés en ese particular es mutuo, aunque nos tenemos afecto, nos caemos bien, charlamos con frecuencia y una vez me masturbó. («¿?») (Sí, una sola vez, en los servicios.) (Porque no todo en la vida es sublime.) (Ni por asomo.) Durante una época en que las cosas le llegaban muy torcidas, Belén me llamaba a casa, siempre por motivos especiales: cuando le daba por querer matarse o algo así, y Yeri, a pesar de mis aclaraciones, llegó a la conclusión de que Belén era una especie de matahari. Pero, lejos de ser eso, Belén es la limpiadora de la comisaría y una vez tuvo un novio con el que iba a casarse, pero él desapareció a última hora con el dinero que tenían ahorrado. «Si tú quieres, lo buscamos, lo metemos unos días en el talego y le pegamos un susto», le dijimos todos a una, porque los de comisaría sentimos compasión por Belén, aunque ninguno de nosotros ha intentado irse a la cama con ella jamás, lo que no es poco decir, porque tengo colegas que se tirarían incluso al comisario si llegase un día con las piernas depiladas. «¿Quieres que busquemos a ese perro?» Pero Belén nos dijo que no, que no merecía la pena, que él debía de andar perdido por el mundo, por Ibiza quizá, porque su sueño dorado siempre había sido el de irse a trabajar allí de camarero. (Y es que hay sueños dorados para todo.) «Ibiza es una lenteja, Belén. Allí podemos localizarlo en un rato y decirles a los compañeros que le arranquen las orejas o lo que tú nos digas», pero Belén es la única persona de cuantas hay en la comisaría que no tiene una especie de gusano rojo en vez de corazón.

Un día al mes, porque su sueldo no le da para babilonias, Belén se lava a fondo y contrata a alguno de los chaperos que paran en el bar Anubis. «Hoy es mi día de fiesta», nos comunica Belén con una sonrisa de pecado mortal, radiante por la combustión de sus estrógenos. Ahora bien, si eres policía, sabes de sobra cómo las gastan algunos chaperos, y más si su clienta es una mujer raquítica, desvalida y cándida, aunque con muchas ganas de que le den leña por todas partes. De modo que, cuando Belén tiene su día de fiesta personal, hago lo posible por ir a su casa y espero en el salón a que todo termine, analizando durante media hora el profundo porqué de sus jarrones jaspeados y de sus paños de ganchillo, leyendo revistas de princesas portátiles y de actrices trastornadas, hasta que el chapero termina. Cuando el chapero sale, me asomo al dormitorio y le pregunto a Belén: «¿Qué tal todo?». Y ella, tapada hasta el cuello, con expresión de fatiga soñadora en la mirada, bajo la protección de una enorme estampa del histriónico israelita, me dice siempre que bien, me sopla un beso y me voy, hasta la próxima. («Pórtate bien con la clientela, camarada, si no quieres que un día tengamos que desgraciarte la herramienta de trabajo con la puerta de un coche», suelo decirles a los chaperos cuando bajo con alguno la escalera, más por afán pedagógico de instructor peripapético que por el gusto policial por la amenaza.)

«Es mejor que me lo digas, Yéremi. No pasa nada en absoluto. Es simple curiosidad: ¿te acuestas con Belén?» (En fin...)

Cuando estaba con Yeri me arrepentía de haber estado un rato antes con Olga y cuando salía del piso pequeño de Olga me arrepentía de haber salido de allí para reunirme forzosamente con Yeri, lo que no quitaba que me arrepintiese también de mortificarme tanto por culpa de esa especie de carrusel de arrepentimientos contradictorios entre sí. (Y es que los arrepentimientos no se neutralizan unos a otros, sino que se acumulan, porque son sectarios.)

Anduve liado con Olga, en fin, durante un año y pico,

hasta que se echó un novio al que quería ser fiel por razones que ni ella misma alcanzaba a entender del todo. En líneas generales, aquella ruptura me supuso un alivio, aunque reconozco que le había cogido afición a la experiencia clandestina de llegar a su casa, de oírla desnudarse en el cuarto de baño, de oírla orinar, de imaginarme las cosas que se le pasaban por la cabeza en el momento de elegir, para sorprenderme, sus novedades en lencería... Porque Olga tenía una cómoda llena de lencería, de muchos modelos y colores, aunque no le resultaba fácil encontrar en el mercado prendas de su talla, ya que las niñas en edad colegial no suelen gastar mucho en tangas de transparencias funerarias, en medias de trenzados geométricos, en pequeños corpiños, en etéreos sujetadores de alambres mágicos y de encajes espumosos... (No muchas niñas disponen de dinero para eso, y los fabricantes lo saben de sobra.) Olga tenía también disfraces. Muchos. De ángel, de domadora, de sierva de Drácula... Se los cosía ella misma en sus largas tardes de meditación sobre los misterios del deseo y de la vida en general, cuando salía del banco en que trabajaba de cajera. Olga, en fin, *sabía*. «¿Qué demonios *sabía* Olga?», se preguntarán ustedes. Pues que la sexualidad es, en esencia, representación, teatrillo de títeres ansiosos, retablo de sombras chinescas, guiñol de ladrones de cuerpos. Porque, cuando somos muchachos, nos gusta acostarnos desnudos con la gente. Todo el mundo en cueros. Cuerpos *completamente* desnudos que se *refriegan* entre sí. (Tiene mérito eso, ¿no?) Pero, a partir de determinada edad, si te vas desnudo del todo a la cama con otra persona que curiosamente está también desnuda del todo, corres el riesgo de acabar sintiéndote como un pollo desplumado que abraza a una gallina hervida.

La presencia de Olga no tiraba a los hombres de espalda, y eso lo sabía Olga incluso mejor que los hombres. Sabía que ningún hombre atracaría ni siquiera una farmacia por ella. (Ni a un atracador habitual de farmacias se le pasaría por la cabeza un disparate de ese tipo.) Sabía que los hombres que iban al banco en que ella trabajaba sólo le miraban con anhelo las manos, esas manos pequeñas, veloces y enjoyadas que contaban billetes. Y sabía que le miraban con anhelo las manos no por las manos en sí, no por sus anillos de contornos portentosos, no por sus largas uñas pintadas del color de mares turbios o de noches de cobalto, sino sencillamente porque eran unas manos que contaban billetes, y las manos que hacen eso no pueden perderse de vista: nos imantan. Por esa razón —y tal vez por otras muchas—, Olga había transformado el uso de la lencería en una especie de sistema filosófico: ningún hombre al que ella lograra arrastrar a su caverna platónica saldría de allí defraudado de las apariencias. (Del arquetipo tal vez, pero no de las apariencias.) Y es que a una mujer esplendorosa le basta con quitarse la ropa a toda prisa y tumbarse luego con los muslos abiertos de par en par, a la espera del ritual de agradecimiento y de idolatría que un tipo desconcertado va a celebrar ante ella con ojos de desquicie. (Porque ellas, las esplendorosas, parecen llevar lencería incluso cuando se quitan la lencería, y no sé si me explico...) Olga sabía de sobra que no podía quedarse completamente desnuda ante un hombre durante más de un cuarto de hora sin echar todo a perder. Y por eso resultaba Olga excepcional y a su modesta manera fascinante, ya que su sentido de la teatralidad no sólo consideraba en lo que valen la lencería y los disfraces descabellados, sino que también daba importancia a los pequeños efectos especiales: minuciosas depilaciones, laboriosas manicuras (sus uñas: escamas), complejas elecciones de perfume, ingenios eléctricos, ingenios con sabores, lentas sesiones de maquillaje hasta derrotar la imagen reflejada despiadadamente en el espejo... Olga era, en fin, una artesana de la sexualidad, porque propiamente artista no lo era, por mal que esté decirlo —pero el gremio de las artesanas sexuales siempre ha sido muy respetable: su entusiasmo no arranca del gozo, sino de la desesperación.

Si Yeri hubiese padecido la mitad de los complejos que padecía Olga y los hubiera combatido con sus mismas armas, sería una mujer casi perfecta, pero ella estaba convencida de que su culo gordo y elegante no necesitaba adorno alguno, y en eso se equivocaba de raíz, y yo no podía sacarla de su error: «Te he comprado esto, Yeri», y le mostraba un *body* casi idéntico a uno que usaba Olga y que me gustaba mucho. «Sí, precioso», decía Yeri, y dejaba el *body* encima de una silla o dentro de un armario, haciendo bulto en las pirámides de prendas apiladas, y se olvidaba del *body* para siempre, y aparecía ella en el dormitorio con sus bragas color carne de muñeca. «Mira lo que te he traído, Yeri», y en mis manos tintineaban unas esposas flamantes. «¿Qué pretendes que hagamos con eso, Yéremi, jugar a los cazarrecompensas del Oeste?» (¿Cazarrecompensas del Oeste? No era mala idea: persecución despiadada.) Al rato, los dos niños de Yeri andaban esposados por ahí, cada cual de una de las manillas, jugando a matar policías invisibles con el dedo. «Yeri, mira qué peluca», le señalaba al pasar ante el escaparate de una tienda de pelucas, y ella decía distraídamente: «Sí, azul, ¿no?», y ni siquiera se le pasaba por la imaginación la posibilidad de darme una sorpresa de muerte alguna noche con aquella peluca, porque se ve que no sabía interpretar mi comentario como lo que era: una súplica desesperada. Y así sucesivamente, sucesivamente. (Y es que hay asuntos de carácter que, como ven, no tienen remedio, porque el alma sólo es capaz de aprender lo que sabe de antemano, si me permiten ustedes aplicar un parámetro platónico a la lencería.)

Bien, ya he hablado de Yeri y de otros asuntos un poco más abstractos. Creo que era mi obligación. Pero ahora toca que hable de mí, de Jup Vergara y de los otros amigos. De la vida misma, en fin, como quien dice... De manera que adelante. (Sin más demora.)

2
Los amigos de Yéremi
o Las trampas de la edad madura

En circunstancias normales, Jup Vergara suele ir puesto de coca o de *éxtasis*, indistintamente, o de ambas cosas a la vez; Mutis, el silencioso latinista, acostumbra a ir de *speed;* Blasco, el poeta maldito, bebe mucho alcohol —tal vez demasiado—, pero le gusta bastante el *tripi,* porque le lleva —según dice— a las regiones psicodélicas de la poiesis (o similar), y se come uno cada vez que puede —si no puede, come *éxtasis, speed* o lo que haya disponible, o fuma porros—; yo fumo porros. (Aunque con frecuencia tengo que recurrir a otras sustancias, lógicamente.) (Porque todo es cuestión de idoneidad y de contexto.) (Y el hachís es fatal para el trasnoche.)

Como se ve, cada uno de nosotros tiene una personalidad psicotrópica distinta y muy definida, una llave privada para abrir la habitación de los hechizos. (Bueno, salvo Blasco, que es bastante ecléctico.) (Aunque eclécticos, en realidad, lo somos todos: la mayoría de las veces nos resignamos a meternos lo que haya en ese instante, sin fundamentalismos, porque la drogadicción, como ustedes saben, siempre tiene algo de recurso de emergencia.)

Mucha gente está convencida de tres cosas: de que todos los policías somos politoxicómanos, de que en las comisarías las drogas circulan con facilidad, gratis como la lluvia, y de que los policías politoxicómanos sólo tenemos que alargar la mano infame y elegir las que mejor se ajusten a nuestro carácter y aspiraciones fabulosas. Pero no, los policías drogadictos somos escasos y las drogas —por lo que sé— circulan en las comisarías con bastante dificultad, aunque circulan, como es lógico, porque casi siempre se puede sisear un pellizco a los alijos (sobre todo a los pequeños, por raro que parezca) y suelo conseguir con frecuencia —mediante cambalaches que no vienen al caso— un hachís bueno, y algo de maría, y a veces algo de coca, y algunas pastillas, y muy de tarde en tarde algunos secantes de ácido, y reparto esos pequeños botines entre los amigos, según las preferencias de cada cual y según también como yo distribuya en ese instante los afectos, porque los amigos son como los valores en bolsa: suben, bajan, a veces quiebran…

El hachís es la única droga que me gusta de verdad, aunque en situaciones anómalas me meta cualquier otra cosa sin demasiados miramientos, ya digo, porque tampoco se trata de andarse con escrúpulos incorregibles en esta cuestión: si tienes boca, abre la boca. (Ya que todo consiste, a fin de cuentas, en crear una ficción de pandilla órfica y chamánica, cofrades de la luna de los sábados: la tropa colocada y errabunda, con el corazón transformado en un planeta que supura miel amarga.)

No obstante, permítanme confesarles que por ejemplo el *speed* (vulgar anfetamina, a fin de cuentas) hace que me sienta como el centinela insomne y nervioso de la realidad, con los ojos clavados en todas partes, como si se me hubiese perdido algo y me fastidiara haberlo perdido y me fastidiara aún más tener que buscarlo, y como si a la vez no me importara nada todo eso: una mezcla imperfecta de sosiego y crispación. (Nunca he logrado explicarme cómo Mutis puede ser tan aficionado al *speed* y a la vez tan silencioso… Pero, en fin, cada cual es soberano absolutista de su cuerpo y de los circuitos enigmáticos que hay trazados dentro de él.) Con la anfetamina, además, tengo una historia… Se la contaré a ustedes: a los dieciséis años, se me formó una especie de embrollo dramático dentro de la cabeza y me dio por pensar continuamente en el suicidio (lo que se dice continuamente: día y noche), como si la muerte hubiera decidido portarse conmigo igual que un vendedor ambulante de aspiradoras con un cliente de carácter blando. Me levantaba pensando en la muerte y me acostaba pensando en la muerte. (Yéremi Tánatos, como si dijésemos: el adolescente seducido por la vieja de la guadaña, besado por la vieja, lamida su inocencia por la vieja.) (La Muerte, con sus bragas frías...) Pues bien, mi madre tomaba un derivado anfetamínico (no puedo precisar cuál; metanfetamina, supongo) como inhibidor del apetito, porque se le había presentado un problema combinado de sobrepeso y de artrosis, y, a raíz del tratamiento, se pasaba todo el día como un cohete, abrillantando cualquier cosa abrillantable, pulimentadora compulsiva del cosmos familiar: paredes, muebles, puertas, azulejos y el pato de porcelana que presidía la mesa camilla como un tótem. (Completamente colocada.) Estuvo así durante dos o tres años, quizá los más felices de su vida, porque la felicidad está muy relacionada con el movimiento, al menos en la cultura occidental.

Un día en que la muerte consiguió venderme al fin la aspiradora, por así decirlo, cogí las ocho anfetas que quedaban en el envase, me las tragué y me puse a esperar a que el cuerpo me reventara, porque, a la vista de los efectos que tenían sobre mi madre, di en atribuir a aquellas cápsulas la facultad de excitar el organismo hasta el grado de despachurramiento si se tomaban a granel, pero sólo conseguí pasarme dos días con sus noches dando tumbos por ahí, sin dormir y sin comer, como si tuviese el paladar de piedra pómez, acelerado el corazón y el cerebro terso como el parche de un bongo, apretadas las mandíbulas; eufórico a veces, aterrado las más; andarín, suspicaz, resplandeciente, esmaltado por dentro, de acero la mirada, perseguido por seres invisibles, vigilado por ojos sin párpado, sin saber adónde ir y yendo sin embargo a todas partes, bebiendo agua de las fuentes, de los lavabos de los bares, como si tuviese dentro de mí la infertilidad de mil desiertos, la sed de mil legiones, qué sé yo.

Mi padre se pasó todo ese tiempo buscándome con la ayuda de unos colegas suyos, y toda la policía municipal estaba alertada de mi fuga, pero yo era, al parecer, el más escurridizo de los seres errantes, con un potente motor químico en los pies, y recorrí las siete partidas de la nada, por así decirlo, hasta que me agoté al fin y regresé a casa, donde mi madre me esperaba sentada en una silla, envuelta en un chal de lana —ella, que salía a la calle con los brazos desnudos incluso en los días peores del invierno, a causa de la ignición interna que le producían las anfetas, cubierta con un chal, helada por la falta de pastillas...

Estuve tres días enteros en la cama con el cuerpo vencido, más asustado que nunca de la muerte, porque durante aquel nomadismo mío visité muchos infiernos, traspasé multitud de espejismos macabros, a veces de manera simultánea; desgarré los telones de muchos teatros en los que danzaban esqueletos sonrientes, crucé ciénagas fingidas, ilusorias cavernas goteantes, pero tuve algunos intervalos de lucidez, en uno de los cuales se produjo una de mis primeras visiones serias: vi que tras la muerte continuaba la angustia, la miseria consustancial del ser, su trama agónica; vi que la muerte sólo interrumpía la anécdota de la existencia, no la existencia misma, y vi un cónclave de espectros erradizos en torno a mí, y sentí la congoja que atenaza la conciencia de los huéspedes volátiles del trasmundo, y me di cuenta de que el corazón había dejado de latirme, y una espada de escarcha se me clavó entonces en mitad de los ojos, y ya sólo sentí frío.

(Es probable, no sé, que todo aquello no fuese más que un efecto residual de la sobredosis, una alucinación de raíz química, quién sabe, pero el caso es que me salvó la vida; no por nada en especial, sino porque me desengañé para siempre de la muerte, de su falsa seducción como puerta de la nada: luego viene otra puerta.) (Creo yo.)

Después de consultar mi caso con el médico del seguro, mis padres me llevaron a un psiquiatra de la rama vienesa que me sometió primeramente a sesiones exploratorias más propias de confesor que de científico («¿Te masturbas con frecuencia?» «¿Has practicado el espiritismo alguna vez?») y que finalmente me recetó ansiolíticos a manta, vida al aire libre, deporte y la más etérea de las medicinas: entretenimiento.

Entretenimiento… ¿En qué consiste el entretenimiento? Al criterio de mi padre, el entretenimiento era algo que residía en las enciclopedias: tras privarse de nunca sabré qué cosas, me compró a plazos la enciclopedia Larousse. («Con esto puedes entretenerte. Hay miles de fotos. Mira…») Al principio, aquel entretenimiento me resultó dudoso como tal, porque los muchos tomos de aquella enciclopedia me provocaban una especie de vértigo: era como contemplar el abismo sin fondo del saber desde la cima luminosa de mi ignorancia, pero, poco a poco, fue atrayéndome aquel caos organizado por orden alfabético, aquel compendio poliédrico de vidas y batallas, de inventos y países, de insectos ingeniosos y de curiosidades astrológicas; aquella cifra, en fin, del universo, cautivo en papel cuché.

Durante aquel verano, completé mi terapia de entretenimiento con visitas diarias a las piscinas Swim, de las que era dueño un norteamericano que tenía un descapotable amarillo y el tatuaje de un caimán en el pecho, y supongo que por ese detalle la gente lo llamaba el Caimán, que era sobrenombre bravío y adecuado a aquel sujeto, ya que andaba siempre alrededor de mujeres, incansable galán de las bañistas, donjuán acuático, con las fauces siempre abiertas, voraz siempre, oculto en la maleza, acechante, con un vaso de whisky (o similar) en la mano, y en cada mano dos anillos gordos, y a mí aquello me parecía perfecto: la explotación de las tres piscinas, del bar-restaurante, de la máquina de discos y del aparcamiento con techumbre de caña, y luego la explotación emocional de las mujeres, que siempre estaban riéndose como borrachas cuando iban con el Caimán, y el Caimán las cogía por la cintura, y las subía a su descapotable amarillo, amarillo de yema de huevo, y yo dedicaba mis rápidas duermevelas de sedado a imaginar lo que el Caimán haría con aquellas náyades muertas de risa. Fue entonces cuando se me despertó la vocación de propietario de una piscina pública, porque identificaba aquel negocio con la forma de vida burbujeante que llevaba el Caimán, reptil del orden de los emidosaurios, propietario de las piscinas Swim.

En una visita de revisión al psiquiatra (innecesaria ya del todo, porque había decidido firmemente no matarme), aquel hechicero de la tribu me preguntó por el rumbo de mis labores de entretenimiento y mi padre le comentó con orgullo la adquisición de la enciclopedia. «Lo bueno sería que la copiaras», dijo el hechicero. (¿Que la copiara?) «Sería una terapia inmejorable: copiarla de la A a la Z, porque así, aparte de estar entretenido, aprenderías muchas cosas, muchacho. Y no te digo nada si tienes a mano una máquina de escribir: aprenderías de paso mecanografía, que es una gimnasia incomparable para el cerebro.» Al día siguiente, como no hace falta ni decir, mi padre llegó a casa con una olivetti jubilada que le dieron en la comisaría: «La máquina», dijo. (La máquina tenía tres letras rotas: la *e*, la *p* y la *l* minúsculas, y una *i* caprichosa, con vocación de fantasma convocado erróneamente, que a veces se manifestaba en el papel y a veces no, y había mugre en sus teclas, grasa de dedos enérgicos que apresuradamente redactaron partes de robos, de reyertas, de infracciones de tráfico...) (La máquina.) (La olivetti.)

Mi padre no sólo se había gastado el dinero que no tenía en comprarme una enciclopedia y en hacerme tratar por un psiquiatra partidario del entretenimiento sino que, además, había mendigado en la comisaría una olivetti sucia y con el alfabeto mutilado («Oh oadre, dcsdc tu mundo de mucrtos, pcrdónamc»), de manera que, a pesar de intuir que aquello era un disparate, puse un día el primer tomo al lado de la olivetti y comencé a entretenerme, tras decidir la sustitución de las letras rotas por su mayúscula: «**A**. n.f. (pl. *aEs*). 1. PrimEra Letra deL aLfabEto EsPañoL y dE La mayoría dE Los aLfabEtos dErivados dEl fEnicio...», con aquella tipografía de minúsculas borrosas y de mayúsculas de emergencia a cuya anormalidad logré acostumbrarme en poco tiempo y que aún hoy, cuando escribo algo a máquina, me traiciona de vez en cuando. A través, en fin, de aquel ejercicio descabellado supe de la existencia de reyes temerosos y de caudillos tarumbas, de la construcción en 1919 del dirigible rígido A-33 y de la muerte en 1561, en Barquisimeto, del conquistador Lope de Aguirre; supe del teólogo Alciati y me sentí como el parásito de una pulga ante el enigma suntuoso de la clausura algebraica de un cuerpo conmutativo k, extensión K de *k*, algebraica y algebraicamente cerrada, única salvo isomorfismos; oí el canto de los pájaros a través de sus nombres latinos y el sonido del mar en la palabra «Alejandría», imaginé la fragilidad celeste del almucantarat... (etcétera). Pasé, en fin, casi un año sumido regularmente en esa labor de copista bobo, saltándome a capricho las entradas que me resultaban más accesorias o más áridas, abreviando muchas otras, copiando dos veces las que me fascinaban por su rareza o por su inverosimilitud, enterándome a medias de la mitad de la cuarta parte de las cosas soberbias o triviales que conforman el entramado del cosmos, desalentado a menudo por la cantidad de palabras que aparecían traicioneramente en las definiciones y que me parecían conjuros vacuos: vacuola, nefelina... Llegué a escribir con una rapidez que a mí mismo me asombraba, pianista cacofónico de una partitura con millones de notas: la sinfonía del universo, compuesta por un dios sordo. Llegué hasta la f (hasta «fausoma» en concreto), de manera que por aquel entonces me sonaban más los asuntos que comienzan por las letras *a*, *b*, *c*, *d*, *e* y *f* (la *f* sólo en parte) que esos otros casi infinitos asuntos que comienzan por las demás letras. Aquella tarea propia de un demente me sirvió al menos para comprender algo muy elemental, aunque para mí entonces críptico: que la vida sólo es algo importante mientras se vive, que la vida mezquina de esa mosca que revolotea ahora ante mi nariz sería hoy más valiosa para Alejandro Magno que la fama póstuma de Alejandro Magno, el militar glorioso que sin duda cambiaría todo el esplendor de su leyenda por poder posarse ahora mismo sobre un dulce de almendras, picotearlo con avaricia y emprender luego un vuelo insensato y sin rumbo por una habitación cargada de humo de porros.

«Se acabó el entretenimiento. He llegado hasta la *f*», le dije a mi padre, y me acarició el brazo con timidez, y me pidió que le regalara los miles de folios que había mecanografiado, como recuerdo —supongo— de una victoria sobre la muerte.

Bien, creo que he perdido el hilo, ¿no? Porque comencé hablando de mi relación con las drogas y he acabado contándoles una historia familiar. Pero casi todo tiene arreglo en esta vida con un leve golpe de timón, de manera que allá vamos, rumbo de nuevo a la exégesis narcótica: el *éxtasis* me convierte en una especie de filántropo que pregona una armonía repentina entre los pobladores del universo: la hermana Luna, el hermano Portero de Discoteca, la hermana Travesti Sin Operar... (Y sentirte así es un peligro, porque incluso puedes llegar al extremo de besar en la boca a un camarero japonés, que fue lo que hice en una ocasión que prefiero no revivir ahora ni por escrito.) Por si fuese poco, el *éxtasis*, a partir de los cien o los ciento veinte miligramos, aproximadamente, te proporciona una premonición exacta de la impotencia, porque aletarga al muñeco mutante durante varias horas (aunque luego, en la bajada, con estímulos adecuados, puede mantenerte en estado pinocho durante una hora seguida), y, bueno, una experiencia de ese tipo resulta curiosa cuando tienes veinte años, pero no cuando tienes justo el doble. (No olvidemos la principal virtud de esta sustancia: administrarte una ilusión de incorporeidad casi absoluta: el ente inconsútil de pupilas dilatadas, con el alma abierta de par en par al mundo, pisando charcos de orina y vómitos agrios en los retretes de los *after hours*, alegremente.) A pesar de todo, sería injusto no reconocer que el *éxtasis* es algo así como el invento químico de un ángel, la grajea benigna, un estabilizador instantáneo de conciencias temblorosas, aunque no suele reservarte sorpresas, porque su acción está acogida a la monotonía, ya que, a diferencia de otras sustancias, sólo tiene un camino: el que conduce a un palacio transparente. (Al palacio de la pura paranoia de vez en cuando, pero palacio transparente también: una paranoia cristalina.) En suma, si alguien me dice: «Toma un *éxtasis*, Yéremi», doy las gracias y me lo como. (Y todo suele ir bien: la cálida ficción de un paraíso.) (Lo malo es la salida abrupta de ese paraíso, el retorno a la desnudez de la conciencia, despojada de su capucha de encaje.) (Porque te sientes entonces como Adán: un deportado, con una serpiente parlanchina reliada en la cabeza, en mitad de una pista vacía.) (Pero bueno...) Por lo que respecta al ácido y a los hongos psilocibios, confieso que me echan para atrás, quizá porque hay zonas ocultas de mí que intuyo muy malas, y no me apetece ir allí de excursión, no deseo visitar esos jardines tenebrosos, esos jardines líquidos en los que de repente los pájaros rugen. (Porque estamos hablando —quién lo diría— de sustancias un tanto místicas: para llegar a su pleno disfrute, te exigen una purificación mental dolorosa, una catarsis, una limpieza general de fantasmas: algo así como echarle aguafuerte a tu cerebro para intentar dejarlo del color de la planta de los pies de los arcángeles.) (Una de las veces en que me comí un *tripi* vi cómo una culebra multicolor se enroscaba en mi pecho abierto en canal, etcétera.) (Las licuadas arañas bailarinas, etcétera.) (La suntuosa aflicción.) (Otra vez creí hallarme en el paraíso, pero al poco me di cuenta de que sólo estaba en el país de los dibujos animados.) Es curioso: los efectos del ácido no se parecen en nada a los efectos cotidianos de la vida misma, como es lógico, pero su mecánica sí, porque a veces pienso que la vida no es más que el resultado de tener siempre en la lengua un secante alucinógeno inagotable —aunque generalmente muy adulterado—, puesto allí por un demiurgo loco que se distrae en vernos actuar conforme a los dictados de nuestra indecisa conciencia, que en sí es una mera alucinación moral. (Pero, bueno, esa sería otra historia...) La coca está bien, al menos cuando su porcentaje de impureza no supera el 50%, aunque sus efectos no pasen de ser muy similares a los de beberse un cubo de café en ayunas, pero me proporciona un espejismo de lucidez excesiva, y no tengo inconveniente en reconocer en público que ese exceso de lucidez artificial me produce una sensación parecida a la de estar en medio de un hangar vacío con cien mil bombillas encendidas colgadas del techo: la verbena de la Nada. (Ahora bien, imagínense las cotas de especulación gnóstica que hubiesen alcanzado Guillermo de Occam o el mismo Leibniz de haber sido cocainómanos.) (Quizá serían hoy más populares que gente como Kant o Nietzsche, por citar a dos celebridades de signo muy diferente.) Lo único que no acabo de entender de la cocaína es su efecto de estatismo: no te lleva a ninguna parte, no desbroza junglas, no abre pagodas de cristal. Por no llevar, no te lleva ni al centro de ti mismo, sea eso lo que sea y esté donde esté. (Una droga perezosa, en fin, que curiosamente induce a una hiperactividad abstracta: saber que podrías hacer todo lo que no te apetece hacer, poco más o menos.)

Suelo cargar los porros, lo que me transporta con frecuencia a territorios un poco complejos, aunque controlables casi siempre: modestas espirales de la náusea, horrores prudentes y abismos de profundidad razonable. El hachís puede ser muy traicionero (mucho), y hay ocasiones en que te deja la mente con la misma pinta que un murciélago en salsa, pero no es algo que se vuelva contra ti desde fuera, no es tu enemigo externo, porque carece de poder para ese tipo de hazañas psicológicas, sino algo que se limita a llevarte directamente hacia ti mismo, lo cual no deja de ser horrible a veces, claro está. (Pero, al menos, todo queda en casa.) (Además, de vez en cuando conviene orear un poco los demonios interiores, entornar la compuerta que da a los laberintos azufrosos, inspeccionar el comportamiento íntimo de nuestro cerebro descarnado.) («¿Y para qué resulta conveniente hacer una cosa así?», me preguntarán ustedes.) (Pues para que el Infierno no nos pille por sorpresa, por ejemplo.)

En todos los paraísos narcóticos hay ciénagas, manadas de dragones violentos y verdaderamente repulsivos, escuadrones de reptiles... El mérito consiste en esquivar todo eso, en sortearlo con pasos sigilosos, procurando conducir tu mente por el sendero amable, no por el borde de los precipicios, o sencillamente en asumirlo como una ficción pintoresca, como quien está en el cine viendo una película de muertos vivientes (aunque tengas la sensación de que el muerto viviente eres tú), porque, al fin y al cabo, esos paraísos tienen una sola puerta: tu pensamiento, y cualquier pensamiento es un panal de miel y de veneno puro —aunque en porcentaje distinto en cada caso, claro está—, y se da la circunstancia afortunada de que el hachís es más amigo de la miel que del veneno. (A propósito, prueben a tomarse una cucharada de miel cuando estén muy fumados: es algo así como devorar el hígado de la primavera.)

Acostumbro a filosofar cuando fumo. No puede decirse que se trate de grandes especulaciones ni de travesías heroicas por el mar tempestuoso de la gnosis, porque no tengo una cabeza idónea ni una formación adecuada para eso, sino más bien de ocurrencias. «¿Qué tipo de ocurrencias?» Pues no sé... Ocurrencias sobre cuestiones cotidianas. Sobre aspectos de la vida en general. Temas de filosofía costumbrista. «¿Por ejemplo?» Pues por ejemplo... Teorías sobre las camisas con estampaciones de papagayos (o similares).

Parecerá una tontería, pero las camisas con estampaciones de papagayos (o similares) están muy relacionadas con la esencia del tiempo —quizá porque *todo* está relacionado con esa esencia; lo que se dice *todo:* el ubicuo tiempo omnipresente, insomne en su vagar por las galaxias, el muy loco hijo de perra—. Consideremos el asunto desde un punto de vista pragmático: cuando llegas a una edad severa y procuras convencerte a ti mismo de que aún no has llegado a esa edad, de que le has hecho una finta al tiempo, conviene que te sometas de manera voluntaria a lo que llamaremos Test de la Camisa Tropical para Adultos. En efecto, te compras una camisa de viscosa, con los cuellos muy anchos, llena de dibujos de aves exóticas y de enredaderas floridas, te la pones, te plantas ante un espejo de cuerpo entero y si compruebas que no resistes esa visión durante más de cinco segundos, es que ya estás perdido: el tiempo está en tu contra. (La chingaste.)

O puede darme por emprender un vuelo filosófico en torno a la diversidad de manifestaciones que es susceptible de alcanzar esa punzada abstrusa a la que, para entendernos, llamamos deseo: un instinto universal que cada cual interpreta de manera distinta, conforme a su albedrío y a sus niveles de testosterona. Porque imaginemos un bar en el que hay nueve adultos heterosexuales o, como poco, bisexuales. Imaginada ya esa triste tropa, imaginemos que entra en ese bar una mujer despampanante o aproximadamente despampanante incluso —o incluso regular, para qué vamos a engañarnos—. ¿Qué ocurre entonces? Pues que los nueve hombres piensan de manera instantánea en lo mismo, aunque de manera distinta, ya me entienden ustedes: habrá quien imagine una penetración anal con amordazamiento, no faltará quien piense en curtirle el culo a latigazos, habrá incluso quien entretenga la ilusión de descuartizarla, etcétera. Nueve pensamientos activos que actúan de manera distinta sobre un mismo motivo de deseo, porque el deseo sólo es el nombre genérico de unas complicadas manías particulares: el apodo común del aullido de la bestia desterrada de su jungla nativa. De modo y manera que, cuando hablamos de deseo, estamos empleando en realidad un eufemismo: si le decimos a alguien «Te deseo», podemos estar diciéndole que nos apetece mucho ponerle un disfraz de *majorette* y corrernos en su cara o bien podemos estar diciéndole que sentimos urgencia de que nos insulte y de que se orine luego en nuestra boca. (El deseo, en suma, es un depende.)

... En fin, de esa índole suelen ser mis meditaciones filosóficas hachichinas, que me resultan reveladoras cuando estoy bajo el efecto de la fumata (el hachís, como saben, proporciona monumentales espejismos de lucidez), aunque luego acaban resultándome descabelladas o como poco discutibles. (Pero, bueno, cuando estás fumado, tampoco vas a pretender desvelar el secreto de las sustancias separadas aristotélicas ni refutar la tipología del espíritu histórico formulada por Dilthey.)

Pero hablemos ya de Jup...

Creo haber dicho que mi amigo Jup Vergara tiene una agencia de viajes, pero creo no haber dicho que también se dedica a la búsqueda de tesoros. «¿Tesoros?» Bueno, sí, por darles un nombre. Jup busca cosas enterradas. Es su afición. Casi todos los domingos coge el coche y se va a alguna playa o a algún descampado, con su potente detector de metales, para buscar objetos perdidos. Y, por raro que parezca, a veces encuentra cosas de oro y otras veces de plata, a veces monedas modernas y a veces fenicias, y otras muchas veces mera chatarra vomitada por el mar, mordida por las sales, o yunques enterrados en los páramos, o alambres, o lavadoras sepultadas. Es su afición, rara como todas las aficiones.

Jup tiene su piso lleno de cosas metálicas, de las muchas que ha ido recolectando por ahí, casi todas estrambóticas e inservibles, roídas por el óxido, sin mérito ni valor la mayoría, aunque él les da tratamiento de trofeos: «Algún día, esto se convertirá en el Museo Municipal de la Chatarra, y los maestros traerán a los niños aquí para que vean estas alcayatas mohosas y estos motores de frigorífico, y los niños del futuro se quedarán con la boca abierta, igual que les pasa a los de ahora cuando ven un hacha de sílex», me dijo un día Jup, supongo que de broma, pues mucha prisa tendría que darse el mundo en cambiar para que aquella chatarra adquiriese valor arqueológico. («El carburador de una moto siempre será más fascinante que un sarcófago etrusco», según Jup.) («El más subnormal de los etruscos podía construir un sarcófago etrusco, pero ni siquiera el más listo de los etruscos podía imaginar siquiera el concepto de carburación», sostiene Jup.)

Una noche, en Oxis, Jup nos dijo: «Han tirado una casa en la calle Martelé. En esa casa estuvo la sede del Partido Comunista durante la guerra. Seguro que hay cosas enterradas allí». Y todos asentimos, porque, a poco que se piense, debajo de una ciudad puede haber incluso varias ciudades que duermen un sueño de arena. (Ánforas, esqueletos, templos de dioses paganos…) (Lo que no habrá en los sótanos del mundo después de tantas glaciaciones, de tantas inundaciones y seísmos, de tantas erupciones volcánicas, de tantas batallas chapuceras entre pequeños caudillos megalómanos…) «Tendré que darme una vuelta por allí antes de que comiencen a cimentar», y le dijimos que desde luego, que se trataba de una ocasión irrepetible, que fuese cuanto antes al derribo de la calle Martelé, porque a Jup no le gusta que se le lleve la contraria en cuestiones relacionadas con esa afición suya, quizá porque intuye que toda afición es un síntoma psicológico preocupante.

A los pocos días de aquello, Jup nos dijo: «Tenéis que echarme una mano, camaradas. Necesito que vengáis conmigo esta noche al derribo de la calle Martelé. Se trata de algo gordo». Y al derribo de la calle Martelé nos fuimos los cuatro a eso de la medianoche: Jup, Mutis, Blasco y yo, y allí encontramos lo que enseguida contaré.

«Aquí», dijo Jup, y nos pusimos a cavar por el sistema de turnos. Blasco se había llevado una botella de brandy para combatir el frío, pero, a cada poco, Jup nos proponía que esnifásemos coca, de modo que bebíamos y esnifábamos, porque hay que ser un asceta genuino para renunciar a un estimulante cuando tienes disponibles dos estimulantes.

«Si la clase obrera esnifase un poco de este veneno todas las mañanas, la jornada laboral podría ser de tres o cuatro horas como mucho. Ese ha sido el fallo principal del capitalismo y de los sindicatos: no suministrar coca gratuita a los obreros, no haber creado el Economato Obrero de la Coca», discurseaba Jup, y nos ponía por delante varias rayas, trazadas en su cartera. «Venga, camaradas desenterradores, esnifad con vuestras largas narices de sodomitas», y esnifábamos, porque de otro modo no hay manera humana de cavar con diligencia.

Cuanto más honda era la fosa, con mayor ímpetu pitaba el detector de metales. «Ya estamos cerca», decía Jup, arqueólogo de la chatarra imprevisible.

«Van a salirme ampollas», se quejaba el poeta Blasco, y nos mostraba sus largas manos de marfil lírico, mientras que Mutis, el latinista, callaba, según es costumbre en él, aunque cavaba con más energía que los demás, reconcentrado en su silencio, sin duda elaborando pensamientos pesimistas en la lengua nativa de Panecio el estoico.

De pronto, la pala hizo *clang* y Jup alumbró la fosa con la linterna: «Ya está ahí». Y allí estaba, en efecto, aunque el gremio de desenterradores decidió en ese instante hacer una pausa, a pesar de las protestas de Jup. Lo cierto es que tardamos un buen rato en desenterrarlo y en averiguar, en consecuencia, de qué se trataba, porque a todos nos puso alegres la evidencia del hallazgo y nos dedicamos durante un rato a esnifar y a rematar el brandy, al poder más nuestro júbilo que nuestra curiosidad, excepción hecha de Jup, que, a pesar de estar jubiloso, estaba también impaciente. «Venga, camaradas, que no tenemos toda la noche, y además pueden pillarnos», y proseguimos entonces la tarea, porque ninguno de nosotros había caído en la cuenta de que podíamos estar cometiendo un delito, y aquel sentimiento de ilegalidad nos puso de repente laboriosos.

«Pesa la hostia», exclamó Blasco, y era verdad que pesaba.

El hallazgo consistía, en fin, como sin duda ustedes habían sospechado, en un busto. «¿Quién será este muñeco?», preguntó Jup, y todos nos encogimos de hombros, porque aquella cara no nos sonaba en absoluto, embarrada además como estaba. Jup se puso a refregar el busto. «Ahí pone algo», dijo Mutis antes de caer de nuevo a su sima de silencios perdurables.

—Lenin. Es Lenin.

—¿Lenin?

—Sí. Es Lenin.

—Es Lenin. Lo pone en la peana.

—¿Lenin?

—Joder, es Lenin.

(Era, en fin, Lenin.)

Metimos la cabeza de Lenin en el maletero del coche de Jup y nos fuimos a su casa. «Es Lenin», decía Jup a cada instante. («Es Lenin.»)

En casa de Jup estuvimos durante un rato bebiendo y demás. Como es lógico, la cabeza de Lenin acabó en la bañera, y allí le dimos una ducha para quitarle los restos de barro. («¿Le echamos champú?», llegó a preguntar Mutis, que andaba esa noche con la lengua muy suelta.) «Es de bronce. Es un Lenin de bronce», decía Jup a cada momento, entusiasmado. «El camarada Lenin», y le pasaba la mano por la calva. «El viejo Lenin, con su barbita de chivarro, el muy mamón.» Y así sucesivamente. («De bronce. Es de bronce.»)

«Creo que deberíamos comprar en algún sitio una botella de vodka. Eso sería lo coherente», propuso Jup, pero Blasco, poeta de la holganza y de la orgía teórica, fue un poco más lejos: «¿Por qué no llevamos al camarada Lenin a Oxis?», y aquello nos pareció una idea excepcional y revolucionaria, porque andábamos muy puestos ya de todo, de manera que cogimos el busto, lo volvimos a meter en el maletero y nos fuimos a Oxis.

«¿Dónde vais con ese chino mandarín?», nos preguntó Yusupe, el portero de Oxis. «Es Lenin, camarada. Un Lenin de bronce», le dijo Jup. («Es Lenin», recalqué yo.)

Colocamos el busto encima de la barra y en Oxis estuvimos, en fin, durante un rato, brindando por Lenin, chocando nuestros vasos con su chola, invitando a las muchachas a que besaran aquella calva mítica, hasta que se nos vino abajo la curva de la euforia de repente y salimos de allí cargados con el busto, lo metimos de nuevo en el maletero y lo subimos a casa de Jup, donde pasó a formar parte del futuro Museo Municipal de la Chatarra.

Al día siguiente, Jup me llamó muy temprano a la comisaría: «Es estupendo lo de la perola de Lenin, ¿no? Es de bronce», y yo, que tenía muy mal cuerpo, le confirmé que sí, que era estupendo y que era de bronce. A Jup se le notaba ese optimismo que suele provocar el hecho de meterse un par de rayas en ayunas para poner el sistema nervioso en órbita solar después de una noche de insensateces. «Estoy pensando que igual vale una buena pasta. Esas cosas se cotizan mucho: un Lenin de bronce, de antes de la guerra... Seguro que hay por ahí alguna organización comunista dispuesta a atracar un banco para poder comprarla y ponerla en un altar... Tú ya sabes que los comunistas son muy idólatras.» Y yo, que en esos momentos sólo deseaba estar anestesiado y tumbado en la mesa de un quirófano para que me extirpasen la resaca, le dije que sí, que igual había por ahí alguna organización comunista dispuesta a todo por tener la cabeza de bronce de Lenin en el vestíbulo de su sede. «Voy a llevarla a que la tasen. Me han hablado de un tipo que...»

De modo que, aquella misma tarde, Jup, Blasco, Mutis y yo, el cuarteto heteróclito, metimos de nuevo el busto de Lenin en el maletero del coche de Jup y nos encaminamos a una especie de polígono industrial, si tan alto nombre merece un descampado por el simple hecho de haberse construido allí algunos almacenes asquerosos, y disculpen la expresión.

Por el camino, Jup nos dijo que si conseguía un buen dinero por el Lenin de bronce, nos iríamos los cuatro a Puerto Rico, porque acababa de recibir en la agencia el folleto anunciador de una oferta excepcional: doce personas al precio de seis, con billete de avión, hotel y desayuno, ocho días, siete noches. Blasco preguntó que de dónde sacaríamos a los ocho argonautas restantes, y Jup le dijo que tenía todo pensado, que no se preocupara por eso, que él iba a intentar que a nosotros nos saliese gratis, y a todos nos pareció un buen plan: Puerto Rico, gratis, siete noches.

«Aquí creo que es», dijo Jup, y aparcó el coche frente a una especie de búnker. Nos bajamos del coche y nos dirigimos a la puerta, en cuya mocheta se veía la pantalla ciega de un videoportero. «¿Don Julio? Soy yo. Soy Jup Vergara. Hablé esta mañana con usted», le dijo Jup al videoportero, y al rato don Julio en persona abrió la puerta, que tenía unos veinte centímetros de grosor y varios cierres de cilindro. «¿Quiénes son estos?», preguntó don Julio, que era un viejo muy alto y muy fornido, al menos para tratarse de un viejo, con ojos que no miraban a nadie en particular, con muy poco pelo, aunque revuelto igual que si se tratara de una melena. «Son amigos de confianza», pero el viejo dijo que sólo dejaría entrar a Jup. «Son de confianza», insistió Jup, pero el viejo se reafirmó en su propósito, hasta que Jup le dijo a don Julio que no era necesario siquiera que él entrase, porque la mercancía estaba en el maletero del coche. El viejo cerró entonces la puerta del búnker, que resonó a muro batiente de pirámide, y se encaminó al coche con paso enérgico, como quien va a entrenar a gladiadores —por intentar describir de algún modo su diligencia.

«Ábrelo», le ordenó a Jup don Julio, que parecía muy acostumbrado al gobierno de gentes. Cuando Jup abrió el maletero y don Julio vio el busto de bronce del camarada Lenin, se echó a reír como si llevase años esperando poder reírse, circunstancia que nos puso a los cuatro en guardia, pues no existe cosa más agresiva que una risa de fundamento desconocido.

«¿De qué carajo se ríe usted?», le preguntó Jup cuando el viejo llevaba un rato riéndose. «De esto, como es lógico», dijo el viejo, y señaló la cabeza de Lenin, y rompió en una nueva carcajada.

En circunstancias normales, puedo asegurarles que Jup hubiese agarrado al viejo por las solapas o por el cuello, lo hubiese estrellado contra la fachada del búnker o contra el capó del coche y allí le hubiese formulado su discurso estelar para casos de violencia: «Mira, camarada, yo ya no tengo edad para discutir contigo. Yo sólo tengo ya edad para matarte, ¿comprendes?», pero nada de eso hizo Jup, que estaba tan desconcertado como nosotros ante el comportamiento chirigotero del llamado don Julio.

«Pasad, pasad», dijo el viejo, y a todos nos descolocó esa hospitalidad repentina que acabó abriéndonos la puerta del que tal vez sea uno de los veinte o treinta lugares más absurdos del mundo, museos y hospitales incluidos.

Había en aquella nave objetos de la más rara condición, de la más estrambótica hechura y de la traza más inaudita que imaginarse pueda el más imaginativo de los pirados: enormes caballos de terracota y sables mohosos, tibores y armaduras, pieles de serpiente y de tigre, cajas de música, centenares de candelabros, espejos ennegrecidos y retablos medievales, retratos de gente muerta... Parecía aquello, no sé, la papelera del universo.

Creo que los cuatro estábamos sobrecogidos, porque cualquier tipo de caos tiene la facultad de sobrecoger: nos recuerda la esencia del pensamiento y de la vida. (El tremendo caos primigenio, como quien dice.) «Cuidado con eso de ahí», avisaba el viejo a cada poco, y señalaba un inmenso jarrón de porcelana o bien una lámpara majestuosa de cuyos brazos colgaban unos loritos no sé si de artificio o disecados. «Por aquí, por aquí. No toquen nada.»

(Tapices, talismanes, taraceas.) (Columnas y vajillas, mantones y mantillas.) (Quincalla, quinqués, kilims.) «He dicho que no toquen nada.»

Tras cruzar aquella especie de jungla tropical del cachivache, acabamos en un rincón que nada tendría de particular si no fuese por el detalle de que había allí cinco bustos de Lenin idénticos al que habíamos desenterrado nosotros con enorme fatiga.

Según era previsible, don Julio, el fornido viejo hijo de perra, rompió de nuevo a reír, y anduvo recreándose en su risa durante un rato, en tanto que nosotros nos mirábamos para intentar establecer de común acuerdo y por vía de urgencia algún tipo de reacción emocional medianamente honrosa ante aquella situación, pues ninguno sabía con exactitud qué sentir ni qué pensar al respecto, y mucho menos aún si abochornarse o reír. Todos intentábamos pensar con rapidez, a la búsqueda de algún tipo de salida digna, pues sabíamos que si nadie lograba variar el rumbo de aquella situación vejatoria, los cuatro tendríamos que convivir durante el resto de nuestra vida con el peso vergonzante de esa experiencia, a pesar de que la excursión al almacén de don Julio pasara a ser tabú en nuestras conversaciones, un elemento colectivo aparentemente borrado de nuestra memoria, pero en realidad hiriente allí, en el centro nervioso de la humillación.

«Cinco», dijo el viejo, y señaló con mano *urbi et orbe* las cabezas calvas de Lenin, y siguió riendo de manera ofensiva. Entonces Jup, en un intento de enmendar el pésimo rumbo de los acontecimientos, cogió por fin al viejo don Julio por el cuello y lo estrelló contra una especie de armario. «Mira, camarada, yo ya no tengo edad para discutir contigo. Yo sólo tengo ya edad...» Pero, antes de terminar su fórmula canónica para repartir hostias duras, Jup —quién lo diría— estaba tirado en el suelo en postura fetal y bufando. «Este viejo mamón me ha reventado los huevos», gimió Jup, y entonces don Julio le pegó una patada más o menos en el hígado, y luego un punterazo en una oreja.

Blasco, Mutis y yo nos miramos para establecer entre nosotros un fluido de telepatía, hasta que logramos transmitirnos un mensaje: había que pegarle al viejo. Pegarle fuerte entre los tres. La única opción airosa consistía en eso: en darle casi matarile al viejo don Julio, descabalarlo, dejarle el bazo en el lugar en que suele estar el pulmón izquierdo y mandarle el tímpano de una hostia al epigastrio. (O similar.)

Pero, qué curioso, cuando ya nos dirigíamos los tres hacia él, el viejo nos hizo un recorte, se embozó tras un retablillo de títeres y saltó de nuevo a escena empuñando algo tan parecido a un sable de samuray, que en realidad resultó ser un sable de samuray. «Al primero que se acerque, lo decapito», nos avisó. «Este sable no es de los que pueden cortar en dos una mariposa en pleno vuelo. No. Este sable es de los que incluso pueden cortar en dos la picha de una mariposa en pleno vuelo cuando ni siquiera la tiene empalmada», y, supongo que para demostrarlo de forma algo menos teórica, don Julio, sin perder la sonrisa, con maneras de mosquetero asiático, cortó en cuatro pedazos el mero aire (*fiu fiu*, sonó la hoja en el vacío), aunque nosotros comprendimos que, en un plano simbólico, lo que don Julio había cortado con su sable de samuray era la picha lacia de una mariposa, tan lacia como teníamos en ese instante la nuestra, por la mucha tensión que padecíamos: un viejo pirado amenazándonos con una espada cortapichas del Japón imperial.

«¿Os largáis o preferís quedaros a vivir aquí con la picha cortada?», nos preguntó, con fórmula de pura retórica, don Julio; en vista de lo cual, recogimos del suelo a Jup y lo arrastramos al coche, que el propio Jup tuvo que conducir, a pesar de estar él para sopa caliente, porque ni Blasco ni Mutis ni yo sabemos conducir, a causa sin duda de nuestras respectivas inclinaciones al pensamiento abstracto: la poesía maldita, el latín y la filosofía pura.

«Voy a matar a ese viejo. Lo juro delante de vosotros: voy a matarlo», y, en aquel instante, llegué a pensar que eso sería lo lógico: que Jup se cargara al viejo y que saltara luego un rato sobre su cadáver. (La mente, con sus salidas imprevistas, sus macabros arabescos, sus sirocos, su adecuación instantánea al sinsentido...) (En fin...)

Confieso que me costó mucho encajar en mis parámetros de realidad aquel suceso: un viejo con un sable de samuray, Jup tirado en el suelo y pateado, nosotros sin saber qué hacer, deseosos de huir, con un busto de Lenin en el maletero del coche. (Una lamentable conjunción de circunstancias, sin lugar a dudas.)

Durante el camino de regreso, sólo Jup abrió de vez en cuando la boca para asegurarnos que iba a matar al viejo don Julio. Parecíamos la cofradía silente, mascando una deshonra colectiva.

«¿Os importa que os deje aquí y seguís en taxi?», nos preguntó Jup cuando dejamos atrás el polígono industrial norte, sin duda porque tenía la intención de acudir como un cohete al hospital para que le curasen la oreja, que le sangraba un poco, y se empeñó en darnos dinero para el taxi, y tuvimos que aceptárselo casi a la fuerza, porque tampoco se trataba de afilarle las aristas de su estado emocional: cuando te han humillado, necesitas incluso repartir dinero entre los testigos de tu humillación, porque cualquier humillación trastorna mucho el comportamiento: no aciertas a saber ni lo que sientes. (Y a veces hasta te cuesta dinero, ya digo.)

Cuando el taxi estuvo cerca de mi barrio, me despedí de

Blasco y de Mutis, que viven por el centro, y me fui dando un paseo hasta mi casa, con el pensamiento errabundo por regiones minadas y espinosas (por así decir), decidido a señalar en comisaría al viejo don Julio no como agresor, claro está, pero sí al menos como perista, por si acaso había suerte.

Cuando llegué a mi casa, tuve un ataque de clarividencia: me di cuenta de lo fea que era mi casa, me di cuenta de que no tenía yo nada de valor, ningún objeto que mereciera acabar algún día en un anticuario, en un almacén de excentricidades y de anacronismos similar al de don Julio, porque todos mis muebles me parecieron de pronto lo que son en realidad: basura barnizada, y todos mis electrodomésticos me revelaron de repente su condición de chatarra mohosa, y mi vieja enciclopedia Larousse se había devaluado como si fuese el periódico de ayer, porque una vez quise vendérsela a un librero de ocasión y me daba por ella poco más que las gracias; entonces comprendí que era pobre y que lo sería siempre, que todas las casas en que había vivido eran casas de pobre y que todas las casas en que fuese a vivir en cualquier etapa de mi futuro serían también casas de pobre, y me acordé de Diógenes, el filósofo chabolista, el menesteroso vocacional, pero ni siquiera esa recurrencia me consoló, porque muy optimista hay que ser para encontrar consuelo en el ejemplo de Diógenes.

Cuando Yeri se fue con sus cosas, el único objeto decorativo que quedó en todo el piso era una colección de pequeños músicos de jazz de escayola pintada: siete muñecos negros, y el contrabajista con la cabeza rota. (Me los regaló Yeri.) (Le costaron mil pesetas.) Y allí, rodeado de mi vacío, entre aquellas paredes con alcayatas que no sostenían ya cuadros, sobre aquel suelo sin alfombras, bajo una bombilla desnuda, yo, Yéremi Alvarado, el filósofo más pobre e inexperto de toda la ciudad, seguía dándole vueltas al incidente recién vivido en el búnker caótico de don Julio, y a cada momento me preguntaba: «¿Cómo puede habernos ocurrido lo que acaba de ocurrirnos? ¿Cómo puede ser verdad que nos haya pasado lo que nos ha pasado?». Pero, bueno, la realidad será siempre la realidad, aunque no lo parezca. Por si alguien lo duda, intentaré demostrarlo mediante un ejemplo absurdo, improbable del todo, pero bastante clarificador a mi entender, ya que las especulaciones metafísicas no son esclavas de lo verosímil ni de lo verificable, sino que están legitimadas por su propia formulación. (Una especulación metafísica puede partir de premisas descabelladas del todo, y no digamos cuando la metafísica se disfraza de matemáticas: si tengo siete ovejas y sacrifico quince, me quedan menos ocho ovejas...) (Porque las matemáticas permiten ese tipo de situaciones: ser dueño de un rebaño abstracto que pasta en los universos especulativos.) Bien, a lo que iba... Está más o menos claro que con una sola bala y con un poco de puntería se puede matar a cualquier organismo viviente, ¿de acuerdo? Pero ¿qué ocurriría si descargásemos el tambor entero de nuestro revólver sobre un extraterrestre y el extraterrestre siguiera avanzando como si tal cosa hacia nosotros para escupirnos en plena cara un líquido verdoso y corrosivo, pongamos por caso? ¿Qué ocurriría entonces con la realidad, con nuestro concepto de realidad? (Se admiten apuestas.) (Yo apostaría tres contra uno a que la realidad sigue en su sitio, aunque con un extraterrestre por medio.) (Porque la realidad es la realidad, con extraterrestres o sin extraterrestres: la realidad es esta serena alucinación, y en ella cabe todo: un viejo loco con una espada de samuray, un extraterrestre invulnerable a los disparos, etcétera.) (Lo que se dice etcétera.)

Después de aquel trance, todos estuvimos un par de semanas sin vernos, entre otras razones porque los cuatro andábamos ocupados en tareas de amnesia inducida, por así decirlo, procurando olvidar la experiencia humillante que padecimos en el búnker del viejo, y supongo que Jup más que ninguno.

Casi todas las noches, no obstante, salía yo a dar una vuelta para marcar territorio, porque es bueno que la gente te vea por ahí, que los desconocidos sepan que también estás presente en la subasta.

La verdad es que me gusta eso de merodear solo de vez en cuando, porque activa la imaginación: llegas a convencerte de que existe la lámpara de Aladino. Recuerdo a este respecto un discurso que improvisó Jup un día en que estaba en registro Zaratustra: «¿Qué interés puede tener nadie en salir de copas con una mujer de la que ya conoce hasta el color de las bragas que lleva? ¿Qué misterio tiene eso? No. Lo que te da ánimo para zascandilear es la ilusión de toparte con alguna desconocida que esté predispuesta a cruzar unas palabras contigo, de manera que puedas plantearte en silencio los grandes arcanos de la vida: ¿tanga?, ¿depilado?, ¿teñido a tono con el tinte del pelo?, ¿algún pequeño tatuaje? Esa es la ilusión del detective de la vida en general. Esa es la ilusión que nos impulsa a lavarnos un poco, a peinarnos, a echarnos un roción de colonia y a decirle al pirulo que se refleja en nuestro espejo: "Ea, vamos allá, campeón. Que cruja el mundo"».

De todas formas, no es cosa fácil andar por ahí sin rumbo y sin pareja cuando estás a punto de cumplir cuarenta años, porque eso te convierte en un sospechoso inconcreto: la gente te mira como alguien que puede tener ya en su conciencia el peso de un intento de asesinato, de un incesto o de un hogar destrozado de mala manera, aunque el destrozado no sea el hogar sino tú. Nunca pareces inocente cuando andas de noche por ahí sin compañía, de bar en bar, meando a veces en los callejones, porque, del mismo modo que hay otros que pasean un perro, tú paseas ya por el mundo, en fin, una putrefacción moral secreta pero evidente: nadie sabe con exactitud cuál es esa putrefacción, pero todo el mundo sabe que llevas algo putrefacto dentro de la cabeza. (Eso lo sabe todo el mundo.) (Y tú mejor que nadie.)

Cuando andas solo por ahí, noctivagando, se te activa además la conciencia de bombero de aeropuerto. «¿De bombero de aeropuerto?» Sí, los bomberos que montan guardia en los aeropuertos casi nunca tienen nada que hacer, porque son muy pocos los aviones que se incendian, pero ellos tienen la obligación de estar permanentemente allí, por si acaso hay que echarles un manguerazo a presión a los pasajeros que corran de aquí para allá envueltos en llamas. Pues bien, los solitarios nocturnos, los expectantes, los héroes viudos de la noche somos iguales que ellos, ya digo, hermanos de esos bomberos ociosos que juegan al mus en un hangar, porque estamos siempre a la espera de que el mundo se incendie, de que se forme un lío apocalíptico, una situación terminal del cosmos, y a las muchachas les dé por acostarse con cualquiera, qué sé yo. (Así vamos los solitarios por la noche, con ese afán clavado en la imaginación como si fuera un puñal herrumbroso impregnado de serotonina.)

En fin, la mayoría de las noches en que salía acababa medio borracho (y medio fumado) o completamente borracho (y muy fumado), según, y ya conocen ustedes la opinión de Heráclito el aristócrata: el alma es una mezcla de agua y fuego; el agua es innoble y el fuego noble, de manera que, a pesar de que el alma encuentre placer en la humedad, el alma seca es superior al alma mojada. Pues bien, yo deambulaba por ahí con el alma mojada, con una basura de alma plagada de líquenes y verdines, igual que los cachivaches que desentierra Jup, y la vida me parecía una ilusión oscilante.

Pero, por la misma ley por la que Jup encuentra de vez en cuando una moneda valiosa con su detector, en una de esas noches mías de nomadismo insensato encontré, gracias a mi detector de oportunidades eróticas, a Eva Báez.

Eva Báez era blanquecina y redonda, con su pelo tan negro y tan rizado, con sus ropas anchas, muy nerviosa y pequeña, y estaba convencida de que lo importante de las personas no es lo de fuera, sino lo de dentro. (Lo de fuera... Lo de dentro... Dos categorías de entidad diáfana... al menos en principio, porque esas categorías tienden luego a fundirse, a confundirse: cada monstruo constituye un todo, a fin de cuentas, creo yo.) (Porque casi siempre existe algún tipo de relación entre la nariz que tienes y el espíritu que tienes, y así sucesivamente.) (Creo yo.) Es curioso: Shey Malone, una de mis actrices favoritas —al menos en determinados aspectos—, dijo una vez algo muy parecido a eso por televisión: «Lo importante no es el estatus social de las personas ni lo que son por fuera, sino lo que tienen dentro». Completamente de acuerdo contigo, Shey. (Cómo negarte ese capricho ontológico...) Pero me parece, no sé, que, en casos de aseveraciones tan generales, nunca está de más un poco de hermenéutica... Bien. De entrada, dejemos al margen lo del estatus, por tratarse de un asunto más sociológico que otra cosa, y convengamos con Shey Malone en que, efectivamente, lo de dentro (ese magma, ese grumo atormentado) es lo importante. Pero ¿qué ocurre? Que lo de dentro es siempre un enigma, y los enigmas son algo que sólo preocupa a sus propios depositarios, y a veces ni siquiera a ellos, de modo que me parece que a nadie salvo a ti misma, Shey Malone, le interesa un carajo de gnomo tu enigma interior. (A nadie, créeme.) Tu enigma interior es

138

cosa tuya, Shey Malone —y ojalá no se trate de un enigma de esencia dolorosa, Shey Malone; ojalá que ese enigma no requiera el bisturí verbal de la psiquiatría cada martes y viernes de cinco a seis.

(A pesar de todo, no tengo inconveniente alguno en estar de acuerdo contigo, Shey Malone, sólo por ser quien eres, Shey Malone, mezcla tú de mito y de muñeca de tómbola: lo importante, sí, es lo de dentro. Aunque enseguida surge la pregunta clave, porque todo en la vida es un depende y según: ¿qué tienes tú dentro, Shey? ¿Confeti de guiones mediocres, recuerdos borrosos de tramas ficticias de asesinatos en serie o de amores en cadena? ¿La herida infectada de tus dos matrimonios fracasados? ¿Un hígado gelatinoso, una tráquea pegajosa? ¿Cuatro kilos de silicona estratégica? ¿El recuerdo giratorio de noches de coca y sexo en apartamentos junto al mar, y esos hombres desnudos con gafas de montura de carey...? ¿Episodios confusos de tu infancia, con vecinos que te miraban como quien ve pasar una carroza de oro bruñido ante un establo de terneras a punto de ser sacrificadas; hombres de ojos anhelantes, ojos en los que se reflejaba una modalidad de angustia aún indescifrable para ti, pequeña reina tú de un suburbio agrícola con un índice de paro del 47%; pequeño tótem tú de la fertilidad, con calcetines blancos y rizos derramados sobre tu camisa blanca de colegiala capaz de llorar de rabia y de impotencia ante un problema matemático?)

(Algo debe de estar equivocado en tu razonamiento, Shey Malone, y siento decírtelo. Algo hay que no cuadra. Porque tú llevarás dentro muchas cosas, tendrás dentro de ti —como todo el mundo— un vertedero hirviente de residuos emocionales, un laberinto claroscuro de memoria, un sótano atestado de conciencia maloliente, un corazón que anhela lo que desconoce, pero lo que a todos nos interesa —en fin, a casi todos— es lo que eres por fuera, Shey Malone: esa estremecedora ilusión de unos adultos que aún se masturban para revivir aquella edad en que su propio sexo les bastaba para erigir un espejismo vertiginoso de estupor y delirio. ¿Para qué va a querer nadie, en fin, lo que tienes tú dentro, Shey Malone, si cuando caminas por el largo pasillo del hotel embrujado o cuando te persiguen los narcotraficantes de Shanghai, sólo con eso, en nuestro registro oficial de sueños dolorosos has adquirido ya la condición de fantasma deseada de forma lacerante?) (Shey Malone, siempre con botas negras, y esos rizos salomónicos de oro bañado en oro, en coches sorprendentes, en el papel de espía en países nevados o de amante avarienta de dólares, mientras las butacas de los cines de estreno de medio mundo crujen igual que las puertas que no dan a parte alguna...)

En resumidas cuentas: importa lo que tienes dentro si te llamas Antístenes o Artemidoro de Éfeso, pongamos por caso, pero no si te llamas Shey Malone.

(Próximamente dedicaré un programa monográfico de *El cesto de las orejas cortadas* a Shey Malone. Cuando se estrene *La oscuridad del día*, su última película.) (Un *thriller*, según dicen.)

Pero estaba yo hablando de Eva, ¿no es cierto? De Eva Báez, de la que tan poco puedo contar al fin y al cabo... Creo que me gustó porque fue la primera mujer que, desde la huida de Yeri, no lograba imaginarme con treinta años más; todo lo contrario: desde que la vi, a Eva me la imaginé de niña, una niña gorda que comía uvas. (Qué curioso: uvas.)

Eva trabaja como futuróloga en la televisión local, bajo el nombre artístico de Eva Desiré. Las mujeres la llaman para procurar enterarse de lo que no debieran: romances a la vista, amores clandestinos de maridos o de novios, pronósticos laborales, rastro de personas esfumadas o de animales desaparecidos... Enigmas de esa índole pretende el público que le desvele Eva Desiré, y Eva Desiré, la maga mediática, la sondeadora instantánea de los hondos arcanos, haciendo el paripé con el tarot, da respuestas que tienen más que ver con la psicología oportunista y con el mero tuntún que con la videncia, entre otros motivos porque la vida de la gente es un pozo de agua turbia en el que los videntes metemos la mano sin saber si vamos a sacar de allí una culebra o una lata oxidada, aunque sabemos que generalmente sólo podemos sacar una culebra o una lata oxidada, no un cofre lleno de joyas bizantinas ni un cónyuge perfecto, según suele ser la esperanza de la gente que se ha quedado sin futuro y que, por eso mismo, se empeña en creer en el futuro, en la capacidad de rectificación del futuro con respecto al error de un presente endemoniado.

De todas formas, no se piense que Eva es impostora, porque es cierto que posee poderes, aunque, como es lógico, los poderes van a su aire y pueden no estar disponibles en el preciso instante en que te llama una vieja para preguntarte si su perro está en el Cielo. Eva tiene facultades de médium, y practica con éxito la invocación de los Seres Inefables de los Mundos Superiores (como suena), y además puede *ver* futuribles, no muchos, pero, según me aseguraba, esos pocos futuribles se le manifiestan con nitidez, ya que no se trata de visiones alegóricas, sino de episodios diáfanos y realistas, de modo que no se ve obligada a recurrir a ese arriesgado margen de interpretación que cualquier visión requiere, ya que las visiones imprecisas exigen una labor interpretativa que puede desembocar en un disparate o, lo que tal vez sea peor, en un delirio doloroso: se te manifiesta en la mente la cara de un cadáver, por ejemplo, y lo primero que piensas —que me lo digan a mí— es que ese cadáver eres tú. (Mala cosa.)

Bacon de Verulam definió la magia como la metafísica

práctica. (No sé decirles quién es este Bacon de Verulam.) (Alguien importante, sin duda.) (Porque lo cita mi maestro Schopenhauer.) Conforme a esa definición, la nuestra era, en principio, una relación armoniosa y simétrica: ella la metafísica práctica y yo la metafísica teórica. Ella la teurgia, que es magia blanca, y yo la goecia filosófica, que es magia negra (negra como la noche y como la lengua del demonio), porque mete los dedos en la profundidad del ser, y aquello tizna. («¿La goecia? ¿Qué es la goecia?») (La invocación de las entidades tenebrosas.)

Fuese por lo que fuese, en fin, el caso es que Eva y yo nos llevábamos muy bien al principio, antes de irnos juntos a la cama, fenómeno que tuvo lugar a las tres semanas de conocernos en Oxis, a pesar de habernos citado casi a diario durante todo ese tiempo.

La primera noche en que me invitó a subir a su casa, llegué a pensar que no iba a ocurrir nada entre nosotros, porque ni siquiera nos habíamos besado hasta entonces, y nuestras conversaciones giraban únicamente en torno a asuntos del tipo alfitomancia, oniromancia, anillos constelados y amuletos, lo que hacía que me sintiera ante su erudición igual que un trilero ante el número fuerte de la reina de las brujas. Porque por aquel entonces Eva estudiaba mucho, y su materia de estudio estaba relacionada en exclusiva con lo sobrenatural, con la magia magnética y temas similares, y conocía anécdotas de Simón el Mago y de Houdin (no el circense Houdini, sino Houdin, el artífice de autómatas), y procuraba desentrañar imágenes en espejos teúrgicos, y andaba empeñada en desvelar algún día el secreto de la adivinación por el ruido de las hojas de la rosa.

Estaba yo con Eva en algún café, por ejemplo, pensando en cómo irme a la cama con ella cuanto antes, a ver si de ese modo iba adquiriendo inmunidad ante el recuerdo de Yeri, y ella me preguntaba de pronto: «¿Sabes lo que se cuenta del judío Zedequías?». Y, naturalmente, le contestaba lo mismo que ella me hubiese contestado de haberle preguntado yo por el grado de aprecio intelectual que le dispensaba Platón a Protágoras, pongamos por caso. «Pues es muy curioso. Por lo visto, Zedequías hizo andar a un hombre por el aire, luego lo cortó en pedacitos y finalmente lo volvió a reconstruir.» Y de ahí pasaba a detallarme las habilidades del mago Simón, que era su ídolo: meterse en un torbellino de fuego sin quemarse, transformarse en oveja o en cabra, levitar, volar... Y, en fin, por más que uno quiera, resulta difícil meterle la lengua en la oreja a una mujer que está hablándote sin tregua de ese tipo de cosas, porque habría un factor de incompatibilidad en eso: en hablar de magia y en meter lengua. (Algo tan incoherente, no sé, como clavarle un dedo en el ojo al empleado de la gasolinera que está llenándote el depósito mientras silba una canción.)

«... Y, ¿sabes, Yéremi?, según cuenta Dubrancius, durante una fiesta de magos en honor del hijo de Carlos IV de Francia, uno de aquellos magos abrió la boca hasta las orejas y se tragó entero a otro mago que andaba despistado por allí. Sólo dejó las babuchas, porque estaban llenas de fango. Un poco más tarde, el mago glotón vomitó entero a su colega. ¿Te lo imaginas?» (No, la verdad es que no lograba imaginarme aquel número de antropofagia prestidigitadora.) «...Y, ¿sabes, Yéremi?, según aseguraba el mago Delrio Disquis, si coges determinado arco, si tensas en él determinado tipo de cuerda y si disparas con él una flecha de una madera determinada, de repente surge un río tan largo como el trayecto que recorre esa flecha. ¿Te lo imaginas?» Y así echábamos Eva y yo el tiempo atrás durante nuestras tres primeras semanas de relación, hasta que, como he dicho, me invitó a subir a su casa, gesto que atribuí en parte al hecho de haber vertido yo en su vaso una pirula de *éxtasis* muy bien triturada y un cuarto de *tripi,* que es un recurso tan legítimo como cualquier otro para pretender cambiar el rumbo de la realidad cuando la realidad se dedica a darte patadas en la cabeza.

Lo primero que me salió al paso al entrar en casa de Eva fue... ¿Lo adivinan?... Pues sí, han acertado ustedes: un gato. «Se llama *Cagliostro*.» Y, de inmediato, Eva me refirió la historia no del gato *Cagliostro*, sino de Cagliostro el cabalista, un tipo que al parecer era un fuera de serie en todo lo relativo a espejos acuáticos: llenaba un barreño de agua clara, lo colocaba encima de un mueble cubierto con un lienzo blanco, le ponía a cada lado una vela, recitaba una ristra de conjuros, pedía a una niña virgen que mirase fijamente el agua, etcétera. (Así era Eva: una enciclopedia oral de la magia y del birlibirloque.) (Y la ornamentación de su piso se la pueden ustedes imaginar: un Vishnu de latón del tamaño de un enano, quemadores de incienso a troche y moche, máscaras malhumoradas, amuletos peludos colgados de las paredes, cirios...)

Supongo que gracias a los efectos afectuosos del *éxtasis*, Eva cogió a *Cagliostro* en brazos y se puso a besarlo por todas partes, hasta el punto de que llegué a pensar seriamente que iba a hacerle allí mismo una mamada, si me permiten ustedes la tosquedad de la expresión. «Fíjate en sus ojos. Parecen joyas», y yo le decía que sí, porque no se le debe llevar la contraria a una persona que tiene —además de unos miligramos de MDMA— un poco de LSD en el cuerpo: sus percepciones le parecen universales.

Besar a una mujer que acaba de besuquear a un gato no es cosa que guste a casi nadie, que yo sepa al menos, pero, en una de esas, cuando noté en los ojos de Eva la subida cálida del *éxtasis*, le cogí la cara y le metí media lengua en la boca, para ir ganando tiempo... o para perderlo del todo:

cara o cruz. (La gran disyuntiva.) (¿?) Salió cara, por así decir, de manera que en su cama nos tumbamos, y sucedió lo que suele suceder en esas ocasiones, con la excepción de tener al gato *Cagliostro* desparramado sobre las sábanas en postura califal.

Tras la fase agónica, Eva, *Cagliostro* y yo estuvimos un rato en silencio, errante cada cual por un país algodonoso, extranjeros en nuestro propio ser, dormitantes, hasta que Eva, en tono muy sereno, dijo: «Esto ha sido una violación», y fue como si aquella mujer pequeña que estaba desnuda junto a mí hubiese golpeado con un martillo pilón la cúpula celeste y me hubieran caído en la cabeza todos los cascotes. Me volví hacia ella con mi cara convertida en un enorme signo de interrogación, supongo que con el mismo gesto con que alguien mira la herida redonda que acaba de hacerle una bala de cañón en pleno vientre, aunque comprobé que la cara de Eva no contenía respuesta alguna a aquella inmensa pregunta que era mi cara, porque se mantenía inexpresiva, con los ojos muy fijos en el techo. «¿Cómo que una violación?», y Eva se reafirmó en su hipótesis: «Me has violado». Existen unas siete mil maneras de humillar a la persona con la que acabas de echar un polvo, pero aquella modalidad de humillación me resultó excesivamente caprichosa, carente de razón y fundamento, y algo injusta además, porque hay que tener un concepto muy amplio de la violación para considerar como tal el fenómeno consistente en estar subida encima de un hombre durante varios minutos, gimiendo y moviendo las caderas, con los ojos en blanco, pidiendo desesperadamente más galope y rascándose ella misma los pezones en punta. (En ese instante, por raro que parezca al pronto, me acordé de algo que dijo Sócrates poco antes de morir: «Hablar impropiamente no es sólo cometer una falta en lo que se dice, sino hacer daño a las almas».) (Por más raro que parezca aún, me acordé también de Parménides de Elea, filósofo lírico, contradictor de Heráclito de Éfeso, y me dicté en silencio una apreciación suya: «Si el lenguaje no carece de sentido, las palabras deben significar algo, y en general no deben significar precisamente otras cosas».) «Mira, Eva, si el lenguaje no carece de sentido, las palabras deben significar algo, y en general...», pero Eva me interrumpió: «¿Qué me has puesto en la bebida?», y reconozco que ahí me desarmó por completo, porque, vistas así las cosas, aquello podía acercarse tangencialmente —digamos— al concepto de violación, a ese tipo de astuta violación que pueden practicar por ejemplo los hipnotizadores, por no señalar a nadie en concreto.

«Eres un íncubo, Yéremi», y, como es lógico, le pregunté: «¿Qué demonios es un íncubo?», sin saber que la respuesta a mi pregunta estaba contenida casualmente en la pregunta misma, ya que, según la explicación que me dio Eva, un íncubo no es otra cosa que un demonio que adopta apariencia de varón para chingar con mujeres. «De acuerdo, Eva. ¿Y cómo se llaman los demonios que toman forma de mujer para chingarse a hombres inocentes?», le pregunté, y ella, para mi sorpresa, me dijo que a esos travestis luciferinos se les da el nombre de súcubos. «¿Súcubos?» (De manera que, desde esa perspectiva de transformismo demoniaco, lo nuestro era una simple estafa sexual —quién lo diría— entre un íncubo y un súcubo.)

«Estoy bien. Me encuentro muy bien, artificialmente bien, pero me has violado, porque en este instante yo no soy yo, ¿lo entiendes? Te has follado mi cuerpo, pero no mi alma.» (Y, bueno, sí, no digo que no: puestos a follar, siempre he sido partidario de follarme cuerpos, y a ser posible con lencería, si me respetan ustedes la confidencia.) (Porque comparto la distinción que hace Pausanias —uno de esos charlatanes bisexuales que aparecen en los diálogos platónicos— entre las distintas afroditas, y me declaro seguidor de Afrodita Pandemo, la más vulgar y rastrera de las afroditas, la que nos induce a hincarnos urgentemente cualquier cosa.)

(Incluso en el caso de que esa cosa carezca de lencería.) (Afrodita Pandemo, la más perruna...) En fin, follar el cuerpo, follar el alma, follarse a un súcubo, ser follada por un íncubo... (Menudo lío.) «Quería que contigo fuese diferente, que fuese algo especial», me aseguró Eva en un susurro, porque los efectos residuales del *éxtasis* la mantenían de muy buen talante, por suerte para mí, y quizá también para ella. Bien, *¿diferente, especial?* Confieso que a partir de ahí comencé a sentirme tan humillado como un fakir al que un camarero le pone una chincheta en la silla del restaurante para comprobar si lo suyo no es un cuento, porque mucho me temo que cuando una mujer te dice que hubiese querido que contigo fuese *diferente* y *especial* lo que pretende decirte es que está predispuesta a irse a la cama con el primer botarate que le cuente cuatro chistes en una discoteca, que está dispuesta a hacerle cualquier clase de guarrería en el coche a un tipo del que no conoce ni el primer apellido, pero que contigo va a hacer una excepción maravillosa y va a tenerte dando vueltas por ahí durante tres semanas seguidas sin besarte siquiera, hablándote sin parar de metoscopia y de maleficiadores del Medievo, contándote historias de Diodorc de Catane y recitándote palabra por palabra el *Diccionario infernal* de Collin de Plancy.

Hay raras ocasiones en la vida en las que no tienes ganas de discutir ni siquiera con tus propios sentimientos, de modo que me levanté y comencé a vestirme. «¿Adónde vas?», me preguntó Eva, y le contesté que acababa de recibir un mensaje telepático del demonio Balam en el que me ordenaba que fuese de inmediato a un convento a violar a quince monjas. Por raro que resulte, Eva sonrió. «Venga, vuelve aquí conmigo... Pero no me toques, por favor. Estoy herida. Sólo quiero dormir con alguien, ¿de acuerdo? ¿Prometido?», y, no sé por qué, volví a quitarme los calcetines y los pantalones y me metí de nuevo en la cama, expuesto a que *Cagliostro* me pegara un zarpazo, expuesto a violar de verdad a mi anfitriona, tataranieta televisiva de Merlín; expuesto a quedar preso de su conejo magnético y teúrgico, quién sabe. Expuesto, en fin, como quien dice, a cualquier cosa, porque las relaciones que comienzan de un modo extraño acaban de un modo más extraño aún, igual que ocurre —me imagino— con el hecho de comer carne de murciélago: cuanta más carne de murciélago comes, supongo que más raro te resulta su sabor, porque no creo que nadie logre acostumbrarse a comer murciélago. Y Eva, por mal que esté decirlo en público, y por mucho que moleste a sus innumerables seguidoras, tenía dentro de la cabeza una especie de murciélago, según más adelante se verá, si es que ya no se ha visto.

Vuelta atrás en el tiempo: Yeri cocinaba muy bien, aunque sus platos siempre tenían un punto de sutil extravagancia y dejaban un regusto recio y persistente, en parte porque practicaba una gastronomía sincretista, con ingredientes de aquí y de allá, con especias del bosque de los brujos, con extraños colorantes, con hierbas amargas o con qué sé yo qué, todo eso en mixtura, porque tenía ella un concepto de la cocina parecido al que tenía de la floristería: el arte de armonizar lo incoherente y de darle una apariencia decorativa inquietante. Veías un ramo hecho por Yeri y, a pesar de la simetría convencional de su disposición, percibías la violencia telúrica que había en esas flores de invernadero; veías un plato de pollo preparado por ella y notabas que el pollo no había perdido su aspecto de cadáver desplumado aunque flotase en salsas muy barrocas, y tenías no la percepción de estar comiéndote un pollo, sino la tragedia íntima del pollo: su salida angustiosa del cascarón, su infancia bajo focos candentes de mil vatios, su decapitación mecanizada... (Los pollos, con su horror de tener plumas...) (Con su terror a perderlas...) Y así con todo: las lechugas aliñadas por Yeri te hacían recordar la tierra áspera y vigorosa en que habían crecido y los gusanos verdes que habían vivido entre sus hojas, sus pasteles reservaban al paladar un toque primitivo, un regusto a cereal del Pleistoceno; sus guisos de carne te proporcionaban la ilusión estremecedora de estar oyendo en la olla exprés el grito del animal sacrificado, sus compotas de fruta contenían el sabor de toda una primavera reventada de esencias, y así sucesivamente. («¿Y para qué nos cuenta este individuo todo esto?», se preguntarán ustedes.) (Bueno, no estoy seguro.) (¿Quién conoce el porqué de los relatos?)

El caso es que, cuando Yeri se fue para siempre, me aficioné a frecuentar el restaurante chino de Xin Myn, de estilo cantonés, con su decoración de dragones rampantes y enjoyados, con sus cuadros luminosos que imitaban cascadas fluyentes y con sus budas de sonrisa gioconda. Era barato, me pillaba cerca de la comisaría y, aparte de eso, me gustaba la comida de Xin, sabrosa y ligera: el sabor de una huerta de caramelo y la ligereza de una mariposa.

Xin Myn tenía una familia muy larga y muchos amigos de su tierra que le llenaban a diario el restaurante, y aquello me proporcionaba una grata ilusión de extranjería, la sensación de andar perdido por tierras de la China milenaria, rodeado de comensales que me saludaban con una reverencia muy leve pero muy sentida y con miradas herméticas y sonrientes, porque nadie como un chino sabe sonreír con los ojos.

Yo era allí, en suma, como de la familia: Yéremi Myn, como quien dice.

La noche siguiente a la de la violación de Eva Báez, aconsejado por la imprudencia, la invité a cenar al restaurante de Xin. He dicho «aconsejado por la imprudencia» porque, como ustedes saben de sobra, resulta imprudente dar a conocer tus lugares predilectos, tus secretos santuarios, a una mujer con la que aún no sabes si vas a estar una semana o toda la vida, ya que, en el caso de que la relación resulte pasajera —según es lo frecuente—, supone una forma como cualquier otra de perder territorio, de abrirle la frontera al enemigo potencial: invitas a una muchacha a cenar en lo de Xin Myn, rompes con ella a los tres días y medio, vuelves por allí y te la encuentras compartiendo mesa con otro tipo, riéndose como una borracha y jugando torpemente a comer con los palillos el lomein de gambas o la familia feliz con anacardos, por ejemplo. Pero me salió la frase: «Te invito esta noche a cenar en el restaurante de Xin Myn», y a Eva le pareció un plan inmejorable. («Por cierto, Yéremi, ¿sabes que el mago Elleré fue una vez a China y tuvo contacto con ocho demonios no catalogados por el rey Salomón?»)

A Xin Myn pareció alegrarle mucho el verme entrar en su restaurante con una mujer, porque siempre había ido solo, y debo reconocer que se desvivió por atendernos, como si fuese yo un mandarín de estirpe legendaria. «Es estupendo esto. Un sitio con fuerza. Le noto algo especial...», según apreció Eva, haciendo como si desmenuzara el aire con los dedos y buscando con la vista y el olfato el rastro azufroso de algún espíritu descrito por Joannes Wierus, me imagino. (Joannes Wierus fue el autor de la *Pseudo-Monarchia Demonorum*, allá en el remoto siglo XVI.) (Y lo digo no por alardear de saberes, sino por si ustedes no han tenido la oportunidad de echarse alguna vez una novia nigromántica.)

Ahora bien, todo hay que decirlo: a quien no le hizo tanta gracia verme con una mujer fue a Li Fon, sesentón de piel de cera, especialista en repostería y brazo derecho de Xin Myn. («¿?»)

El caso era que Li Fon estaba colado por el arquetipo masculino, y a todos los hombres solos que aparecíamos por el restaurante nos trataba como si fuésemos su marido recién vuelto de alguna guerra contra los astutos japoneses, y nos preparaba postres especiales, y nos convidaba a licores de la bodega privada, y sólo le faltaba ponerse a cantar romanzas pekinesas con boca de piñón mientras comíamos.

Resultan curiosas, ahora que lo pienso, mis relaciones con los camareros de raza amarilla: un día en que fui con los amigos a un restaurante japonés, cuando a los postres nos cargamos todos de *éxtasis*, porque a Jup le había entrado una partida excelente, en medio de las bromas y de la rápida sensación de fraternidad universal provocada por la metilenedioximetanfetamina (las doce sílabas del conjuro de la felicidad), ante los modales de geisha en celo del camarero que nos atendía, por hacerme un poco el payaso estelar de la reunión, acabé dándole un beso en la boca. (Como lo oyen.) (De broma y sin lengua, pero en la boca.) Aún me parece oír el silencio que se hizo en el restaurante: el aire parecía la piel de un tambor que vibra pero no suena y los clientes me miraban con expectación, como si aquello fuese sólo el principio de un espectáculo gay. El camarero me miró de una forma que no supe interpretar, se pasó la mano por la boca y volvió a sus tareas. Mutis, el silencioso latinista, abrió entonces el pico: «El amor griego», a lo que Jup, mientras intentaba poner un poco de orden en su aparato respiratorio, replicó: «¿Griego? No, esto es un suave mariconeo japonés», y casi se cae de la silla.

Esa ha sido, en fin, mi única experiencia homosexual hasta la fecha: darle un beso en la boca a un camarero del restaurante Combadaso. (Combadaso, por cierto, si el diccionario de mitología universal que me regaló Yeri no está equivocado ni miente, fue un bonzo que a los ocho años de edad mandó construir un templo magnífico y, tras proclamar que estaba cansado de la vida, anunció que quería dormir durante diez millones de años, de modo que se retiró a dormir a una cueva, cuya entrada ordenó cegar, y allí se quedó para los restos.) (Una de las peores relaciones con la vida de cuantas se recuerdan, creo yo.) (Lo que no logro recordar es el nombre del camarero al que besé, si es que alguna vez lo supe.) (En cualquier caso, no sé cómo se llama el único hombre al que he besado en la boca.)

En fin, cenaba yo con Eva en el restaurante de Xin Myn y todo iba bien (a pesar de que Li Fon no dejaba de pasearse ante nuestra mesa como una princesa ultrajada de la dinastía II o similar), hasta que, una de las veces en que Xin en persona nos trajo una bandeja, Eva se cubrió la cara con las manos. «¿Qué pasa?», y ella cabeceó: «Ese hombre va a morir. Acabo de *ver* su cadáver. En un sitio muy frío, rodeado de nieve». Y aquello me tranquilizó un poco, porque aquí no nieva nunca, de modo que la muerte de Xin podía no ser inminente, y siempre cabía la posibilidad de convencer a Xin de que no viajase a ninguna región nevada, a pesar de que resulte muy difícil burlar el itinerario que tiene fijado la muerte para encontrarse con nosotros, porque la muerte nunca altera sus planes: sigue siempre el trayecto previsto, igual que hacía Kant, que en paz descanse.

Eva se despidió de Xin Myn como quien se despide de un moribundo: le apretó las manos, se las besó, lo miró hondamente a los ojos, mientras Xin le dispensaba reverencias sonrientes y le regalaba un abanico perfumado. «Lo siento, Yéremi, pero ese hombre va a morir muy pronto. He *visto* su cadáver, y en eso no fallo nunca.» (Pobre Xin.) Paramos un taxi. «Me gustaría pasar la noche contigo», le dije a Eva. «No puede ser. Aún tengo que superar el trauma de la violación, ¿comprendes?» (Sí, por supuesto.) A partir de ese instante, para qué voy a decirles otra cosa, me di cuenta de que Eva era dueña de un cerebro ante el que cualquier psiquiatra prestigioso saldría huyendo despavorido. «¿Estás enfadado?» Pero no le hablé a ella sino al taxista: «Pare usted aquí mismo». Y allí mismo me bajé.

Cuando llegué a casa, puse el televisor para buscar alguna película en la que saliese una piruja desnuda o a medio vestir, como elemento de inspiración para lo que ya se imaginan. De pronto, mientras zapeaba, en el canal local apareció Eva, Eva Báez en funciones parapsicológicas de Eva Desiré, dicharachera y esotérica, ofreciendo consejos y revelaciones a viejas paranoicas, a viudas que anhelaban comunicarse con sus esposos difuntos, a gordas deprimidas que alimentaban la sospecha angustiosa de la infidelidad de sus maridos violentos. Había visto ese mismo programa un par de veces, porque los programas de Eva los reponen con frecuencia: ella tiene seguidoras, mentes dañadas dispuestas a ser conducidas como ratas hacia el abismo de lo irreal por la música hechizante de las logomaquias de Eva Desiré, embajadora en televisión de los trasmundos. Pero a mí no me servía para nada en ese instante la imagen de Eva Desiré, porque nadie se la casca viendo el programa de Eva Desiré, y yo menos que nadie. De modo que seguí buscando lo que necesitaba: una que se metiera el dedo o que se revolcara con alguien. (Una simple muñeca de goma con pechos erguidos serviría.) (Un simple pie desnudo, con las uñas pintadas, mojado por el mar.) Pero era una mala noche para eso, porque todo era acción y era concurso, y me prometí comprar un aparato de vídeo, porque los solteros necesitamos esa herramienta para controlar la necesidad urgente de figurantes que giman ante nosotros igual que animales acariciados por una mano de acero.

Al fin encontré algo que era un poco más que nada: el anuncio de un aparato para fortalecer los músculos. (Te mantiene en forma, te hace perder los kilos no deseados.) Una rubia sonriente, con aspecto de panadera nórdica, enfundada en un traje anatómico azul, haciendo ejercicios de remo.

Era cuestión de segundos. Había que darse prisa.

Es curioso: por aquella época, todo el mundo se echó novia o similar, y eso nos tenía un poco dispersos: Jup comenzó a salir con Rosita Esmeralda, una peluquera locuaz y contundente que aspiraba a ser cantante y que cambiaba de maquillaje, de peinado y de tinte cada semana, como si la vida fuese para ella un carnaval cosmético; el poeta Blasco decía que andaba en tratos de cama y corazón con una empresaria casada y crepuscular a la que había conocido en sus peregrinaciones a discotecas geriátricas, en tanto que Mutis se veía a menudo con una muchacha llamada Ruth, muy joven y algo etérea, casi tan silenciosa como él, con aspecto de haber tenido una infancia difícil y de estar dispuesta a tener una vida adulta un poco más difícil que su infancia.

Me da la impresión de que hasta ahora he hablado poco de este asunto, el relativo a la vida amorosa de mis amigos, y supongo que sería este un buen momento para llenar ese vacío documental.

De Jup ya saben ustedes algo: él va por ahí a lo que sale, porque alimenta la creencia de que la satisfacción sexual es el único método efectivo para mantener a raya la melancolía y la locura: «Mira, Yéremi, camarada, al muñeco hay que tenerlo distraído en todo momento. Si el muñeco se aburre, te ataca directamente a la cabeza y se pone a hacerte vudú, te clava alfileres envenenados en el sistema nervioso y todo lo demás. El muñeco es así. Por eso es el muñeco». (Esa es la opinión de Jup.) Por otra parte, Jup sostiene la teoría del «polvo telepático», que personalmente me parece una teoría discutible como método pero aceptable como metáfora. «¿El polvo telepático?» Jup lo razona de la siguiente manera: «Hay veces en que te sientes poderoso, en que notas que tu mente podría detener la actividad del universo o hacerlo girar como un trompo, a capricho. Cuando

154

te sientes así, te sientes estupendo. Ves de lejos a una camarada desconocida y te dices: "A esa camarada desconocida voy a echarle ahora mismo un polvo telepático", de manera que te pones a mirarla con fijeza, para enviarle mensajes de poder, y entonces ella nota algo, se vuelve, te busca con la mirada y allí estás tú, echándole un polvo telepático. Porque ellas lo notan. A algunas les gusta y otras se ofenden, según. Pero eso a ti te da igual: tu misión consiste en echar un polvo telepático. Y allá va tu picha de niebla, por el aire, como un fantasmilla transparente, para pegarle a una desconocida un puntazo electromagnético en la nariz del conejo».

Blasco, el poeta de las lunas dramáticas, el cantor de los amaneceres resacosos, trabaja sobre el género adulto. Es habitual de discotecas especializadas en clientelas marchitas: separadas tardías, solteras tardías, vampiresas tardías… (Todo lo ya tardío.) Y por esos reinos se mueve él cuando no anda con nosotros, y se pone su traje negro y su corbata negra, y se engomina el pelo, y galantea a las mujeres con versículos sinfónicos y lúgubres y con discursos que mezclan el lirismo y la canallería, y ese cóctel le funciona, según dice, porque se trata en el fondo de eso: a partir de determinada edad, todo el mundo anda necesitado de sentimentalismo y de cinismo, ambas cosas mezcladas, eso sí, porque a casi nadie le interesa ninguna de ellas cuando viene sola. (La edad es mal asunto, a fin de cuentas.) (Para todo.) (Para el pensamiento, para la próstata…) (Para todo.) Una vez fuimos con Blasco a uno de esos sitios, a Embrujo, y la verdad es que nos sentimos allí como esos gatos cimarrones que merodean alrededor de las pescaderías para que les echen lo que está a punto de pudrirse. (Y ya no fuimos más a Embrujo.) (Porque nos pareció que era demasiado pronto para aceptar que ni siquiera éramos gatos, sino también pescado podrido.) (Y se notaba, además, que las reinas destronadas no se tenían a sí mismas por pescado podrido, sino por gatas de angora.) (Bueno, salvo alguna muy borracha que andaba llorando por allí.)

Mutis es hombre de pocas mujeres, pero suele ser el que con mejores trata de nosotros cuatro. Casi todas sus novias son alumnas suyas: en cada curso encuentra a una medio psicótica medio poética y medio *gore* aficionada a la ropa negra, una casi niña indefinida aún, aunque con la cabeza infectada ya por terrores inconcretos, y se va con ella a la cama o se conforma con pasearla por ahí para mostrarle los placeres y espantos de este mundo, a la manera de un guía espiritual apocalíptico, anómalo y silencioso.

Una vez fui, por cierto, a casa de Mutis. Le había preguntado si tenía algún libro sobre los presocráticos y me dijo que seguramente, que fuese un día a su casa, y a su casa fui.

Es una casa rara la de Mutis, atestada de grandes muebles oscuros, de cuadros tenebristas, de objetos centenarios y tirando a góticos, sin lustre, polvorientos. Luego supe que aquella había sido la casa de sus padres, y supe que su padre fue también profesor de latín y que se pasó toda su vejez de viudo traduciendo día y noche los grandes poemas de Virgilio, porque no quería saber nada de la realidad ni del mundo, y con nadie hablaba, y a nadie oía, y, según me aseguró Jup, cuando terminaba de traducir la obra completa de Virgilio, se ponía a traducirla de nuevo en versión novedosa, hasta el punto de llegar a traducir la *Eneida* al griego, a la espera de que la muerte interrumpiera de una vez por todas aquel voluntario martirio de Sísifo traductor, pues aquel hombre despreciaba al parecer su propia vida. (Quién sabe.) El mutismo de Mutis, en fin, puede venirle de herencia, aunque Mutis aún no ha desertado de la aventura del vivir, y por eso se junta —supongo— con nosotros.

Es rara la casa de Mutis, según les decía. Schopenhauer, en sus escritos sobre nigromancia, sostiene que una influencia igual a la de un cuerpo no presupone necesariamente la presencia de un cuerpo. Pues bien, nada más entrar en casa de Mutis noté una especie de runrún de espectros volanderos, con gravidez de energías adversas y confusas, pero no quise prestar atención a ese fenómeno, porque los espíritus pueden ser muy cargantes: si advierten que sientes compasión por ellos, te asedian, te suplican, te persiguen, porque son mendigos de realidad, manos de niebla extendidas, ojos suplicantes que vierten lágrimas de humo, sombras huecas —en fin— que deambulan por el campo de concentración de la nada, y se dan ocasiones en que tienes que recurrir a un exorcista profesional para quitártelos de encima. (Los espectros, la tropa vaporosa y mendicante...) (Porque los espectros no se nos manifiestan para intentar matarnos de susto, como mucha gente cree, sino para comunicarse, para compartir con alguien su simulacro patético de vida, con el mismo sentimiento esperanzado con el que el gordo onanista entra en el chat erótico de internet.)

Mutis tiene muchas películas de vídeo, montones de ellas, de todos los géneros, apiladas por todas partes. Y tiene —qué extraño— muchos discos de grupos *metal* (algunos de ellos los conocía por habérselos tenido que comprar a los niños de Yeri: Dirty Deeds, Nagfar, Gates of Ishtar...). (Auténtica morralla, si me permiten la expresión.) También tiene tebeos (muchísimos). «Toma», me dijo Mutis, y me tendió una historia de los presocráticos encuadernada en piel bermellón. Nada más coger aquel libro, hice un viaje relámpago al país del gran canguelo ultrapsicológico, por así decir: en poco más de un segundo, vi un remolino de dedos que pasaban las páginas, vi una calle por la que trotaba un coche de caballos, con su música de cascabeles; vi un hombre con sombrero que sostenía el libro en una mano y que con la otra dejaba caer unas monedas sobre un mostrador de madera llagada. (¿?) (Las cosas...)

«¿Una cerveza?», y le dije que sí, de modo que nos sentamos frente a frente, cada cual en un butacón aparatoso y con la tapicería raída. «Me vendrá muy bien este libro, porque tengo que preparar un examen. Tiene pinta de ser muy valioso, ¿no?», y Mutis hizo un gesto que interpreté como indicativo de que aquel libro no tenía valor alguno, al menos para él.

Nunca había estado a solas con Mutis, y les confieso que no consistió en una experiencia cómoda, porque parecía dispuesto a no hablar de nada, por muchos que fueran los temas de conversación que yo sacase. «¿Por qué hablas tan poco, Mutis?», me atreví a preguntarle, y me quedé esperando una respuesta larga y dramática, la confesión psicoanalítica del motivo abisal de sus silencios prolongados, pero se limitó a encogerse de hombros y a sonreírme con esa dulzura propia de quienes tienen aceptada su condena en este mundo, y su condena consistía en no querer hablar, como si fuese un coleccionista de secretos, en no querer hablar en este mundo de sofistas y de loros. Calculé entonces la dimensión del sufrimiento que suponía para Mutis el tener que dar clase: verse obligado a traicionar su silencio para poder ganarse la vida, pues está visto y comprobado que casi nadie puede ganar un poco de dinero sin librarse de acatar humillaciones. (Incluso los reyes tienen que ponerse un sombrero de mariachi cuando visitan oficialmente México.)

«Ya te devolveré el libro», pero Mutis hizo un gesto de desprecio con la mano, dándome a entender que podía quedármelo o dárselo de comida a los ratones, lo que me apeteciera.

En el portal, me crucé con Ruth, la novia de temporada de Mutis. «¿Está arriba?» (La caleidoscópica Ruth: había veces en que me parecía muy guapa y veces en que me resultaba demasiado sombría para ser guapa.) (Aquella tarde estaba guapa, y tenía brillo en los ojos, y llevaba el pelo mojado, y olía toda Ruth a jabón, y dejaba en el aire una estela de flor recién abierta.)

En la calle, mientras esperaba el autobús, iba yo barajando conjeturas sobre el tipo de relación que podían mantener el silencioso maestro de latines y aquella especie de ninfa ojival escapada del lago de la muerte, por así decirlo: ¿verían películas sin hablarse?, ¿se tocarían en silencio? ¿leerían tebeos de fieros gladiadores siderales y de galaxias enfrentadas? Por mal que esté decirlo, ninguna conjetura me resultó convincente, quizá porque ninguna conjetura puede serlo, ya que la realidad suele ser invulnerable a cualquier tipo de conjetura sobre ella: los rompecabezas no requieren opiniones, sino soluciones. Como dijo mi maestro Schopenhauer a propósito de su maestro Kant, «lo verdaderamente real, o la cosa en sí, lo único que tiene existencia verdadera, independiente de la representación y de sus formas, es la *voluntad* existente en nosotros». Y parece claro que Ruth y Mutis tenían la *voluntad* de elevar un espejismo privado para ellos, un pequeño espejismo que fuese capaz de sustituir el espejismo aterrador del mundo. Y eso siempre está bien, creo yo.

¿Qué pasó con Eva Báez? Pues exactamente lo que ustedes se imaginan: que la llamé una noche y le dije que la invitaba de nuevo a cenar en lo de Xin Myn, como es lógico. (Y es que a quienes no tenemos demasiada fortuna con las mujeres nos ocurre lo mismo que a esas alimañas que son torpes incluso para la caza menor: que nos empeñamos en devorar entera nuestra presa.)

Ahora bien, debo confesarles que llevaba mi estrategia calculada, siempre y cuando se pueda llamar estrategia a una pequeña improvisación psicológica por el simple hecho de tener previsto un desenlace: acostarme con Eva una vez más y confesarle luego que resultábamos incompatibles, cosa que no sería en modo alguno falsa, ya que todo el mundo resulta incompatible con el resto del mundo.

Durante la cena, Eva aprovechó el tiempo a su manera y me dio una lección sobre las propiedades de algunos elementos, a saber:

—el ágata fortalece el corazón y sirve de antídoto contra la mordedura de animales venenosos,

—la cornalina asegura la victoria,

—el cobre ahuyenta los espectros, según Teócrito,

—la elosita calma los dolores de cabeza,

—puesta sobre los labios, la negruzca galacida permite descubrir secretos ajenos,

—el ópalo alegra el corazón...

Y así sucesivamente. (Me hubiera venido bien en ese instante un cóctel de todas esas porquerías, me parece.)

Después de cenar, le pregunté a Eva si le apetecía que fuésemos a Oxis, y me dijo que sí, que hacía mucho tiempo que no bailaba. ¿Bailar? Bueno, Eva iba un poco descaminada con respecto a ese asunto, porque me temo que la última vez que hice algo parecido a bailar fue hace un par de años, cuando me dio un cólico nefrítico y estuve corriendo y brincando durante un rato por toda la casa hasta que Yeri me llevó al hospital, donde continué corriendo y brincando hasta que un tipo me detuvo y me inyectó una cosa fuerte. (Mi carnet de baile está reservado, en definitiva, a mi riñón.)

Cuando llegamos a Oxis, allí estaba Jup, apoyado en la barra con negligencia imperial. «Eh, Yéremi, camarada», me llamó, y hacia Jup me fui con Eva: «Eva, Jup. Jup, Eva... ¿Y Rosita, Jup?». Pero Rosita Esmeralda, la peluquera ruiseñora, se había retirado ya, de modo que Jup, con las pupilas del diámetro de un reloj a causa del *éxtasis*, comenzó a elogiar el pelo de Eva, los ojos de Eva, su profesión y sus saberes insólitos, hasta que Eva se puso como una perra y se fue a bailar con él. «¿Qué vas a tomar?», me preguntó Dani, el camarero que perdió muchos dientes en una pelea y desarrolló desde entonces un carácter sombrío, y pensé que me vendría bien un chupito de diamante, porque Eva me había asegurado durante la cena que el diamante calma la cólera. («Un *gin-tonic,* Dani.»)

Eva y Jup volvieron sudorosos, sonrientes. Cómplices ya de por vida. Unidos por un baile ritual. «¿Nos vamos?», le pregunté a Eva, pero torció la boca. «Si queréis, os llevo a Hospital ahora mismo», propuso Jup. Yo tenía muchas ganas de conocer Hospital, la nueva macrodiscoteca del extrarradio, pero aún tenía más ganas de resolver mis negocios sucios con Eva, de modo que le dije a Jup que no. «¿Por qué no?», me preguntó Eva, aunque intuí que sería mejor ocultarle la única respuesta posible: pues porque teníamos que formar por última vez, y cuanto antes, el monstruo bicéfalo de los ocho tentáculos, como suele decirse. «A mí me gustaría ir a ese sitio», y yo le decía que quedaba muy lejos, que dependeríamos del capricho de Jup para volver, que no habría ambiente... En vista de aquel tira y afloja que nos traíamos Eva y yo, Jup se dedicó a preguntar a todas las solitarias que había en ese momento en Oxis si se iban con él a Hospital, aunque esa noche el camarada cazador parecía tener la pólvora mojada. «Me gustaría que pasáramos la noche juntos», le dije a Eva al oído, y ella se quedó pensativa, igual que si le hubiese planteado una adivinanza o una ecuación de quinto grado. «No sé si nos conviene», dijo al fin, y le repliqué que sin duda nos convenía. («No sé...»)

He dicho que llevaba mi estrategia calculada, de manera que, en un descuido suyo, mientras se despedía largamente de Jup (que había decidido irse solo a Hospital a jugar durante un rato con el destino), repetí una operación que ustedes ya conocen: adulterar el contenido del vaso de Eva, aunque en esa ocasión varié las dosis: en vez de una pastilla de *éxtasis*, le eché sólo tres cuartos y, en vez de un cuarto de ácido, le eché medio, por ver si esa suave combinación conseguía trasladarla a un ámbito mental fabuloso sin que ella notase que pisaba un terreno artificial, aunque a la mañana siguiente la historia fuese otra historia. «Anda, Eva, tómate eso y nos vamos, que es muy tarde», y, aunque a regañadientes, Eva se tomó la pócima experimental de un par de sorbos.

Lo que vino inmediatamente después sería un poco largo de relatar por escrito: el forcejeo verbal en el portal de su casa, etcétera. El caso es que Eva me dejó subir, aunque con condiciones: «Media hora y te vas, ¿de acuerdo?». Como ustedes saben, media hora es el tiempo aproximado que suele requerir el *éxtasis* para tomar posesión plena de nuestros sentimientos (porque el efecto del *tripi* es más retardado), de modo que el plazo fijado por Eva para mi marcha me pareció razonable. Y a su casa subimos.

«¿Te pongo algo?» Mientras Eva estaba en la cocina, me lié un pitillo ante la mirada líquida del gato *Cagliostro*. «No sé si lo sabes, Yéremi, pero eres un puto drogadicto», me dijo Eva cuando entró con dos cervezas en el salón, ignorante de lo que llevaba ella en el cuerpo. («Estoy sedienta.») («Qué sed.») De repente, me di cuenta de que no quería hablar de nada con Eva y también de que nada de cuanto ella pudiera decirme lograría interesarme lo más mínimo: la náusea repentina del deseo. El asco súbito. (Ya saben.) Porque el deseo puede enfermar de muerte en un abrir y cerrar de ojos, aunque en su agonía esté dispuesto a chingarse aquello que aborrece. (Y es que el deseo será siempre el deseo, a fin de cuentas: el mayor majarón de la familia.) De modo que mi deseo agónico pretendía arrastrar a Eva a la cama por última vez, borrarla de mi presente y acomodarla cuanto antes en mi pasado de un modo más o menos decoroso, tras seleccionar cuidadosamente sus aspectos positivos y procurar convertirlos en recuerdos agradables: sus redondeados pies mullidos, sus difuminados pezones del color del chocolate... Hablando, por cierto, de chocolate: el hachís me puso hambriento y le pedí a Eva algo de picar. «Mira en el frigorífico y coge lo que te apetezca», me dijo, y quise interpretar aquello como un gesto de familiaridad un poco imprudente, porque la visión del interior del frigorífico de una persona puede ser más reveladora que la quiromancia: un frigorífico no sólo refleja el espíritu de su propietario, sino algo mucho peor: la clase de porquería que ese espíritu necesita para seguir en pie. (Coles, muslos de pollo, restos de guisos coagulados...) (Leche de vaca...) Nada más abrir el frigorífico, apareció maullando entre mis pies el gato *Cagliostro*, que sin duda tenía en el cerebro un pequeño circuito que conectaba el instinto de la voracidad con el sonido de la puerta del frigorífico al abrirse, y se puso a restregarse igual que un marica egipcio en mis pantalones negros. (En *mis* pantalones negros.) El interior del frigorífico de Eva era un mal interior de frigorífico, porque parecía una morgue. (Por haber, había en un plato blanco un filete crudo, sin cubrir, reseco ya, sobre un charco de sangre también seca.) Mientras tanto, *Cagliostro* seguía restregándose en mis pantalones negros. Y, bueno, hay ocasiones en que cualquiera puede tener una ocurrencia discutible, ¿verdad? (La tuvo Hitler con respecto a Polonia, la tuvo Anaxímedes con respecto al aire...) Y yo tuve en ese instante, en fin, una ocurrencia discutible: cogí un trozo de jamón york, envolví en él la mitad del *tripi* que no había echado en el vaso de Eva y se lo ofrecí al gato, que dio cuenta de él en un pispás. Por mi parte, me limité a comerme un yogur, porque la sospecha de que acababa de tener una ocurrencia discutible me quitó un poco el hambre.

Como no hace falta ni decir, me arrepentí al instante de haber drogado a *Cagliostro*, pero el remedio era ya escaso, porque tampoco era cuestión de administrarle por vía intravenosa un neuroléptico.

Cuando volví al salón, Eva estaba ya bastante colocada, de modo que prescindiré de dar detalles acerca de su conducta, porque nadie tiene derecho a juzgar —ni mucho menos a popularizar— las reacciones de la gente colocada. (Además, las reacciones de una persona colocada sólo son la punta del iceberg, como si dijéramos, porque el iceberg propiamente dicho se hunde en las aguas territoriales de una mente exclusiva, producto artesanal del subconsciente.) (Y la mayoría de esos productos artesanales son un asco.)

A pesar de estar más drogada que la mona de un laboratorio, comprendí que Eva no tenía la más mínima intención de irse a la cama conmigo. Creo, no sé, que su mente anómala alteraba los efectos amables del *éxtasis* para transformarlos en reacciones reticentes y egotistas y que la ebriedad psicodélica del *tripi* debía de confundirla ella con visiones premonitorias, con posesiones diabólicas o con qué sé yo qué. «Lo siento, Yéremi, pero, antes de poder meterme otra vez contigo en una cama, tengo que olvidar que me violaste. Compréndelo.» (Y los ojos se le fugaban a la frente, y suspiraba.) («Qué sed.»)

En fin, menos mal que no existe ninguna situación horrible que no pueda ser remediada con una situación espeluznante. Lo digo porque, de repente, *Cagliostro* comenzó a maullar en clave gregoriana, como si estuvieran arrancándole las uñas con unos alicates, y se dedicó a revolcarse por el suelo, a estrellarse contra los muebles y, lo que era tal vez peor, a cagarse por donde pasaba, y era la suya una mierda acuosa, y su olor se lo pueden ustedes imaginar. (Supongo que un gato, bajo los efectos de un mal viaje de LSD, tendrá visiones de inmensos peces que intentan comérselo vivo, de ratones titánicos que retuercen los cuellos de los gatos domésticos, no sé.) «¿Qué te pasa, *Cagli*?», le preguntaba Eva, y el gato seguía soltando su reguero de inmundicia. (Les confieso que, aún hoy, no logro entender cómo un gato puede almacenar tantísima mierda dentro de sí.) (Debe de ser que los gatos están rellenos de mierda de gato, porque *Cagliostro* convirtió en pocos minutos el salón de Eva en un estercolero, y yo, por culpa de esas aprensiones absurdas y tragicómicas que a veces provoca el hachís, llegué a pensar que íbamos a morir ahogados en mierda de gato, el gato incluido.) (Y entonces vomité en el suelo, para completar el panorama de las abominaciones.)

«¿Qué le has dado al gato?», me preguntó Eva, mientras el viajero lisérgico, el michi yeyé, se cagaba sobre ella y daba maullidos atroces. «¿Y qué me has dado a mí, cabrón, poli de mierda, hijo de la grandísima puta, maricón?»

Creo que estarán de acuerdo conmigo en que, ante un cuadro como ese, el mejor recurso filosófico consiste en negar el ser, asumir la nada y salir pitando. Y eso fue lo que hice, aunque el olor a mierda de gato psicodélico no se me fue del olfato hasta varios días después.

¿Quién manda en su propio pensamiento? ¿Quién lo entiende y lo gobierna? Yo no. Lo digo porque, después del experimento alucinógeno con el gato *Cagliostro,* me dio por pensar que, gatos aparte, estaba enamorado de Eva. Es decir, me convertí en víctima de un delirio emocional muy frecuente: acabar convencido de que el secreto de tu dicha está cifrado en la persona que sería capaz de llevarte por el camino más corto a la desdicha absoluta. (Un espejismo muy común, ya digo; de ahí que casi todos los amantes veteranos dediquen buena parte de sus duermevelas a imaginar el asesinato perfecto de la persona que comparte su cama.) (Esa persona que se dedica, por cierto, a imaginar exactamente lo mismo, aunque los métodos ilusorios varíen, como es lógico.)

No sé por qué, me dio de pronto por echar de menos las monsergas nigrománticas de Eva, su cuerpo mullido, el olor a madera de su pelo barroco... El caso era, en fin, que sentía nostalgia de su presencia y su figura, y no disponía yo de la suficiente capacidad de raciocinio como para pensar siquiera en antídotos fulminantes contra esa nostalgia descabellada. (El interior de su frigorífico, por ejemplo, hubiera sido un antídoto eficaz, o su aversión natural a los narcóticos, por ejemplo; o su irritante concepto de violación.) Pero ¿qué quieren? Y es que tengo para mí que andamos muy equivocados con respecto a nuestra propia mente. Me explico: pensamos que nuestra mente está ahí para favorecernos, para allanarnos el camino hacia la felicidad (o al menos hacia la diversión), pensamos que nuestra mente es nuestra aliada, nuestra benefactora, la llave de platino de la sabiduría, la brújula infalible que nos señala siempre la ruta directa al paraíso. Pero me da que no es así, al menos en la mayoría de los casos, y estoy casi convencido de que nuestra mente es más bien una especie de central nuclear averiada, con infinidad de fugas radiactivas y de vertidos tóxicos accidentales que van contaminando nuestra idea del ser, de la vida y del mundo. (En el caso de que esos tres conceptos no sean un solo concepto: tres eufemismos para designar ambiguamente la Nada.) (Lo que se dice la Nada.)

En términos generales, podemos sostener que la vida de casi todo el mundo es algo así como un proyecto arquitectónico bien concebido y mal ejecutado: crees estar construyendo una torre y en realidad estás cavando un túnel.

«Toda cosa intermedia es precedida y seguida de otra, y

la que precede es necesariamente causa de la que sigue», opinaba Aristóteles. Pues bien, después de mi aventura desastrosa con Eva, me hallaba en el peor sitio posible: en la cosa intermedia, a la espera de acontecimientos.

Mentiría si dijese que no estuve tentado muchas veces de llamar a Eva, de invitarla a lo de Xin Myn, de comprarle otro gato en el caso de que *Cagliostro* hubiera muerto o de que le hubieran quedado secuelas alucinatorias, de regalarle a *Cagliostro*, en desagravio, una gata hinchable, qué sé yo: las cosas que uno piensa cuando está incapacitado para pensar. Pero jamás la llamé, naturalmente.

Entonces vino mi época de insomnio, quizá porque la capacidad de dormir es lo primero que se pierde cuando la trama argumental de la realidad se vuelve para nosotros tan incoherente y descabalada como la de los sueños: no necesitamos ni siquiera dormir para imaginar que nos caemos a un abismo.

Me pasaba las noches mirando por la ventana, que es por lo que me da cuando me toca vivir solo, y a veces veía llegar a Coyote Psicopático con una de sus novias frondosas y fugaces, y me preguntaba a mí mismo: «¿Por qué no eres Coyote, Yéremi? ¿Por qué ha tenido que tocarnos a nosotros esto de ser Yéremi, Yéremi?». Dormía tres o cuatro horas al día, y andaba abotargado y violento, con los nervios como espinas, y el amanecer se abría ante mí como una flor que nace muerta. (O similar.)

El ser humano es un animal astuto —cobarde pero astuto— que sabe adaptarse al medio, por la cuenta que le trae, de modo que aproveché esa racha de insomnio para emitir muchos espacios de *El cesto de las orejas cortadas,* y allí soltaba el veneno: hablaba de enfermedades venéreas, de la contaminación, del índice de mortalidad infantil... Elegía los peores temas posibles, los que propiciaban digresiones más ásperas, porque me había convertido en el profeta amargo de las ondas, en una especie de Nietzsche en versión *gore,* con ganas de clavar un bisturí lleno de bacterias en cualquier conciencia, esclavo yo de un rencor aplicado al universo.

Como es lógico, no voy a repetir aquí las opiniones que lancé a mi audiencia fantasmal con el mismo ánimo con que se lanza una piedra a una serpiente, porque no me gustaría convertirme en un proselitista del tremendismo filosófico, aunque no tengo inconveniente alguno en ofrecerles, a modo de muestra, el guión de uno de los espacios más optimistas de cuantos emití por aquel entonces, a saber:

«Acabo de ver un programa de televisión en el que la gente que cree estar en el sitio adecuado busca a gente desaparecida, a gente que huyó del sitio en que otra gente cree que debería estar.

»Porque hay mucha gente que desaparece. Que se esfuma. Que se quita de en medio.

»Existen camaradas nuestros que se dan el piro. ¿Huyen de su familia? ¿De un jefe tal vez? ¿O quizá simplemente de la visión diaria, mántrica, obsesiva, de unas cortinas con demasiadas flores o con demasiados rombos amarillos? Bueno, el móvil de su deserción es lo de menos: ellos se largan, se largan por cualquier cosa. Para tomar un nuevo camino tal vez, en busca de un régimen de terror diferente al que soportan desde que nacieron.

»Hay gente que se pira y hay gente que hace programas de televisión para buscar a la gente que se pira, a los prófugos, a quienes huyen de nosotros, o de sí mismos, o del infierno que tienen en propiedad y que llevarán siempre dentro de la cabeza, por muy lejos que se vayan. Porque, ¿dónde estáis vosotros, los fugitivos? ¿Qué mierda pasa con vosotros? ¿Dónde pretendéis esconderos? Volved, por favor, y contadnos vuestra aventura. La manada, expectante ante la hoguera, aguarda vuestros desgarradores relatos de decepción y de arrepentimiento. Necesitamos saber que, a pesar de vuestra fuga, habéis sido tan desdichados como nosotros. Necesitamos saber de primera mano que no existe la tierra prometida. Necesitamos saber que más allá de este infierno sólo hay otro infierno. Necesitamos oír de vuestros labios temblorosos la declaración de vuestro chasco cósmico, camaradas. Necesitamos eso. Regresad».

Y así quemaba, en definitiva, aquellas largas noches en las que la Tierra me parecía una esfera inmóvil, con estrellas fosilizadas en el cielo negro, y mi pensamiento giraba alrededor de un eje chirriante, y ese girar chirriante me hacía daño, y procuraba transferir ese daño a la media docena de infelices que pudieran estar oyendo mi programa.

«Me la encontré en Oxis y le dije que se me había metido en la casa un fantasma que se dedicaba a cambiarme las cosas de sitio, ¿comprendes? A ella le entró la curiosidad, me la traje aquí y me la hinqué dos veces. Por el culo», me gritó Jup desde el cuarto de baño mientras se arreglaba para irnos a Oxis. «¿Te la tiraste? ¿Por el culo?», le pregunté, supongo que con el mismo tono con el que alguien pregunta si la bala que le entró por el pulmón le ha salido por la espalda. «¿Qué quieres que te diga, Yéremi? Tú violaste a esa bruja, la drogaste a traición, drogaste también a su gato, y ahí apareció providencialmente el camarada Jup, con su pene filantrópico, para hacerle olvidar esa experiencia espantosa, espantosa incluso para una bruja», y se echó a reír, y me puso un *gin-tonic*. «¿Cómo pudiste chingarte a esa majara?», le pregunté, por aparentar mundanidad, y se echó a reír de nuevo: «Porque el especialista en chingarse a majaras soy yo, Yéremi. Lo demuestran las estadísticas».

El hecho de que Jup se hubiese ido a la cama con Eva

Báez me provocaba un desgarro emocional difícil de definir: algo parecido a lo que supongo que sentirá la hiena cuando aparece el buitre para devorar los restos de un animal asesinado por un jaguar. («Esa bruja no te convenía nada, Yéremi.»)

Me lié un canuto, me lo fumé y me cayó como un tiro en mitad del cráneo, porque el hachís puede ser muy mal compañero en ocasiones: le sale su lado napoleónico y le da por llevarte en su alfombra volante a la estepa nevada del espanto sólido. Los malos viajes de *tripi* puedes combatirlos con una simple pastilla, pero ¿con qué combates un muermo agudo de hachís? No tiene antídoto, porque el efecto del antídoto es más lento que el muermo agudo mismo, de modo que te resignas y lo pasas como puedes. Apoyé la cabeza en el respaldo del sofá y cerré los ojos, en busca del vacío, de la ingravidez propia de los ectoplasmas, en parte por intentar centrar mi conciencia y en parte porque la decoración de la casa de Jup, con su muestrario de chatarra, convida a ingresar en la espiral de las sugestiones adversas. «Con un par de rayas igual te pones mejor», me sugirió Jup, en su papel de alquimista psicotrópico. (Esa es la secuencia lógica para Jup: dos rayas de coca para combatir el pato de hachís, un *éxtasis* con una esquinita de *tripi* para enderezar la curva descendente de la coca, unos cuantos porros para inducir el cuerpo al descanso, un hipnótico para dormir y, por la mañana, un par de rayas para entonar el biorritmo.) «¿Un par de rayitas, Yéremi?» Y justo entonces vomité, porque soy de vómito fácil.

Aquello fue un lío, porque cualquier vómito es un lío, aparte de ser contagioso, porque Jup también vomitó. «¡Qué asco, Yéremi, hostias! ¡Esto parece el fin del mundo!», gritaba Jup, y vomitaba un poco, y a mí me daba asco del vómito de Jup y me venían arcadas, y echaba bilis, y entonces Jup, asqueado de mi vómito de bilis, vomitaba de nuevo, como si se tratara de un campeonato.

Cuando nos quedamos vacíos, nos pusimos a limpiar todo aquello, y la repugnancia nos producía nuevas ganas de vomitar, y hacíamos como si vomitásemos, pero no nos salía ya nada del cuerpo, porque estábamos vacíos. Vacíos y con ganas de seguir vomitando. («Eres el tío que vomita más asquerosamente de todo el planeta, camarada», me dijo Jup. «¿Quién te enseñó? ¿Tu madre?»)

Después de aquello, me derrumbé en el sofá. Jup se sentó a mi lado y apoyé la cabeza en su hombro. Me notaba el cuerpo frío, por dentro y por fuera, y la cabeza como si soportara el peso de una corona imperial de angustia. Jup comenzó a masajearme la frente. Cerré los ojos y procuré respirar a la manera budista para llenarme de aire (la sustancia fundamental, según Anaxímedes, como creo haber dicho ya), aunque el aire olía en ese instante a friegasuelos de pino con limón. No obstante, hice un nuevo intento de emprender mi viaje a la ataraxia, a la espera de la disipación de esa nube sombría que se había detenido en alguna parte de mi cabeza. En ese reintento empleé unos minutos, hasta que noté que Jup me había cogido la mano y que se restregaba con ella el muñeco mutante, que le asomaba —casi pinocho ya— por la bragueta. «¿Qué haces?», le pregunté. «Bueno, no sé, perdona. Meneársela a un camarada es algo que siempre relaja mucho», y se echó a reír, y me soltó la mano. (Hay ocasiones en que no entiendo a Jup, porque no sé si se mueve sobre terreno real o sobre territorio delirante. Me asomo a sus abismos y no veo el fondo.) (Y hay veces en que podría meterle siete balas por cada oreja.) (Son pocas veces, sí, pero son veces.) «Anda, Yéremi, camarada, sigue meditando y deja la mano tonta.» (En fin...)

(Por cierto, en uno de los diálogos platónicos, Aristófanes sostiene que los hombres más viriles son los maricas.) (De modo que, según el marica Aristófanes, el marica en ese instante era yo.) (Porque los sofismas llevan a eso.)

Mientras Jup terminaba de acicalarse para irnos a Oxis,

me hizo una confesión: «Fui un niño cadaverino, Yéremi. ¿Sabes lo que es eso? ¿Sí? Pues así son las cosas: en vez de estar a punto de nacer, estuve a punto de morir. Nací del vientre de una muerta, Yéremi. Salí del interior de una fantasma. Del centro mismo de la muerte. Mi vida estuvo a punto de empezar al revés, y por eso intento tener siempre cogida la vida por el cuello, ¿comprendes?». No sé si Jup decía la verdad —nunca lo sé del todo— o si se había subido ya a la montaña rusa de las fabulaciones. «¿Quieres que te confiese una cosa, Yéremi? Pues bien, ahí va: cuando estaba en el vientre de mi madre, sabía que estaba dentro de una muerta. ¿Y sabes por qué lo sabía? Pues muy sencillo: porque la maté yo.»

Nunca me había parado a pensar en la vida laboral de Blasco: para mí era un poeta, y mi subconsciente daba por exclusiva esa ocupación: poeta, de la rama maldita además. (Y punto.) Pero, claro, escribir versos a la luna de hielo tornadizo, a las princesas yonkis, al aullido de los perros rabiosos de los suburbios o a los amaneceres color mármol de tumba está muy bien, pero una cosa muy distinta es que alguien logre vivir de eso.

Creo que ya he dicho que Blasco tiene escrito un libro que se titula *Leve y de jade*. («¿Qué hostia confitada significa eso?», le pregunta Jup cada vez que sale en la conversación el asunto.) Blasco ha enviado ese libro a decenas de concursos poéticos, por ver si le saca algo y convierte así en negocio su comercio continuo con las musas, que es comercio limitado a inspiraciones. Pero esos premios están amañados todos, según Blasco, y nunca le han dado siquiera un diploma de participación.

Cuento esto porque, una tarde en que andaba yo por

ahí, solitario y peripatético, hablando con mi conciencia, vi salir a Blasco de un supermercado. No diré que los poetas no tengan derecho a visitar supermercados, pero jamás me hubiera imaginado al cantor del lumpen y de la vida atroz en el trance de salir de un supermercado con unas bolsas de color amarillo. De todas formas, la realidad es muy poderosa y también muy oportunista, y de inmediato te obliga a encajar las situaciones anómalas mediante un silogismo de formulación instantánea: «*Primera proposición del silogismo:* los poetas malditos necesitan comer, aunque sea poco, y beber, aunque sea mucho. *Segunda proposición del silogismo:* en los supermercados venden comestibles y licores. *Tercera y última proposición:* en cualquier supermercado puedes encontrarte con un poeta maldito». (Así de simple.) Lo que ni siquiera la realidad logró hacerme encajar fue el hecho de que Blasco estuviese en compañía de una mujer y de un niño: para eso no existía silogismo posible.

La mujer que iba con Blasco, cargada ella también de bolsas amarillas, era menuda, morena de piel y de pelo, de cara amarga, y se le transparentaba ya en la figura la anciana que aún no era: el descoyuntamiento del títere, como si dijéramos. El niño era muy rubio y jugueteaba con el faldón de la chaqueta de Blasco, y Blasco hacía amago de asustar al niño rubio, y el niño rubio daba entonces un respingo y se echaba a reír, y al poco volvía a tirarle a Blasco del faldón de su chaqueta negra de diplomático del país del horror lírico, y Blasco volvía a jugar a darle espanto.

Los seguí durante un trecho, más extrañado cada vez de ese cuadro de ambiente familiar, hasta que me di la vuelta y seguí mi camino, ocupado en barajar muchas hipótesis. (La que me resultó más razonable, aun siéndolo poco, era que podía tratarse de una de esas novias marchitas que Blasco se buscaba por los guetos musicales de gente divorciada.)

Una vez en que andábamos juntos por ahí, dándole castigo al ansia y al hígado, le comenté a Blasco aquello. Se puso pensativo de repente, con ese abatimiento que resulta propio del impostor desenmascarado, deseoso de cantar su impostura, de quitarse de una vez el antifaz: «Son mi mujer y mi hijo. El niño tiene seis años».

Sin yo esperarlo ni pedírselo, Blasco comenzó a darme detalles: ella trabajaba de limpiadora en un cine, y limpiaba también un par de casas, y un banco, y cuidaba de noche a una vecina impedida, y su vida era eso: eliminar basura ajena y bregar con una moribunda. De ese trajín angustioso salía el único dinero que entraba en la torre de marfil del poeta, mientras *Leve y de jade* giraba como una bola gafada en el bombo incierto de los premios literarios, aunque ella confiaba en el talento de su bardo satánico y bohemio, amigo de la farra y del apocalipsis, o eso al menos me aseguró él: ella estaba segura de que algún día Blasco saldría en los periódicos como poeta triunfante, maldito pero triunfante, tras la larga humillación de los concursos amañados. «Ella confía en mí.»

No sé por qué resorte, me salió de repente el moralista: «¿Y de dónde sacas dinero para alcohol, para *tripi* y para putas? Porque beber se puede beber veneno barato, y a *tripi* y demás podemos invitarte los amigos, pero las putas salen un poco más caras, y a eso no va a invitarte nadie». Blasco sonrió: «¿Las putas? Yo no me he gastado en toda mi vida un duro en putas, Yéremi». Como es lógico, le repliqué que habíamos ido juntos muchas veces al Garden, que era precisamente él quien nos animaba con frecuencia a ir allí, que lo había visto perderse con muchísimas muchachas estupendas por el pasillo penumbroso que conduce a las celdas de los dioramas carnales, con sus luces de púrpura. «Sí, pero cuando llego a la puerta le digo a la muchacha que me encuentro mal y me escondo entonces en los servicios hasta que vosotros os encerráis con vuestra puta, y espero a que vayáis saliendo, y ya luego me pongo a hablar con vosotros de lo fantásticas que han sido esa noche nuestras putas.»

Me quedé callado, porque no podía imaginar una situación más rara que esa: no acostarte con una puta cuando te has ido precisamente de putas. «¿Sabes lo que te digo, Yéremi? Yo me bebo el dinero de Soco. Me lo bebo a cántaros. Me lo fundo en *tripi*. Pero no podría gastármelo en putas. Y no creas que no me gustan las putas, porque me gustan más que la vida misma. Pero sé que las putas me olerían a lejía, porque el dinero de Soco huele a lejía, y a sudor, y a meada de enferma, ¿comprendes?» (Por supuesto que sí: una conciencia en carne viva.) «Soco habla mal, se viste mal, cocina mal, follar con ella produce pena y desconsuelo, pero no puedo dejarla, Yéremi. Se moriría como se muere un pájaro enjaulado cuando lo dejas suelto. Y la solución sería esa: que se muriese, pero no por mi culpa. A ella le ha tocado estar en el bando malo y a mí me ha tocado estar al lado de ella. Le he regalado mi corazón a un monstruo triste.»

Bueno, este tipo de confesiones suele dejarnos mudos, de manera que mudo me quedé. «Y tú estarás pensando ahora: "Sí, todo esto que me cuenta mi amigo Blasco es estupendo, ejemplar, un psicodrama enternecedor". ¿Verdad que estás pensándolo, Yéremi? Pero también estarás pensando que me voy de vez en cuando por ahí, a las discotecas de viejas glorias, a intentar cepillarme divorciadas, ¿no? De acuerdo, pero ¿sabes lo que te digo? Que me he acostado con muy pocas. Lo normal es que les hable, que las bese, que les toque un poco las tetas, y ahí acaba todo. Necesito eso. Es mi ficción favorita. Y tú pensarás: "Este Blasco es un psicópata". Pero soy precisamente lo contrario, Yéremi: ¿a quién le entusiasma acostarse con un bulto de neurosis recubierto de maquillaje y puede que hasta con dientes postizos? ¿A quién le divierte eso? Cuando estás colocado, te gusta tocar a las mujeres, tú lo sabes, y te da casi lo mismo que lo que tocas sea de primera calidad o sea una birria, pero hay que estar muy enfermo de la cabeza para poder empalmarte ante un panorama de ese tipo. Porque hay que mantener un control de calidad, o de lo contrario te conviertes en un viejo prematuro, ¿comprendes?»

En fin, Blasco estuvo toda la noche enredado en argumentos melodramáticos, y sus historias iban volviéndose más ilógicas, más horribles y a la vez más puras a medida que iba emborrachándose, porque el alcohol parecía añadir a su discurso un eco de lamento espeso y turbio, una cadencia de poema titubeante y pastoso, con el ritmo marcado por el metrónomo de un corazón palpitante abierto en canal. (El propio Platón, en sus *Leyes*, defiende el valor educativo que puede desprenderse de las reuniones de bebedores.) (Y Schopenhauer, por su parte, sugiere que el tratamiento adecuado entre personas no debería ser «señor», «caballero», etcétera, sino «compañero de sufrimientos».)

Blasco me dio la noche bien dada, pero le agradecí la invitación a entrar en el ámbito privado de su horror. De meros amigos que compartían el territorio movedizo de las quimeras nocturnas, pasamos a ser cómplices de miserias, y cualquier complicidad está bien. (Incluso las basadas en miserias.)

Al llegar a casa, me hice una pregunta infrafilosófica: «¿Qué sabe nadie de nadie?». Una pregunta que nos vuelve de repente más solitarios, más recelosos, y que nos conduce de paso, como un puente de plata, a otra pregunta: «¿Qué podemos saber de alguien aun en el caso de que sepamos mucho sobre ese alguien y, en cualquier caso, qué importancia puede tener esa sabiduría residual, accesoria, inútilmente vicaria?». Los humanos pensamos de forma indistinta en palabras y en imágenes, y algunos contamos con el recurso supletorio de la videncia, pero me temo que sólo podemos imaginarnos los infiernos ajenos por aproximación: la imagen exacta y fiel de su infierno la guarda cada cual celosamente en la caja negra que registra los incidentes de los vuelos errabundos de la conciencia, y esa caja ni siquiera se destruye cuando llega el momento de nuestra destrucción, y nos la llevamos al trasmundo, y somos los espectros que deambulan por ahí con una caja negra bajo el brazo.

(Con la conciencia secreta, en fin, me temo que no puede ni la muerte, no se evapora.) (No se evapora.)

Ahí va un aforismo: «La realidad no se porta bien ni con los realistas». Lo digo porque, en mitad de ese periodo difícil, me crucé un día por la calle con mi leyenda predilecta: Ana Frei.

«Me dedico a meditar. Diseño joyas y medito», me informó en el bar en que entramos a tomar un café y a envenenarnos mutuamente con pensamientos en voz alta, igual que en los viejos tiempos. «Nunca estuve enamorada de ti, Yéremi, pero tú estabas enamorado como un majara de mí, y en el amor basta con que uno de los dos esté enamorado como un majara. Con eso sobra. Sería mucha casualidad que dos personas estuviesen enamoradas la una de la otra con el mismo grado de majaronería, ¿lo entiendes? Eso no ocurre casi nunca. El amor es como una báscula, Yéremi, y esa báscula tiene dos platillos, de acuerdo, pero siempre hay un platillo que soporta más peso que el otro. Se trata de una carga mal repartida. Siempre.» (Se le notaba, desde luego, su nueva ocupación: meditar.) (Meditar con el ceño muy fruncido, casi profesionalmente.) (Y me vinieron entonces al recuerdo algunas de las frases que le gustaba repetir cuando vivíamos juntos: «Llevas unos calcetines horribles», «Me haces daño», «Anoche roncaste», «Esto es una pocilga».)

Hacía nueve años que no veía a Ana Frei. Y nueve años son muchos años para cualquier cosa, pero sobre todo para una cara, y en la cara de Ana Frei estaba escrita la crónica emocional básica de todo ese tiempo, con caligrafía minuciosa, en cada gesto suyo, en cada una de sus arrugas, en cada sombra de su mirada esquiva y altanera: *a)* sus relaciones conflictivas con cualquier tipo de pensamiento abstracto, *b)* sus pesadillas descoyuntadas, esas ficciones voraces que tanto la confundían, porque no tenía ella desarrollada la facultad de distinguir sus padecimientos oníricos de la realidad, de modo que me achacaba lo que hacía yo en sueños: acostarme con otras mujeres, abandonarla en mitad de un bosque plagado de lobos; *c)* su incapacidad para vivir sola y su incapacidad para vivir con alguien, reina ella del laberinto lineal de su conciencia, con minotauros en estado de erección continua, y *d)* su muestrario de terrores domésticos, de premoniciones paranoicas, convencida de que la muerte estaba obsesionada por tenderle a diario una trampa: incendios fortuitos, escapes de gas, inundaciones, robos violentos, hundimiento de estructuras... Todo eso —y más cosas— escrito allí, en su cara, con tinta invisible quizás, aunque no para mí, el descifrador instantáneo de esos jeroglíficos.

La primera vez que me acosté con Ana Frei no tuve más remedio que preguntarme por la razón de que una de las muchachas más hermosas de cuantas había visto en mi vida estuviese en ese instante con las piernas abiertas y sin bragas justo debajo de mí, vibrante y teatral, gimiendo, revolviéndose, retorciéndose como si su propia belleza la estrangulase por dentro: la sinuosa cobra suicida. Busqué alguna razón, ya digo, pero no logré encontrarla, y lo achaqué a un capricho especialmente estrambótico de ese bufón del gorro con cascabeles: el azar, siempre dispuesto a repartir al tuntún lo imprevisible, aunque luego, poco a poco, esa razón fue revelándoseme con la misma nitidez con que se nos revela de pronto el dibujo total de un rompecabezas después de habernos pasado meses y meses ocupados en ir encajando sus dos mil piezas de contornos redondeados. («¿?») Procuraré explicarme... En términos generales de valoración, nuestra mente no es buena maquinaria. No lo es. (No suele serlo.) Pero la mente de Ana Frei era una maquinaria especialmente defectuosa: un pensamiento aleteante en el vacío, sin rumbo, sin conciencia de su inutilidad, aunque con un ansia imparable de flotar sobre los abismos huecos, de construir un sistema moral con ladrillos de humo. Ana Frei, dedicada finalmente a meditar y a diseñar joyas, tenía ese defecto tan común: pensar sin ayuda del pensamiento, sentir nostalgia del ruido de los engranajes metafísicos sin haber oído ese ruido en toda su vida. Un discurso especulativo de Ana Frei siempre fue para mí algo muy parecido a un concierto desordenado de campanas, un repique caótico de apotegmas y de lugares comunes pasados por el filtro de una mente turbia que, en vez de depurar, encenagaba intelectualmente cualquier asunto.

«Leer enciclopedias es cosa de catetos, Yéremi. Las enciclopedias no se leen», me decía cuando me ponía a ojear de vez en cuando la enciclopedia que me regaló mi padre, cosa que hago aún, no sé si como reverberación de mi época de mecanógrafo absorto, galeote del saber universal, o simplemente por continuar enterándome de cosas que sabe muy poca gente: la situación exacta del archipiélago llamado Tristán da Cunha, el historial de esa sustancia proteica conocida como interferón o el año de la muerte (1355) de Inés de Castro, amante secreta de un príncipe, esposa secreta de un príncipe, asesinada por mandato de un rey. («Eso es de catetos.»)

De todas formas, tuvimos nuestro cuento envuelto en bruma: el joven pasma hachichino, noctámbulo y sentimental, y la niña de familia pretenciosa que se echaba por encima cuatro harapos y parecía una bailarina mareante del Oriente, porque tenía ese don: un esqueleto embrujado. (Su columna vertebral, tensa como una cuerda de violín...) (La música en movimiento de sus vértebras.) (Aunque dentro de su mente sólo sonase un tiruriru.) (Y mis manos incrédulas que hacían vibrar aquel diapasón gimiente.) (La hermosura, en definitiva, ay de ustedes y de mí: ese disfraz suntuoso de los dragones que nos susurran palabras almeladas antes de devorarnos la razón.) (La peligrosa hermosura: Ana, Anita, Ana Frei, milagrosa y psicótica, andando desnuda y de puntillas por el suelo de baldosas crujientes de nuestro palacio miserable.) («Esto es una pocilga.») (Pero cautiva en la pocilga.)

Estuve con ella unos seis o siete meses. (No puedo recordarlo con precisión porque fue un tiempo circular: un limbo esférico.) Ese periodo bastó, no obstante, para que, una vez finalizado de mala manera, Ana Frei acabara convirtiéndose en una especie de mito para mí, en una referencia casi irreal de mi pasado, en algo que ni siquiera hoy logro encajar coherentemente en mi destino: el regalo anómalo, la posesión transitoria del ángel.

Ahora bien, cualquier perfección esconde un rasgo monstruoso, ¿verdad? (Todos los cisnes tienen patas de engendro, ¿verdad?) Al principio no me di cuenta, pero una mañana se lo noté: «¿Qué te pasa en el ojo?». Y ella se tapó el ojo, y me contestó que nada. Otro día volví a notárselo, y le pregunté lo mismo, y volvió a contestarme que nada. Pero ya estuve alerta. Cada mañana vigilaba aquel ojo izquierdo de Ana Frei, espía yo de ese ojo, detective privado en busca del misterio de aquel ojo, hasta que se vio obligada a confesarme que se trataba de un problema de nacimiento: una peculiaridad nerviosa que hacía que su párpado izquierdo no lograra abrirse hasta una media hora después de despertarse ella. (La flor-ojo hipnótica.) (El párpado mórfico.) Cada mañana, Ana Frei era, en fin, una tuerta provisional, un cíclope ondulante y despeinado, con su ojo amigo de la tiniebla, remiso a enfrentarse al mundo, y aquel estigma transitorio la humillaba: el hada convertida en un endriago, engendro matinal de un solo ojo.

«Bueno, Yéremi, me ha gustado mucho verte, aunque

ahora tengas menos pelo.» Al despedirme de ella, aspiré con avaricia su aura de perfume, el mismo que utilizaba cuando compartíamos el negocio estrafalario del destino. Un perfume inconfundible, porque olía a... No sé si decirlo, aunque me temo que van a tener que disculparme que finalmente lo diga, porque no acierto a elaborar una metáfora sutil, ya que no se trataba de un perfume sutil, sino crudamente carnal, con su violencia de supuración: un perfume que olía, en definitiva, a coño macerado en luna líquida y que dejaba una estela de aroma zozobrante en las habitaciones, en los bares, en la calle misma, y aquella estela salvaje hacía que los hombres rumiaran ante ella un sentimiento mixto de anhelo y desolación, y se volvían por la calle para mirar a Ana Frei, y olfateaban el aire, el rastro de un olor a gruta acuática, pero Ana Frei iba de mi brazo, allá en el túnel del tiempo, en la difusa edad de oro, cuando me despertaba y la veía dormida junto a mí, náufraga de sus pesadillas: su cuerpo extenso y firme, con un pie siempre montado sobre el otro, y el pelo revuelto como una rocalla de serpientes negras, y siempre ese olor a vulva macerada en esencia lunar flotando en el aire, impregnando el mundo, mi mundo... (Y ese ojo suyo perezoso que tardaría un rato en abrirse, membrana cautiva del sueño, en su celda húmeda.)

Ana Frei...

—Cuando queráis nos vamos a Puerto Rico, camaradas.

—¿Has vendido el Lenin?

Jup no había vendido el Lenin de bronce, porque el mercado parecía estar saturado de bustos de Lenin, pero la oferta seguía vigente: Puerto Rico, doce personas al precio de seis, ocho días, siete noches. (Irrepetible.)

«Tengo ya los ocho viajeros que faltaban. A nosotros no

va a salirnos gratis del todo, pero sí muy barato», nos dijo Jup. «Baratísimo.» De modo que nos reunimos en Oxis para estudiar el posible plan de fuga y, en el pico más alto de la euforia, acordamos que sí, que Puerto Rico. Vacaciones.

El que peor lo tenía era Blasco, el poeta selenocéntrico, siempre a la cuarta pregunta, errante por las discos de puretas con tres duros mal contados en el bolsillo, dejándose invitar por las cincuentonas sentimentales a las que recitaba al oído poemas tremendistas, pero decidimos que nosotros prorratearíamos su parte, porque se trataba en realidad de muy poco dinero. (Y la camaradería, etcétera.) De modo que, de repente, nos hicimos dueños de una insólita ilusión: Puerto Rico. Un referente concreto para el ansia inconcreta: Puerto Rico.

Yo al menos me tomé aquella ilusión turística como una vía de escape de mí mismo... Sí, de acuerdo, comprendo que el concepto de «escapar de uno mismo» es muy barato, propio de sistema filosófico en trance de saldo por liquidación total del negocio, pero (¿qué quieren?) la vida acaba teniendo mucho que ver con los conceptos baratos. (Demasiado tal vez.) Puerto Rico, siete noches, lejos de mi presente, fugado a la utopía. (Yéremi allá en la arcadia ultramarina, con un cóctel de coco entre las manos...)

Después de fijar una fecha que nos viniese bien a todos, dieciocho días más tarde de aquel concilio celebrado en Oxis nos vimos de noche en el aeropuerto, el templo ruidoso de la provisionalidad, a cuestas con nuestro equipaje atolondrado, nerviosos, con ganas de orinar a cada instante, intimidados por las voces de mando de la megafonía, por los largos pasillos con afluentes. Atentos al reloj. Atentos a los números de puerta que anunciaban.

Se trataba de mi primera salida al extranjero. (Yo, el agente Alvarado, que había entregado miles de pasaportes a miles de paletos sonrientes...) Como es lógico, tuve el presentimiento de que nuestro avión iba a caerse, y los videntes damos mucha importancia a los presentimientos, pero Jup me aseguró que se trataba de una aprensión universal: todos los pasajeros piensan que su avión va a estrellarse, sin duda porque todos nos consideramos protagonistas estelares del destino. (Ya decía Schopenhauer que los presentimientos suelen ser más tristes que sosegados, «porque la tribulación es en la vida más que el placer».)

«Voy a presentaros», dijo Jup, y así conocimos a Quinqui, a Franki Tatuaje y a Nicolás Martín, porque de los otros cinco componentes de nuestra cuadrilla turística no merece la pena ni dar el nombre: dos matrimonios y otro tipo con aspecto híbrido de científico y de pederasta, aproximadamente, aunque creo que no era ninguna de las dos cosas en concreto.

Según supe enseguida, porque fue lo primero que nos contó, Quinqui, en las vísperas del viaje, se había dedicado a asaltar viviendas de manera compulsiva para conseguir dinero, porque, aunque su ocupación habitual consistía en el delito, ante el imprevisto puertorriqueño se vio obligado a echar horas extra, ya que el sentido del ahorro no se contaba entre sus virtudes, entre las que sí se contaba en cambio la de invadir el territorio ajeno con el sigilo de un ratón. Pero no todo son rosas en el jardín neblinoso del crimen: «Me planté el otro día en una casa de las afueras, apartada, sin perro. Una vieja trabajaba en un huerto lleno de tomates y de cosas por el estilo. Como la vieja estaba distraída, dale que te pego a los tomates, entré por la ventana. Todo estaba lleno de cacharritos religiosos: estampas de cristos medio muertos, mariposas de aceite encendidas, santos de escayola... La hostia celestial. Enseguida supe que no había nada de valor en toda la casa, porque el instinto profesional no falla casi nunca, pero seguí registrando los cuartos, porque tengo ese defecto, el de la curiosidad. Y, de pronto, en un dormitorio, tumbado en la cama, había un muerto. ¡Un muerto! Estaba casi en los huesos ya, y unos gusanos del tamaño de un dedo correteaban por todo su cuerpo podrido, y la habitación apestaba horrosamente a muerto. Un número».

Por su parte, Franki Tatuaje, como su apellido apócrifo indica, era propietario de un taller de tatuajes. Debió de ser un tipo muy guapo unos veinte años atrás, con sus ojos azules y sus rizos rubios, pero se le había puesto ya esa mirada hueca propia de los guapos que jamás han tenido dos dedos de frente: mirada de pez abisal, errabundo por su mar de dudas. Franki sólo hablaba de sexo: era su monotema, sin derivaciones, sin traiciones argumentales a ese hilo central. Sexo. Hablado. Sin tregua. (Follar, coño, cojones, los cojones…) Sólo sexo. El registro sexual aplicado a todo, igual que si se tratase de un comodín: «Voy a chingarme a todas las azafatas cuando estemos cruzando el triángulo de las Bermudas. Polvos parapsicológicos. A todas», nos aseguró en la cola de facturación, y siguió asegurándolo incluso después de que Jup le aclarase que no teníamos que sobrevolar ese triángulo hechizado, devorador mítico de turistas. Por lo demás, Franki tenía tatuado un 35% de su cuerpo: dragones priápicos, mujeres en bikini, corazones con nombre… El hombre-anuncio de su empresa, de sus artes punzantes, como si dijéramos.

Nicolás Martín era taxista, taxista nocturno, y, como la noche de las ciudades tiene mucho de jungla, a él le gustaba civilizar un poco aquello e impartir justicia con los medios disponibles a su alcance: una barra de acero maciza, espráis lacrimógenos y una navaja automática. (Él, Nicolás, azote de delincuentes, escarmentador de los califas yonquimanos del lumpen, sodomizador urgente de las putas ahorrativas.) (Él, Nicolás, el supertaxista heroico, el auriga insomne que alimentaba el orgullo de estar poniendo un poco de orden en el cosmos.) (Él, Nicolás, esclavo del taxímetro, pero sintiéndose imperial…) Presentaba este Nicolás Martín la peculiaridad de dejar siempre las frases a medias o de construirlas de manera descoyuntada, según tuviese el instante, siempre oscilando entre el galimatías y el anacoluto: «Mira que si Puerto Rico después es como aquello otro de lo que te dije de la mierda esa de Colombia que a mí me ha hablado una fulana de las de allí», por ejemplo, y aquello parecía un acertijo morfosintáctico, con premio de un millón para quien lo desvelase, y nadie le seguía a Nicolás el hilo de su discurso, si tan alto nombre merece lo que salía de su boca: «Me parece que esto del avión a mí cuando yo, con lo del taxi...».

A través de los enormes ventanales, mirábamos marcharse los aviones. (Ese hieratismo de garza con que despegan los aviones...) (Rumbo al mundo heteróclito, los aviones.) Y, casi una hora más tarde sobre el horario previsto, entramos en el vientre sintético de un Boeing 747, con destino a una isla del Caribe, en fin, quién lo diría.

Durante el vuelo, nuestros nuevos amigos comenzaron a dar muestras vehementes de su personalidad, supongo que en parte porque Jup, nada más subir al avión, nos puso en la cuenca de la mano a cada uno un par de pirulas de *speeds:* «Lo mejor es tomarse esto, camaradas, porque los somníferos sólo sirven en los aviones para partirse el cuello. Ya dormiremos como lagartos cuando lleguemos a San Juan», y todos nos comimos las pastillas, incluido Martín, el taxista antivicio, porque, bien mirado, más vale pasarse la noche en activo en un avión que dando cabezadas como un títere... Al menos en teoría, porque a veces la realidad acaba siendo mucho más compleja que cualquier teoría. «Energía sin control, camaradas. Somos la escuadrilla insomne y vamos a dar ejemplo a estos granujas que se echan a dormir.»

Dar ejemplo, sí. (Cómo no.) El taxista Martín, pongamos por caso, acostumbrado como estaba a charlotear con sus clientes, se dedicó a largarles la serenata épica, en su idioma de troglodita, a decenas de pasajeros atónitos, a los que procuraba explicar sus métodos estelares para mantener el orden en la ciudad nocturna, reino babilónico del etilismo, de la prostitución bravía y de las navajas veloces. Y allí se veía a Martín, el taxista justiciero y noctívago, en los pasillos del avión, con un vaso de brandy en la mano, en postura de califa cañí, contándoles epopeyas con sintaxis tarumba a los turistas, hasta que el turista de turno le anunciaba que quería dormirse o ver la película, y entonces Martín se iba con la epopeya a otro sitio, haciendo la ronda homérica. Por su parte, Franki Tatuaje no paraba de señalarnos a todas las pasajeras que él se chingaría, con la cuadrilla de azafatas en lugar de preferencia, y se paseaba por el avión en camiseta de tirantes para lucir sus tatuajes de fantasía lisérgica y rococó, a la espera de que alguna demente sexual le propusiera echar un quiqui en los lavabos.

Ahora bien, el que más se hizo notar durante el vuelo fue el apodado Quinqui. «¿Es verdad que eres madero?», y le dije por supuesto que sí, y reconozco que se lo dije con arrogancia, con esa misma arrogancia con que el perro doméstico le dice al gato doméstico: «Eh, tú, gato, no voy a partirte en ocho pedazos la columna vertebral, como sería lo procedente, porque soy un perro doméstico y tú eres un gato doméstico. Pero no lo olvides: el perro soy yo». (Más o menos.) «O sea, que vivimos de lo mismo», teorizó Quinqui, y le dije que según se mirase. Le pregunté si no había tenido problemas para obtener el pasaporte, porque a los tipos como él se lo ponemos bastante difícil. «A mí nunca me habéis pillado. Soy una pesadilla social invisible.» Notaba uno enseguida que Quinqui era dueño de ese tipo de inteligencia que no tiene mucho que ver con los submundos floridos de lo abstracto, sino más bien con la lógica salvaje de la vida: la inteligencia certera del depredador. Al menos hasta el décimo whisky...

A partir del décimo whisky, Quinqui comenzó a tener problemas de convivencia con las azafatas, pero no por el hecho de llevar en el cuerpo unos miligramos de *speed* y una decena de whiskies, sino por no poder tomarse el undécimo, porque el whisky se había acabado y sólo quedaba brandy, del que el taxista Martín daba cuenta generosa, acostumbrado él al copeteo sonámbulo por las tabernas castizas de la madrugada. «No queda whisky, señor. Sólo tenemos brandy», le insistían las azafatas, pero Quinqui no se conformaba con esa teoría de la inexistencia del whisky y de la supervivencia del brandy, sin duda porque no había leído a Anaximandro, que sostenía la superstición de que todas las cosas acaban transformándose y cediendo su sitio a otras para mantener de ese modo el equilibrio en el universo: el fuego cede el paso a la ceniza, la ceniza a la tierra, el whisky al brandy...

Jup intentó disuadirlo, pero Quinqui resultó ser de talante terco: se fue a la zona *business*, pegó allí un par de palmadas y gritó: «Ya está bien de dormir, que esto no es una fonda. A ver, ¿dónde tenéis escondido el whisky?». Los pasajeros de lujo miraban con ojos indignados y soñolientos a aquel tipo que les reclamaba whisky a las cuatro de la mañana, a nueve mil metros de altura. «¿Dónde tenéis escondido el whisky?», insistía Quinqui, al que en vano trataban de hacer entrar en razón dos azafatas, además de Jup. Por si fuese poco, Franki Tatuaje se sumó a la expedición de Quinqui con la esperanza de chingarse a alguna turista ricachona o a alguna cantante melódica paraguaya o similar, y por allí andaba él, mirando con ojos de trastorno a las mujeres. Tampoco tardó en engrosar el tropel de intrusos el taxista Martín, que, nada más oler la posibilidad de una trifulca, se puso fiero, y no paraba de buscar por el avión algún objeto contundente con el que mantener el orden cósmico, aunque nada encontraba, lo que aún le ponía más fuera de sí, a pesar de estarlo ya mucho.

«Vamos, Quinqui, vuelve a tu sitio», le sugería Jup, pero no parecía haber forma humana de disiparle aquella obsesión repentina: «Sólo estoy pidiendo un whisky, hostias, no la llave del Banco de España», y así sucesivamente. Mientras tanto, Franki galanteaba a una pasajera otoñal de la clase *business*, convencido de que aquella señora perfumada, estupefacta y con un antifaz subido hasta la frente estaba deseando tener una aventura erótica, muy cerca de las estrellas, con un tatuaje ambulante: «¿Qué es lo que más te gusta que te hagan, rubia? Cuéntame...». El taxista Martín, entretanto, zahería a los pasajeros que protestaban por el alboroto: «Tú qué, mamarracho, que te aliño. A sentarse». Y así hasta que llegó el azafato.

El azafato era joven, alto y fornido. (El sueño de cualquier discípulo de Sócrates, como si dijéramos.) «Vuelvan a sus asientos», ordenó el azafato. «Sólo estoy reclamando mi derecho a tomar whisky», proclamó Quinqui. «¿No tienes un poco de whisky escondido por ahí, camarada, y así solucionamos este conflicto?», preguntó Jup, mediador diplomático entre las partes. «Trae ya el whisky de la leche, hostias, o me...», formuló el taxista Martín. «Vuelvan a sus asientos», insistió el azafato. «¿Qué te pasa, maricón? ¿Tienes la regla?», le preguntó Quinqui, y el azafato torció mucho la boca, y tensó mucho el cuello, y puso ojos de gallina de vudú (o similar), y entonces Jup cogió a Quinqui por los brazos y lo arrastró hasta su asiento para evitar incidentes de mayor envergadura. «Esto se arregla con la...», aseguraba Martín, haciendo la maza con la mano. «Si no tienen whisky, que lo compren», insistía Quinqui. «Por lo menos, digo, esto, yo, que pongan aceitunas», proponía el taxista Martín en su idiolecto, mientras que Franki Tatuaje nos aseguraba que las pasajeras de la clase *business* son folladoras natas y que todas llevan metidas unas bolas chinas de marfil en el conejo o en el culo para amenizar el viaje. Y por ese registro se rigió nuestra tropa durante las horas de vuelo, con el cuerpo alterado por el *speed*, por la emoción de la aventura y por la falta de nicotina en la sangre.

«Señores pasajeros, dentro de unos minutos tomaremos tierra en el aeropuerto de Miami.» (¿Miami?) «¿Miami? ¿Qué mierda es eso de Miami?», preguntó Quinqui. «¿Miami?», preguntó Franki. «¿Mi qué?», preguntó el taxista Martín. «¿Miami?», nos preguntamos todos, en definitiva, desconcertados ante ese destino imprevisto: Miami. Y es que el vuelo a San Juan de Puerto Rico hacía escala en Miami, según nos explicó Jup. («¿Miami?»)

El aeropuerto de Miami es como un pueblo. (Enorme.) Incluso hay trenes internos para ir de una punta a otra. (Enorme.) Nos metieron en una sala de espera que tenía un cartel de PROHIBIDO FUMAR del tamaño de un planeta y un bar de precios abusivos, y allí estuvimos presos durante casi cuatro horas, vigilados por un guarda de mirada hermética, sin poder fumar ni en los lavabos, porque había cámaras, y con la agravante de que en ese tiempo nos vino la bajada del *speed* y el sistema nervioso se nos cayó al suelo, como quien dice. «Este viaje es un fraude», sentenció Quinqui, al que ya se le había pasado el ansia de whisky, y se echó a dormitar a lo largo de unas butacas de plástico duro. «¿No tienes tú más de eso de lo que...?», le preguntó Martín a Jup, pero no, Jup no tenía más *speed* encima para combatir el efecto secundario del *speed*, porque todo el polvorín psicotrópico lo llevaba en la maleta, camuflado entre vitaminas y similares, de modo que por allí fuimos acomodándonos todos mal que bien, hechos cisco, derrumbados, nerviosos y molidos por dentro. (En Miami.)

San Juan de Puerto Rico... ¿Cómo es San Juan de Puerto Rico? Pues, en líneas generales, y si me permiten ustedes la expresión, una mierda. «¿Una mierda?» En efecto. Como escribió mi maestro Schopenhauer, «nuestra intuición del mundo exterior no es puramente *sensual* (sensitiva), sino principalmente *intelectual*, es decir (expresándose objetivamente), *cerebral*», de modo que mi intuición cerebral de San Juan de Puerto Rico arrojaba esa conclusión: una mierda.

Aquello es un inmenso suburbio, por mal que esté decirlo, con un centro histórico de juguete: una docena de edificios coloniales pintados de colores simpáticos (ignoro para qué). También tienen allí una antigua fortaleza española que cumple la función de barraca de feria para gringos adultos, y, al lado de esa fortaleza, hay un cementerio repleto de panteones delirantes, con estatuas de tamaño natural de próceres, mecenas y oradores, y todo ese amasijo de mármoles funerarios se ve desde la ciudad vieja, sin duda para que los festivos y sensuales isleños no olviden ni por un instante lo que les espera a la vuelta de la esquina, tras los bailes y las bebidas heladas: la muerte, igualadora de reyes y de camareros bronceados. (Bueno, y allí el aire es una hoguera, y todo está lleno de unas ranas diminutas a las que dicen coquíes, imparables cantarinas, con su eterna romanza aflautada, que a nadie dejan dormir ni concentrarse.) (Y, por si fuera poco, los puertorriqueños son muy bravos y te sacan la pistolita por cualquier cosa, y te quitan la plata mientras te apuntan a la sien o al corazón, y, cuando ya les has dado la plata, qué curioso, lo corriente es que te metan una bala en la sien o en el corazón, porque ellos son muy bravos.) (Los puertorriqueños, oye, con sus pistolitas.) Pero lo peor de San Juan de Puerto Rico no es nada de eso, sino el hotel Hispania.

Cuando los doce integrantes de nuestra escuadra turística entramos, sudorosos y en tropel, en el hotel llamado Hispania, comprendimos instantáneamente, sin necesidad de proceso cognoscitivo alguno, por qué aquel viaje nos había salido tan barato.

«Bueno, hagamos las parejas», dijo Jup. «¿Parejas?», nos preguntamos todos. Sí, en efecto: las parejas, porque resultó que teníamos habitaciones dobles y que había que ocuparlas por parejas. Los dos matrimonios no tenían dudas al respecto, pero el resto sí: «¿Parejas?». Quinqui le decía a Jup que nos había timado, y Jup se encogía de hombros y le replicaba que por ese dinero qué quería, ¿el palacio del sultán? Tras muchas discusiones, la cosa quedó del siguiente modo: Jup y yo, Mutis y Blasco, Franki Tatuaje y Quinqui, el taxista Martín y el tipo con aspecto falso de científico y de pederasta, al que le habían perdido por cierto la maleta. («Todas mis novias dicen que ronco mucho», le aseguraba Franki a Quinqui.) («¿Usted es de esos de los sonámbulos que...?», le preguntaba Martín a su compañero.) («Esto es un fraude», proclamaba Quinqui.)

Según Aristóteles, «existe homogeneidad cuando no se puede señalar en el objeto ninguna división bajo la relación de la cualidad». Pues bien, el concepto de decoración que el propietario del hotel Hispania había aplicado a su establecimiento se basaba en una aparente heterogeneidad: colgar en la pared cualquier cosa susceptible de ser colgada en una pared, aunque, al poco, apreciaba uno el elemento armonizador de aquel batiburrillo: la españolidad, en su vertiente iconográfica prototípica, por así decir, pues de las paredes del Hispania colgaban carteles taurinos, platos de cerámica con escenas quijotescas, imágenes turísticas de playas mediterráneas, fotografías de bailaoras en actitud de atavismo telúrico o similar, una chapela, un almirez, y así sucesivamente. Ahora bien, los criterios decorativos no tienen por qué afectar psicológicamente al turista medio (salvo que se trate, claro está, de un esteta, categoría infrecuente entre los turistas medios), pero el hecho de que los grifos de un hotel arrojen un caudal de agua parecido al de la meada de un niño de dos meses puede distorsionar hondamente la psicología de cualquier turista que necesite un grifo. («Últimamente las conducciones de agua están muy malas en este barrio, señores», nos aseguraba el propietario del Hispania, que desempeñaba funciones de recepcionista, de conserje, de camarero y de maletero: el hostelero orquesta.)

«Este viaje es un fraude», insistía Quinqui, y todos nos veíamos obligados a darle la razón. Jup, en su papel de touroperador victimista, procuraba hacer entrar en razón a la gleba revuelta: «Bueno, camaradas, esto tiene arreglo: dadme cada uno un lingote de oro de medio kilo y os buscaré enseguida un hotel con sábanas de seda, con grifos de platino y con una negra tetuda tumbada en un colchón de agua de veinte metros cuadrados. Venga, camaradas, sacaos del bolsillo los lingotes».

(El hotel Hispania, en fin: lo peor de Puerto Rico.)

¿Está capacitada una persona para pasar siete noches en el hotel Hispania? La respuesta sólo puede ser afirmativa si la persona en cuestión está muerta, o cataléptica como poco. Ya no se trataba sólo del problema del agua corriente, ni de tener que oír roncar a Jup, ni de que el aparato de aire acondicionado no funcionara, ni del concierto de coquíes en celo durante toda la noche en el patio trasero del hotel, al amparo de la vegetación escasa y doméstica que allí languidecía, porque aquellos batracios calentones andaban majaras por echar un polvo con otros batracios calentones y no les importaba mucho el escenario, sino que a todo eso se unía el trajín nocturno que había en el Hispania, donde, para añadir prestigio y variedad a su oferta, se alquilaban habitaciones por horas a los maricas que paraban en un bar de ambiente que había allí al lado, y aquello parecía una competición sexual entre maricas y coquíes, de modo que, por la noche, el hotel Hispania era todo él un folláculo, el palacio loco del pene duro, y los silbos aflautados de los coquíes se mezclaban con los gritos operísticos de los maricas que correteaban alegremente por los pasillos, y follaban los coquíes, y follaban los maricas, y por mí como si quieren estar follando hasta que el mundo se acabe, pero, aparte del ruido que armaban tanto los coquíes como los uranistas, lo que yo temía era que, en medio de ese ambiente de gran Sodoma, a Jup le diese por querer enchufárseme (porque ya conocen ustedes los prontos de Jup), y aquella aprensión me quitaba el sueño, y todo era, en fin, un auténtico lío, porque, entre cosa y cosa, no podía pegar ojo, y una persona falta de sueño siempre resulta peligrosa, ya que su sentido de la realidad se trastorna bastante: casi nadie soporta el mundo real si no se adentra durante varias horas al día en el mundo de la pesadilla.

¿Tenía piscina el hotel Hispania? Lógicamente no, entre otras razones porque tardaría un par de siglos en llenarse con la presión de agua que había allí, de manera que todas las mañanas nos íbamos en calidad de intrusos al hotel Caribe Hilton, que no sólo disponía de piscina, sino también de una pequeña playa, aparte de restaurantes variopintos, de zona comercial y de grupos salseros que llenaban el aire de arpegios de guitarra y de tuntuntunes de conga. «Esto es el paraíso bolchevique y el mahometano juntos», nos animaba Jup, que andaba con mala conciencia profesional. «Nos pasamos aquí el día entero como camaradas millonarios y luego nos vamos a dormir al Hispania, porque dormir se duerme en cualquier sitio. Lo importante es esto», y abría orgullosamente los brazos en mitad del *lobby* inmenso del Caribe Hilton, como si aquello fuese suyo.

Y, en fin, lo dicho: nos convertimos en intrusos habituales de aquel establecimiento faraónico, y allí pasábamos el día, camuflados entre la clientela, mirando a las turistas, juzgando a las turistas, acosando visualmente a las turistas, olvidados momentáneamente del hotel Hispania y de su ambiente de secano y de Sodoma.

Y entonces llegó el anuncio del huracán.

Como es lógico, el imperativo categórico kantiano que representaba el anuncio del huracán bautizado antes de nacer como Giorgina enturbió bastante las ilusiones de la población turística de San Juan de Puerto Rico, porque la perspectiva de una catástrofe natural casi siempre resulta incompatible con la perspectiva de disfrute personal: nadie posee el temple suficiente para poder tomarse un cóctel escarchado en medio de una ventolera de grado 13 en la escala de Beaufort, que era el grado que preveía el periódico para Giorgina, dama furiosa de paso por el Trópico, con ganas de liarla. Muchos turistas decidieron huir y otros muchos quedarse. Unos decían: «Exigimos que nos lleven sanos y salvos a nuestro país de origen y que nos devuelvan el dinero»; otros, en cambio, decían: «Hemos pagado un dineral por estas vacaciones y estamos decididos a disfrutarlas. Tenemos derecho a presenciar el huracán». (Y es que está visto que la gente siempre se divide en dos grandes grupos de opinión.) (Y ese es el combustible de la Historia.)

«¿Para cuándo está previsto el huracán?» Para el miércoles. Giorgina, la vándala aérea, llegaba el miércoles, y todos andábamos con psicología de espectadores del fin del mundo.

Es curioso esto de los huracanes: en la víspera, el aire se queda inmóvil, grávido, con tersura y nitidez de cuadro hiperrealista, y los pájaros forman bandadas estáticas en el tendido eléctrico, y los perros miran con ojos turbios y esconden el rabo entre las patas, mientras que los gatos, que son muy cobardes, andan buscando refugio debajo de los sofás y de las camas de sus dueños, esos dueños suyos que nerviosamente ciegan las ventanas con tableros, y los loros y similares dejan de hablar y corretean alterados por su barra de cautivos, haciendo ruido de cadenas, y así sucesivamente.

Pero mientras llegaba y no llegaba Giorgina, Jup alquiló un coche y nos dedicamos a inspeccionar la noche puertorriqueña, a la búsqueda del vellocino de oro, como quien dice.

La noche puertorriqueña... Bien. Como ya he señalado anteriormente, la gente de allí presume de ser muy brava y pistolera y las trifulcas suelen acabar en tiroteo, y los tiroteos en funerales, y los funerales en nuevos tiroteos vengativos. Según el propietario del hotel Hispania (cuyo nombre, por más que lo intento, no logro recordar), un adolescente puertorriqueño de clase media alta puede pegarte un tiro en la cabeza para quitarte las gafas de sol, y más vale no imaginar siquiera lo que puede hacerte si le gusta tu coche o si pisas en el tumulto de una discoteca a su novia. «Hay que andar con cuidado. O, mejor todavía, no andar», nos advertía el hostelero hispanófilo, sin desdeñar el trabalenguas: «Hay que moverse siempre en carro. Del carro al parking de la discoteca o del casino, del parking de la discoteca o del casino al casino o a la discoteca y de la discoteca o del casino al parking de la discoteca o del casino. No conviene andar suelto por ahí. Las calles son peligrosas». Fuesen peligrosas o no las calles, lo cierto es que a casi nadie se veía caminar por ellas no ya durante la noche, sino incluso a pleno sol, en tanto que los coches —de la discoteca al casino y viceversa— formaban caravanas, con su orquesta de cláxones bravíos, en las zonas de ocio. (Un sitio raro.)

Bien, a lo que iba: la noche puertorriqueña no tiene nada de especial, si dejamos aparte dos peculiaridades: las pistolas de los muchachos y los culos de las muchachas. De la primera peculiaridad ya he dado cuenta, pero de la segunda no, de modo que apliquemos a esa segunda peculiaridad un poco de hermenéutica entendida más o menos al modo de Schleiermacher, si no tienen ustedes inconveniente. («¿Schleiermacher?») (Sí, 1768-1834.)

Bien. No creo que resulte distinguido lo que voy a decir, pero mi mente reventaría por dentro si no lo dijera: en Puerto Rico, un culo femenino no representa tanto un culo particular como el arquetipo mismo del culo, paseado por la calle como si fuese un simple culo y no un arquetipo escapado de la cabeza calenturienta de Platón. (En este instante me gustaría ser un poeta de la estirpe de Blasco, marginal y canalla, para poder cantar en una oda la gloria dura de los culos de Puerto Rico: oh arquetipos rotundos y redondos, hipnóticos y densos, compactos y altaneros, milagros del color de la canela...) A todos nos tenía sobrecogidos aquella peculiaridad genética de las mujeres de allí, y no digamos a Franki Tatuaje, que parecía un inspector obsesivo de arquetipos, galán crepuscular de verbo rápido y mirada de halcón: «Mira, mira». Ahora bien, los arquetipos resultan inaprensibles, perfecciones etéreas, aunque vayan enfundados en un pantalón de licra o en una falda floreada, y lamento comunicarles que ninguno de nosotros tuvo acceso a un arquetipo puertorriqueño del culo, y no por falta de afición, naturalmente, ni por escasez, porque resultaba apabullante la caterva de arquetipos que podía verse allí entre parpadeo y parpadeo, sino por esa mala suerte que casi todos tenemos con las mujeres, así nos vayamos al otro extremo del mundo, porque esa mala suerte es de acción universal. Sin embargo, Jup, en la gama de los sucedáneos...

En el hotel Hispania se hospedaban Liza y Rory, dos hermanos adolescentes venidos de Atlanta. Liza tiraba a pelirroja y a tapona, muy de nata la piel y muy enmarañada la melena, mientras que Rory era rubio y flaco, con aspecto de haber leído la Biblia un par de veces y de haber visto a Dios de cerca otras tantas, porque sus ojos asombrados parecían transparentes.

Jup hablaba mucho con ellos y les contaba cosas de las que los hermanos se reían, y confieso que me sorprendió que Jup hablara el inglés con tanta desenvoltura, hasta el punto de poder formular chistes y similares en la lengua de John Locke, aquel filósofo para quien una mente virgen era igual que un papel en blanco.

Blanco me quedé yo cuando entré una tarde en la habitación que compartía con Jup y fui testigo del siguiente cuadro: Liza atada a una silla, amordazada y desnuda; Rory en la postura del perro, igualmente desnudo, y Jup, desnudo, detrás de Rory, tirándole del pelo y haciéndole lo que les hacían Sócrates y sus amigos a los chavalitos depilados de la antigua Grecia. «¿Qué quieres que te diga, Yéremi? A estos dos hay que tirárselos en lote. Si quieres hincarte a la hermana, tienes que hincarte antes al hermano. Una especie de cooperativa, ¿comprendes?» Y siguió con lo suyo. Los ojos de Liza, fijos en Rory y Jup, lo mismo podían expresar pánico que entusiasmo, porque la mordaza convertía la suya en una mirada exenta y desquiciada, ojos de muñeca sin boca, y me fijé en su barriga rolliza, y me entró curiosidad por ver si tenía el conejo rojizo, pero lo tenía muy negro. «Anda, Yéremi, tírale un poco del pelo a la camarada Liza mientras aliño a este.» (Pero no le tiré del pelo, como es lógico.) «Venga, Yéremi, hostias, hay que ser un filántropo con la gente.» Pero me fui. («Te pierdes las mejores, camarada», me diagnosticó más tarde Jup.)

En San Juan, Blasco, Mutis, Jup y yo intentábamos formar cuadrilla aparte, lo que no quiere decir que siempre pudiéramos quitarnos de encima a Franki, a Quinqui y a Martín, porque el resto de la expedición iba por suerte a lo suyo.

Quinqui, por ejemplo, no sólo se nos pegaba de la mañana a la noche, sino que además se esforzaba todo lo posible por hacerme infernal mi estancia en la isla: cuando nos comíamos un *éxtasis*, por ejemplo, me decía al oído: «Imagínate que, al llegar al hotel, te encuentras la cama llena de escorpiones», o bien: «Tendría gracia que hubieran cortado con cianuro la pastilla que acabas de comerte». Aparte de eso, me daba sablazos, me amedrentaba, procuraba ridiculizarme, recordarme a cada momento que yo era un poli de mierda y él un héroe del hampa. «Aquí estamos en tierra de nadie, pasma. Esto es como la selva», y me daba detalles de un periodo psicótico que tuvo, para alardear ante mí de criminal: cada vez que iba a desvalijar una casa, se llevaba un espray fosforescente y pintarrajeaba las alfombras, las cortinas, la cristalería, los espejos, los cuadros, los libros, los sofás. Todo. Hasta que se le acababa el espray. «Sólo un espray, pasma. Hasta donde llegara la pintura. Hay que aplicar siempre un método», me decía. «Yo andaba muy loco en esa época. La locura me entraba por la nariz, ¿comprendes?» Por si fuera poco, Quinqui se dedicaba al hurto y al atraco en San Juan, a pesar de que Jup le avisaba continuamente de que podía llevarse una sorpresa: sacarle la navaja a alguien y que ese alguien le sacara una metralleta, por ejemplo. «¿A mí va a amenazarme un puertorriqueño comemierda?», y se clavaba los dedos índice en el pecho, y el asunto quedaba zanjado. (Si debo serles sincero, yo acariciaba la ilusión de que detuvieran a Quinqui, de que lo retuvieran una temporada allí y de que al final lo extraditaran de manera humillante.) (Pero hay gente con suerte.) (Tal vez con demasiada.) «Oye tú, pasma, préstame quince dólares.» (Y así sucesivamente.) Un detalle curioso: Quinqui y el taxista Martín formaron un dúo fraternal que, al menos visto desde fuera, irradiaba muy poca armonía en sentido pitagórico: el delincuente maquinador y astuto, con su mente diabla, y el esforzado defensor del orden cósmico, látigo para el vicio y los desmanes. También se nos pegaba a veces Franki, con su eterna conversación sicalíptica, donjuán en teoría, siempre a la búsqueda de una fanática de los tatuajes. «Anoche tuve un sueño», y Franki nos contó su sueño: el huracán le sorprendió en una discoteca y se formó allí la gran zapatiesta apocalíptica: gritos, alarmas, luces estroboscópicas sin control, la música tronante, la gente aglomerada en la salida de emergencia, el pánico en estado sólido, el universo entero convulsionándose, y, de repente, Franki vio a una muchacha que corría con la melena envuelta en llamas. Como es lógico, Franki se fue para ella, la detuvo, le echó encima una jarra de agua y —quién lo diría— la melena ardió entonces con más brío, porque no era una jarra de agua sino de gasolina. «¿Y eso es todo, Franki?» No, eso no era todo: al ver que aquella tragedia no tenía remedio posible, porque la cabeza de la muchacha se había convertido a esas alturas en una pelota de fuego, Franki la tumbó en el suelo y se la folló. «Para que se llevara un buen recuerdo de este mundo.» (Así es el subconsciente de Franki.) (Esa es su frontera metafísica.) «Pues esos sueños suelen ser premonitorios, Franki. Seguro que en Puerto Rico te espera el gran polvo ígneo, camarada», le animó Jup, tal vez un poco irresponsablemente.

Pero ¿y Blasco, y Mutis? (Porque los tengo ahí arrumbados, y son mis amigos.) Al poeta Blasco le gustó poco la isla (excepción hecha del cementerio, sobre el que escribió un poema que hablaba de la putrefacción y de asuntos similares), y se pasaba el día bebiendo ron con el ánimo turbio, y nos aseguraba que lo que más ilusión le hacía era la llegada del huracán, porque su temperamento lírico siempre ha tendido al tremendismo y la hecatombe. Mutis, en cambio, andaba todo el tiempo sonriente, mudo pero sonriente, flotante en una babia algodonosa, y se ponía hasta las orejas de *speed* para combatir los trastornos del sueño mediante la estrategia de una vigilia continua, y andaba siempre diligente, mirando todo con ojos de niño, como si estuviera dentro de un cuento de hadas: las casitas de colorines, las tiendas de artesanía, el bullebulle de los casinos, el arquetipo múltiple del culo, el mar azulón...

Y así transcurrían nuestras jornadas turísticas: del purgatorio del Hispania al paraíso artificial del Caribe Hilton y viceversa, del casino a la discoteca y viceversa, del sofoco diurno a la torridez nocturna y viceversa, del *speed* al *éxtasis* y viceversa —porque sólo habíamos llevado drogas inodoras, y yo andaba con un mono horroroso de hachís, y no me atrevía a buscar marihuana, dada la naturaleza conflictiva de los aborígenes.

«Esto es estupendo, ¿no?», exclamaba Jup a cada instante, porque estaba entusiasmado con la afición puertorriqueña a los juegos de mesa, y no había noche en que no nos arrastrara a algún casino de los muchos que allí excitan las quimeras humanas de fortuna, porque estaba en racha de suerte y ganaba poco, pero ganaba. «Hay que saber retirarse. Ahora ya me tocaría perder», nos decía cuando llevaba ganados quince o veinte dólares, y nos íbamos entonces a alguna discoteca, a contemplar muchachas desde lejos, porque son las de allí altaneras y esquivas, y tienen novios y hermanos peligrosos, de la cofradía de la pistola, y, a la salida de la discoteca, nos preguntaba Jup: «¿Pasamos un rato por un casino?», y allí íbamos todos, para verlo batirse de nuevo con los veleidosos duendes del azar.

Y el miércoles, en fin, según lo previsto, llegó Giorgina.

¿Han sido ustedes testigos de algún huracán? Pues no saben lo que se pierden: «Un huracán es un gran número de circo, camaradas. Es como si el mundo estuviera dentro de una batidora», nos animaba Jup, aunque yo, la verdad, andaba temeroso, porque a la gente de por aquí nos falta cultura relativa a las catástrofes naturales y no logra uno hacerse una idea ponderada de la dimensión de tales acontecimientos, porque tiende a ponerse en lo peor.

Nuestro plan era muy simple: intentar camuflarnos entre la clientela del Caribe Hilton —que era ya nuestra segunda casa— y campear el huracán allí, porque estábamos convencidos de que el hotel Hispania podía llevárselo el vendaval por delante y desaparecer como en su día lo hicieron Sodoma y Gomorra. Pero una condición habitual de los planes sencillos es que acaban teniendo unos trámites complicados. En este caso, la complicación le vino a nuestro plan por una vía imprevisible, a saber: a los huéspedes del Caribe Hilton iban a encerrarlos en varios salones que ofrecían garantías absolutas de seguridad al no disponer de cristaleras, que es lo primero que los huracanes convierten en confeti. Algunos huéspedes, como es lógico, protestaron: «Si no hay ventanas, ¿cómo vamos a ver el huracán?», porque se notaba que algunos de aquellos turistas alimentaban en su ser un fondo vandálico. «¿Y en eso consistía vuestro problema, en no poder ver el huracán?», me preguntarán ustedes. No, nuestro problema no era ese. Nuestro problema consistía en que, para poder acceder a esos salones ciegos, se necesitaba una tarjeta acreditativa, supongo que para que no se metiera allí medio San Juan, ya que un cartel anunciaba que, durante el tiempo en que Giorgina anduviese haciendo la majara, se ofrecería en esos salones un bufet libre y una barra igualmente libre, todo ello amenizado por el grupo de merengue Guarachita: una fiesta imperial, como si dijéramos. «No tenemos pases, camaradas. Esa es la situación objetiva. Habrá que echarle valor y pasar el trago en el Hispania», nos dijo Jup, y a todos nos pareció muy mala cosa. «¿Cuándo van a encerrar a toda esta chusma?», preguntó Quinqui, y Jup le dijo que en el cartel ponía que los salones estarían abiertos a partir de las cinco de la tarde. «Dadme una hora», dijo Quinqui, en su papel de rabo del demonio. Y, poco más allá de la media hora, por raro que parezca, Quinqui llegó con siete pases para acceder a los salones ciegos. «No me preguntéis cómo los he conseguido, ¿vale? Tenéis que darme veinte dólares cada uno.» (El trato se cerró en quince.)

Bien. En el Caribe Hilton saben hacer las cosas, de eso no cabe duda: en el salón que nos tocó en suerte (el llamado Ariadna) había una mesa enorme con fuentes plateadas en las que humeaban los guisos estelares del chef, con grandes cuencos de ensalada, con cornucopias frutales, rebosantes de color y de frescura, y así sucesivamente. En otra mesa, se alineaban las botellas de licores del color del ámbar, de la esmeralda, del topacio, y en ellas tintineaban los reflejos de las grandes arañas de cristal que colgaban del techo igual que naves espaciales dieciochescas. Por si fuera poco, los músicos del grupo Guarachita endulzaban el aire con sus ritmos sandungueros, como si en vez de un huracán se esperase la llegada de una pareja de recién casados.

Aquello estuvo bien. Comimos y bebimos durante un rato, impacientes ante la llegada de Giorgina. Franki Tatuaje se empeñaba en sacar a bailar a las mujeres, aunque con resultados indignos de mención: «Estas tienen el conejo cerrado. Del susto», decía, encogiéndose de hombros para asumir dignamente la adversidad. Jup hacía bromas agrias a costa de Blasco, que casi no se tenía en pie, porque el hecho de mezclar los conceptos de barra libre y de poeta maldito conduce a eso, y nuestro vate nos aseguraba a cada instante que iba a escribir un poema alegórico de cuatro mil versos sobre el huracán, un himno titánico que haría crujir los andamios seculares de la lírica hispánica, un himno repleto de metáforas cargadas de dinamita, cuajado de símbolos estremecedores, y que esa iba a ser su obra maestra, y que por fin ganaría un concurso. («Un concurso en el que se premie el poema más largo sobre el tema de los huracanes, ¿no, camarada?», preguntó quien ustedes se imaginan.) Mutis, a juzgar por su sonrisa, seguía instalado en el país de las hadas, ahíto de *speed* y ron, y daba vueltas por allí como un fantasma alegre, con apariencia de no pedirle nada en concreto a la vida, contento simplemente de estar vivo. (Digo yo.)

De pronto, uno de los músicos del grupo Guarachita anunció por el micrófono lo siguiente: «Amigos, acaba de romper el huracán. Pero aquí dentro sigue la fiesta. ¡Viva Puerto Rico!», y luego lo repitió en inglés. Quinqui y el taxista Martín dijeron que se iban a ver el huracán, y Blasco dijo que él también, porque tenía que tomar apuntes del natural para su poema alegórico, de modo que los demás les dijimos que nos uniríamos a ellos en cuanto nos tomásemos un par de copas más, lo que supuso una revelación cognoscitiva instantánea para Blasco: «Sí, un par de copas más y ahora vamos», les dijo a Quinqui y a Martín, que salieron pitando del salón con urgencia de conspiradores, cuchicheando entre ellos, porque algo debía de traerse entre manos aquel dúo antinatura.

Cuando por fin salimos al *lobby* del hotel («Bajo su propia responsabilidad», nos advirtió una especie de coronel de la hostelería), la mayor parte de la enorme cristalera que daba a la piscina y a la playa había volado hecha añicos, y todo el suelo estaba lleno de cristales y de hojarasca, y el viento entraba en tromba, y aquello era, en fin, el acabóse. «Vuelvan al salón. Esto es peligroso», nos ordenaron unos guardias de seguridad que andaban por allí para impedir acciones de pillaje y similares y que resultaron ser sordos a los argumentos profesionales de Blasco: «Es que tengo que escribir un poema de cuatro mil versos, ¿comprenden?», y así hasta que tuvimos que agarrarlo entre todos y sacarlo a la fuerza de aquel debate socrático que iba camino de convertirse en un guirigay sofístico, porque lo cierto es que la ventolera resultaba intolerable y que cualquier objeto volante podía pegarnos un cascamazo en la cabeza.

«¿Y Quinqui y Martín?» La respuesta la obtuvimos cuando regresábamos al salón Ariadna: los dos corrían por un pasillo, Martín con una palanqueta y Quinqui con una bolsa de viaje. «¡El huracán somos nosotros!», gritaba Quinqui, mientras Martín agitaba la palanqueta, porque se veía que el taxista antivicio se había convertido en un auténtico pirata por influjo de los aires del Caribe. «¡El turismo es un fraude! ¡A la mierda con el Caribe y con el Hilton!» Y siguieron corriendo por ahí, igual que dos fugados. (Luego supimos por ellos mismos que habían burlado a los guardias y que habían desvalijado cuatro o cinco habitaciones, que habían roto el escaparate de dos tiendas de souvenirs, que habían machacado varias cámaras del circuito de vigilancia, que habían pulverizado un expositor de relojes y de bisutería, que habían destripado los paneles de mandos de varios ascensores y que se habían meado en un gran perol lleno de pollo que había en la cocina.) (La esencia de la épica, en fin, como si dijéramos.) (Les confieso que estuve tentado de dejar en el buzón de sugerencias del Caribe Hilton un anónimo: «Los objetos robados durante el huracán pueden encontrarlos en las habitaciones 114 y 118 del hotel Hispania».) (Pero no lo hice.) (No sé por qué.)

Cuando Giorgina amainó, el salón que nos había servido de refugio fue vaciándose, porque la mayoría de los huéspedes andaban muy puestos de cócteles imaginativos. Los músicos enfundaban ya sus instrumentos, aunque, como broche de la gala catastrófica, el trompetista se animó a interpretar en solitario, con aire de bolero, el himno de Puerto Rico.

«¿Nos piramos?», preguntó Jup, y todos asentimos con pasión, porque, en aquel instante, nuestra única meta espiritual era una cama —en el caso de que Giorgina no se hubiese llevado por delante nuestras camas junto con toda la quincallería españolista.

Era ya de noche. Las calles estaban desiertas y parecían senderos caóticos de hojarasca y de ramas, de papeles, de pájaros reventados. «Así no se puede conducir, camaradas», y era verdad, de modo que, como el Hispania nos quedaba lejos, dejamos el coche de alquiler donde estaba y, para completar el catálogo de nuestras desdichas, nos fuimos a dormir a un parquecillo próximo: palmeras peladas, árboles sin hojas, troncos astillados... La huella gamberra de Giorgina, a su paso por San Juan de Puerto Rico, aquel sueño de ocho días y siete noches que tuvo el destino de casi todos los sueños: el carajo.

En el vuelo de vuelta no nos comimos *speed* para mantenernos en forma porque lo habíamos gastado todo en San Juan, de manera que eché mano de un ansiolítico y procuré dormir, en el caso de que se le pueda dar ese nombre a los desmayos violentos y fugaces que padece una persona en un avión.

«Ya vamos acercándonos a tu territorio, pasma», me decía Quinqui, que parecía dispuesto a fastidiarme hasta el final y que daba vueltas de inspección por los pasillos para ver si pillaba algo de valor en los equipajes de mano de los pasajeros que dormían −o similar−. «¿Cómo va eso?», le preguntábamos a Franki, que había entrado en fase depresiva al comprobar la dilución en el vacío de sus quimeras sexuales puertorriqueñas, y Franki, seductor en su ocaso, nos contestaba con un encogimiento de hombros, como dando a entender que cómo iba a ir. Tan abatidos estábamos todos, por una razón o por otra, que ni siquiera el taxista Martín tenía ganas de contar a la gente sus métodos para el mantenimiento del orden cósmico en la ciudad nocturna, a pesar de que, después de la experiencia puertorriqueña, podía ampliar su narración habitual con un episodio inédito: su método para agravar el caos en medio de un huracán.

Nada digno de mención hubo, en fin, en el vuelo de vuelta.

Al meter la llave en la puerta de mi casa, sentí el alivio de quien regresa de un viaje absurdo, pero sentí también la punzada melancólica de quien ha dejado atrás un paraíso. En este caso, un paraíso con apariencia de infierno, sí, desde luego que sí, porque Puerto Rico no es más, como ya dije, que una mierda, pero un paraíso al fin y al cabo, así sea en una escala modesta de paraísos: cualquier lugar en el que tu propia vida se convierta para ti en un recuerdo remoto, cualquier lugar en el que tu pasado se diluya en la mentira de un presente hecho a medida, configurado ante los otros según tu voluntad. («Sí, soy un filósofo. He escrito libros. He sido amado por más de mil mujeres...») Pero hasta de los paraísos falsos nos expulsan, y entré en mi casa, y me dije: «Jeremías Alvarado, eres Jeremías Alvarado y todo lo que eso significa», y me tomé un somnífero, porque venía reventado de volar, y, poco antes de cerrar los ojos, pensé en los culos de las muchachas esquivas de Puerto Rico, por si acaso mis sueños tomaban ese rumbo.

3

Las sesiones del Pabellón Helado
o La metafísica comercial

¿Se acuerdan ustedes de la predicción de Eva Báez (o Eva Desiré, si lo prefieren) relativa a Xin Myn, según la cual aquel afable chino de la rama de la hostelería la palmaría en un sitio frío, rodeado de nieve? Pues lamento comunicarles que aquella pájara esotérica acertó. (Como lo oyen.)

Me enteré a la vuelta de Puerto Rico: Xin Myn había sido encontrado muerto en el congelador de su restaurante con un cuchillo de cocina clavado en la cabeza. (Lo han oído bien: en la cabeza.) «¿Y quién mató a Xin Myn?» Los primeros indicios apuntaban a otro chino, lógicamente: Zhu Ye. (Eso es lo que me atrae, aparte de su gastronomía, de la gente china en general: su convivencia alternativa y armoniosa con el horror y con el lirismo.) (Lotos que flotan en estanques translúcidos, cuchillos clavados en cabezas, la nieve aromática de los almendros florecidos...) (Fu Manchú, etcétera.)

«¿Y qué puede llevar a un chino a clavarle un cuchillo en la cabeza a otro chino?», se preguntarán ustedes. Pues bien, eso mismo me pregunté yo, de modo que pedí detalles al comisario, que es un enamorado de su oficio.

El presunto homicida se llamaba, como ya les dije, Zhu Ye, de veintinueve años de edad, natural de Chongqing, dondequiera que tal sitio esté. «De acuerdo, pero ¿por qué mató Zhu Ye, de Chongqing, a Xin Myn?» La investigación estaba estancada en ese punto. De todas formas, agárrense a la silla si están ustedes sentados: se barajaba la conjetura de que Xin Myn se dedicaba a comerciar con cadáveres de mujeres. «¿Cadáve…?» Sí. Según una milenaria superstición china, un hombre debe ser enterrado junto a su esposa para no convertirse en víctima de una soledad eterna allá en el tiempo sin fin de los fiambres, de modo que se sospechaba que Xin Myn, aquel chino sonriente, reverente y servicial, expendedor de arroces variados, de crujientes nidos de mariposa y de vaporosas verduras, buscaba mujeres muertas por ahí —nadie sabía aún cómo ni dónde— y se las vendía a los familiares de los compatriotas suyos que morían viudos o solteros, para que de ese modo los finados amarillos no se sintieran solos en el trasmundo, ya que siempre será mejor tener a mano allí a una desconocida que no tener a nadie. (Las cosas, en fin, de esta gente, como ya les decía: el horror y el lirismo.) Según el comisario, habían desenterrado a cuatro chinos muertos recientemente y habían descubierto dentro de dos de los cuatro ataúdes a una difunta, acompañante sepulcral del difunto chino en cuestión. Por si fuera poco, en el congelador del restaurante, debajo del cuerpo de Xin Myn, mis colegas encontraron también el cuerpo pecador de Elisa Vargas Fonte, conocida entre los suyos como Eli, natural de Córdoba, de treinta y cuatro años de edad, empleada que era del bar de alterne Tarsis, desaparecida un día sin dejar rastro, sin cobrar el porcentaje semanal que le correspondía por las copas consumidas gracias a ella por los clientes disolutos y sin pagar la cuenta del hostal Manilva, donde residía.

«¿Y qué hacía Elisa Vargas Fonte en el congelador de un restaurante de estilo cantonés?,» se preguntarán ustedes, y eso mismo se preguntaba todo el mundo, periodistas incluidos, porque así son los misterios del hampa: jeroglíficos entre signos de interrogación. La autopsia, no obstante, arrojó un poco de luz sobre aquella tiniebla: la víctima había sido intoxicada con Baythion DP3 (producto concebido para matar hormigas, polillas y plagas de bichos similares, rico en dietoxitiofosforiloxi y fenilacetonitrilo, como ustedes saben) y presentaba además una herida de doce centímetros de profundidad, con trayectoria ascendente, que interesaba directamente el hígado, donde el referido Baythion DP3 había causado daños de escasa consideración, lo que hacía pensar que entre el envenenamiento y el apuñalamiento medió como mucho media hora.

«Voy a hacer el ridículo, porque esto no hay quien lo ponga en pie: un psicópata chino, un chino muerto, un montón de muertas, una puta congelada...», se lamentaba el comisario en jefe, acostumbrado a bregar con ladrones de motos y con asaltantes de tiendas como mucho, y siempre en el ámbito de los vivos, porque en esta ciudad los asesinatos son infrecuentes y los pocos que se producen no suelen requerir investigación: el parricida que llega llorando a la comisaría con un hacha ensangrentada, el gitanito de los bucles de azabache que aparece apuñalado en un vertedero con una rata metida en la boca, etcétera. («¿Tú no eres medio vidente, Alvarado? Pues a ver si te ganas el sueldo.»)

El caso era que el mencionado Zhu Ye no abría la boca y que cuando la abría era para musitar en su idioma, que era como si no la abriese. «¿Por qué ma-tas-te al o-tro chi-no, chi-no hi-jo de la gran pu-ta?», le preguntaba el comisario, separando mucho las sílabas y haciendo como si se clavara un cuchillo en la cabeza. Pero Zhu Ye se hundía en lo hondo de sí, como si se tuviera por un desterrado de la realidad. «¿Por qué ma-tas-te a la pu-ta?» Pero Zhu Ye callaba, amarillo y hermético.

Entonces entró en acción un subgremio policial: el de los confidentes.

Según Merodio, confidente veterano, adicto a los opiáceos y heródoto del lumpen, Zhu Ye se traía amores conflictivos con la víctima, más él con ella que ella con él, al ser la llamada Eli de corazón fluctuante, de modo que, según Merodio, todo quedaba aclarado: un crimen pasional. «Sí, pero pasional ¿cómo?», le preguntaba a Merodio el comisario, con muy buen sentido, porque aquella pasión presentaba metástasis, por así decir: ¿qué pintaba el asesinato del anciano Xin Myn en un asesinato pasional? ¿Algún móvil relacionado con el negocio de señoritas de compañía de ultratumba? (¿?) «Ha sido un crimen pasional, quiera usted o no», sentenció Merodio con la autoridad que le confería su condición de historiador diario de la vida social de las catacumbas. «¿Y por qué mató al chino?», le preguntó el comisario, impregnado por dentro de café para afrontar la comezón de las incertidumbres. «Eso hay que investigarlo todavía», concluyó Merodio, que suele darse más ínfulas de espía internacional que de chivato callejero.

El caso fue que todo aquel asunto —sobre el que más adelante volveré, porque la investigación acabó tomando un rumbo imprevisto— tuvo una consecuencia inmediata: el cierre del restaurante del atento Xin Myn, que en paz descanse. Un cierre que me trastornó un poco la rutina, porque me gustaba aquel sitio. Pero, en fin, la vida consiste en buena medida en eso: en una infatigable desintegración cósmica de la que no se libran ni los restaurantes chinos. Porque todo es muy frágil, empezando por cualquiera de nosotros, los perros de paja, como bien nos definió el sabio Lao-Tse.

Tras el viaje a Puerto Rico, nuestra cofradía anduvo dispersa durante un par de semanas, en parte porque se nos había ido mucho dinero en aquella expedición y en parte porque todos estábamos un poco saturados de todos, ya que ni siquiera la amistad resulta inmune a los deterioros espirituales que provoca la convivencia.

No obstante, un día en que me sentí muy huérfano llamé a Jup.

—¿Jup?

—¿Quién eres?

—Soy Yéremi.

—¿Yéremi? Esa no es una respuesta adecuada al trasfondo metafísico de mi pregunta. Contesta como un filósofo
de verdad y no como una putita telefónica: ¿quién eres?

(En fin...)

Jup me dijo que teníamos que vernos enseguida, porque
se traía un par de cosas entre manos. «Cosas grandes, camarada. Ya te contaré.» Y, llegado el momento, Jup me reveló
la esencia de esas dos cosas grandes, que de inmediato pasaré a revelar a ustedes por orden inverso de importancia.

Primera cosa grande: un travesti vecino de Jup había entrado en coma a causa de un tratamiento hormonal descabellado que se impuso para acelerar su metamorfosis en reina
indiscutible de la corte de las bailarinas andróginas del cabaret Pay-Pay, paraíso de la lentejuela y de la pluma de avestruz. Al parecer, aquel hombre, de nombre artístico Sharon
Topacio, se había metido durante meses un cóctel químico
tan insensato y potente, que alguna cosa importante acabó
reventándosele en el laberinto neuronal y se quedó de pronto tan rígido como un maniquí. Los médicos lo habían de-
sahuciado: coma irreversible. «Y ahora viene lo bueno»,
según Jup. «Lo bueno, Yéremi. Escucha: a pesar de estar en
coma, al camarada travesti le siguen creciendo las tetas,
¿comprendes?» (¿?) «Pues muy fácil: ahí hay negocio.»
(¿Negocio?) El caso era que Jup había llegado a un arreglo
con la madre del travesti mediante la estrategia del abracadabra: en principio, le metió a aquella mujer en la cabeza la
teoría de que los médicos andaban muy equivocados con
respecto a lo de su hijo, porque le constaba que en Estados Unidos esas cosas ocurrían a diario y se arreglaban en
un par de horas con unos cuantos medicamentos y con un

poco de cirugía; tras meterle esa leyenda en la cabeza, le metió en la casa a un médico retirado que se apellidaba Aguilera o similar, sacado de no sé dónde. Este doctor Aguilera (o similar) resultó ser un discípulo descarriado de Hipócrates, un vejete charlatán y nietzscheano, jubilado ya de todo menos del disfrute de las irrealidades etílicas, aficionado a proferir apotegmas corrosivos contra la monarquía y contra las abstracciones en general, al que Jup había untado con unos cuantos billetes y con unas cuantas convidadas para que certificase ante la madre del Sharon Topacio la verosimilitud del cuento persa sobre los métodos curativos estadounidenses para casos tan desesperados como el de Sharon, en plena mutación mamaria y a la vez en coma. Aquella mujer se tragó el azucarillo, naturalmente, supongo que en parte por ingenuidad y en parte por desesperación, aunque lo de Sharon Topacio, según la confesión que le hizo a Jup el propio Aguilera (o similar), no sería capaz de arreglarlo ni el doctor Frankenstein, que arregló cosas peores. Y, a partir de ahí, se puso en marcha el negocio ideado por Jup.

Para empezar, contrató a un maquillador funerario para que adecentase al enfermo, y de tal modo lo adecentó aquel artista, con fantasía tan libre, que al final parecía el travesti un híbrido de Ofelia flotante, de Virgen alienígena, de carroza de carnaval y de matorral humano, pues nimbó su silueta yacente con un cerco de flores de artificio, y allí en la cama lucía el comatoso con un tubo metido por la nariz, sondado por abajo y enchufado a un gotero, con unos zapatos de plataforma y con los pechos titánicos al aire, aquellos pechos que crecían sin parar por la acción —al parecer— de las hormonas kamikazes que se había metido en el cuerpo para satisfacer el ansia de lucir volúmenes y curvas de sultana, aunque Aguilera (o similar) diagnosticó que era imposible que los pechos de silicona crecieran y que resultaba probable que aquella hinchazón se debiese a un simple proceso generalizado de hinchazón (¿?), provocado tal vez (oh impreciso Aguilera o similar) por un síndrome de Cushing (o similar) y derivado a su vez de un tratamiento salvaje con corticoides. En fin, fuese por lo que fuese, el caso era que el travesti no sólo tenía muy hinchados los pechos, sino también la cara y los tobillos, y todo lo demás lo tenía también turgente, como si estuviese conectado a un aparato de inflar globos. (Los misterios, en suma, del organismo.) Una vez aliñado el travesti, Jup se dedicó a distribuir por los comercios del barrio unos carteles fotocopiados que reproducían una imagen del enfermo con las tetas en escorzo. Debajo de la imagen se leía lo siguiente: «Camarada, nuestra vecina Sharon Topacio ha entrado en coma profundo. En España no pueden hacerle la operación que la devolvería con dignidad a la vida y a los escenarios. Su familia necesita cinco millones de pesetas para trasladarla a un hospital de los Estados Unidos de América en el que las garantías de curación son del 100%. Visita a Sharon y comprobarás cómo sus pechos crecen sin parar. Contamos con tu donativo». (Y ya abajo del todo, el lugar de peregrinación.) Como complemento de aquella estrategia publicitaria, Jup avisó a los reporteros de la televisión local, siempre caninos de noticias, y, según era de esperar, la casa del travesti se llenó de gente, porque el reclamo de los pechos mutantes resultaba tentador no sólo para los curiosos, sino también para los escépticos.

Supongo que cada uno de los testigos de aquel fenómeno sin par sacaría conclusiones exclusivas, oscilantes entre la chufla y el asombro, pero, por lo que aprecié, la superstición predominante consistía en atribuir al inerte una fuerza propiciadora de la fertilidad, y eran muchas las estériles que acudían a tocarle los pechos, y también algunas recién casadas, e incluso hombres impotentes, y todos dejaban un donativo en la bandeja que Jup había colocado a los pies de la cama del enfermo. Se formaban corros, y no faltaban

215

quienes sugerían remedios esotéricos para la curación del inactivo, y se rezaban rosarios en plan mantra. Muchas mujeres se ofrecieron para lavar diariamente al travesti, supongo que como resonancia de algún atavismo bíblico, y aquello le venía bien a la vieja, que con mucha fatiga había tenido que mantener hasta entonces el decoro higiénico del inmóvil, pues cualquier otro tipo de decoro resultaba bastante más difícil de mantener, sobre todo si se tiene en cuenta que el trabajo esmerado del maquillador de difuntos acabó desbaratado a las pocas horas: el nimbo de flores de tela removido, el maquillaje facial hecho grumos y el perfume diluido en sudores con trasfondo de fármacos.

Aquella farsa me divirtió al principio, no puedo negarlo, pero acabó repugnándome, porque me advertía del primitivismo esencial de nuestras emociones, y me hacía de paso aborrecer las fantasías de Jup, siempre dispuesto a cabalgar alegremente a lomos de quimeras monstruosas por pura diversión o por dinero, o tal vez por distorsionar a capricho la armonía de la realidad mediante experimentos cómicos con el pensamiento de la gente, dispuesta siempre a todo.

Por si faltase algo, a aquella especie de muñecón sodomita de silicona comenzaron a salirle llagas supurantes que tajaban la piel hasta dejarla con aspecto de flor carnívora, de orquídea autófaga. Aquella abominación, lejos de espantar a la clientela, le avivó los resortes supersticiosos, y alrededor de la cama del travesti llameaban las velas, y se acumulaban las ofrendas florales, y las heridas comenzaron muy pronto a apestar, y la conjunción del olor de la cera quemada, del tufo de las flores agónicas, de las llagas fétidas y de la fetidez natural de las visitas obligó a Jup a recurrir a la quema de incienso, lo que añadió un factor de clima sacro al dormitorio.

(Un disparate, en definitiva.) (Lo que se dice un disparate.)

No tengo datos al respecto, pero creo que, aunque

216

durante los primeros días la bandeja de la recolecta estuvo llena, las ganancias que generaba la veneración del yacente no eran muchas. «La vieja y yo vamos al 50%», y vi entonces a Jup como una llaga más de las que le habían brotado del cuerpo al travesti, porque si bien casi todos los negocios tienen un componente sucio, aquel tenía un componente cochambroso. («Se me ha ocurrido una idea, camarada. Una idea que no se le ha ocurrido a nadie: crear un canal de televisión dedicado exclusivamente a la muerte: el Canal Necrosis, con programas que se llamen "Incineración en directo", "Cadáveres incorruptos", "*Ouija* en vivo"... La muerte es muy televisiva, y da dinero.»)

Segunda cosa grande: un primo hermano de Jup apodado «el Molécula» había puesto en funcionamiento un insólito negocio bajo la denominación de El Pabellón Helado, asunto que a mi entender merece un capítulo aparte.

El Molécula era pequeño y, sin que una cosa tenga necesariamente relación con la otra, el hombre de peores entrañas de cuantos he conocido: nada más verlo, el pasado, el presente y el porvenir de aquel hombrecillo se me revelaron en forma de niebla turbia, y percibí —en apenas un segundo— el fluir completo de su vida, el riachuelo tóxico de su existir, el lodo de su infancia y el fango con reptiles de su vejez futura, y le vi además con precisión el aura, color de sangre y sombra, y entonces cerré los ojos, y pude distinguir en mi ceguera una gota de ámbar en la que se retorcía un alacrán agonizante, angustiado en su prisión del color del oro, y esa gota ambarina tomó al instante la forma de un corazón, y latía, y el alacrán continuaba allí, transparentado en aquel músculo convulso. (El corazón del Molécula, con un alacrán moribundo en su interior.) (Mala señal.)

Era el Molécula veneno en rama, en fin, vástago de basilisco y de gorgona, ladilla de Lucifer. Diminuto y perverso, malcarado y ojijunto, reyezuelo de la ojeriza, el Molécula había recibido en herencia una fábrica de hielo que llevaba más de treinta años en desuso y a la que enseguida puso un cartel de SE VENDE, pero, como no se vendía, decidió sacarle provecho mediante la puesta en funcionamiento de una especie de foro. «¿Una especie de foro?» Sí, aproximadamente: un lugar en el que todos los chiflados, visionarios, charlatanes y utopistas del mundo pudieran exponer sus teorías y delirios, previo pago de una cantidad negociable, y un lugar, a la vez, en el que todos los chiflados, visionarios, charlatanes y utopistas del mundo pudieran oír a sus colegas, previo pago de una entrada. («El negocio redondo de la mente», según Jup.)

El Molécula bautizó aquello como El Pabellón Helado en recuerdo de la antigua actividad del local, y así lo hizo constar en el cartelón que presidía la fachada de la finca, con una aclaración parentética: La Cueva de las Ideas.

Cualquier persona sensata supondrá que aquel negocio estaba llamado al desastre, pero, por raro que resulte, funcionaba, porque las cosas pueden ser a menudo muy estrambóticas: casi no parecen cosas propiamente dichas, sino fenómenos parapsicológicos. («Mi primo tiene lista de espera», me aseguró Jup.) («Los parlanchines hacen cola.») Por si fuera poco, el Molécula había recibido una subvención del Ayuntamiento para el fomento de las actividades culturales, y andaba aquel bergante muy eufórico por el rumbo que tomaba su negocio abstracto, hasta el extremo de nombrar a su primo Jup relaciones públicas, para que cooperase en las labores de promoción de aquella barraca para oradores ambulantes.

La primera vez, fui al Pabellón arrastrado por Jup, como es lógico. («Gratis, camarada. La primera vez gratis.») Aquella antigua fábrica aún olía a humedad, a cementerio de hielo, a cadáver de nieve, a escarcha podrida, qué sé yo; un olor a frialdad rancia, como si estuviese descomponiéndose allí un fantasma glacial. (Un asco, como si dijésemos.) Aquel día le tocaba hablar a un tipo que se arriesgó a exponer una suerte de teoría algebraica de las dietas de adelgazamiento, tema que me resultaba inédito del todo, y allí se pasó aquel gurú de las calorías más de una hora escribiendo en una pizarra símbolos para mí indescifrables y trazando flechas de relación entre tales símbolos y la composición nutricional de algunos alimentos, ante un auditorio compuesto por veinticuatro personas y un perro lobo. («Este negocio es el cuerpo de Cristo confitado, camarada», se exaltaba Jup.) («El cuerpo confitado.»)

A los pocos días, volví allí, porque Jup se empeñó en que acompañara a Blasco y a Mutis en su primera visita y porque quería además que le echásemos una mano en el traslado del busto de Lenin, que Jup había decidido dejar en depósito al Molécula como elemento decorativo del Pabellón. Le tocaba aquel día a un poeta frenético que parecía tener una metralleta de rimas, un repeinado esteta trajeado, rapsoda sesentón de registro tronante, altisonante cantor del vino y de las odaliscas, así como de las vírgenes traspasadas por puñales de plata y pedrería, trovador sincretista del universo, notario lírico del mundo, del demonio y de la carne, etcétera, que se pasó más de una hora haciendo ecos entre primavera y bandera, entre viento y lamento y entre engaño y desengaño, entre otros muchos ecos.

Eran bastantes los admiradores y familiares de aquel poeta que habían asistido al recital de rimas, y quedaba rara aquella tropa burguesa allí, intrusos endomingados en el garito del pensamiento y de las artes en sentido amplio, sentados en sillas dispares, con la nariz torcida por el tufo a nieve difunta, mezcla aquello de Antártida y de morgue, aunque atentos al discurrir de las rimas, como quien escucha la proclama de un profeta. Como contrapeso de tanta gloria, Blasco, que aún andaba sobrio, nos hacía comentarios demoledores en voz baja entre verso y verso, a los que buscaba rimas chistosas, y así se pasó un buen rato, hasta que el Molécula se fue para él, le clavó un dedo en la clavícula y le ordenó silencio, orden que Blasco acató por intercesión de Jup, ya que nuestro cantor de los andrajos del deseo y de los horrores de la conciencia se mostró instintivamente dispuesto a partirle cualquier parte del cuerpo a aquel gnomo mandón, liendre del rabo de Satán. (El Molécula, con aquellos ojos casi unidos, con vocación de juntarse para formar un solo ojo ciclópeo y circense...)

Cuando aquel poeta dio fin a sus bravuconerías rimadas, se sirvió un refrigerio por gentileza del propio vate, que debía de andar tan sobrado de posibles como falto de vanidades colmadas, y allí solucionamos la cena mal que bien, entre las damas y caballeros asistentes, a los que el ambiente de depósito de cadáveres del local no parecía despertar el apetito.

Entre cerveza y cerveza, Jup les presentó a Mutis y a Blasco a su primo el Molécula y el Molécula, entre canapé y canapé, nos presentó por su parte al poeta estelar, fatuo y redondo, que hizo muy mala liga con Blasco, escuálido y maldito, aunque con quien peor liga hizo Blasco fue con el propio Molécula, al que preguntó que quién le había dado derecho a clavarle el dedo en la clavícula a la gente. («En mi casa le clavo lo que quiero a quien quiero», fue la réplica del minúsculo.) Tan mal le cayó el Molécula al poeta Blasco, que, a los pocos días de esa visita al Pabellón, nos leyó una letanía que le había escrito:

> Lodo moral del mundo,
> aléjate de nosotros.
> Sarna de la culebra,
> mangla de la mandrágora,
> aléjate de nosotros.

Microbio del microbio,
gusano que el pescador engancha
en el anzuelo oxidado,
aléjate de nosotros.
Pequeño jinete del Apocalipsis
que cabalga en un poni,
aléjate de nosotros.
Entraña del cangrejo,
granuja entre villanos,
villano entre los granujas,
Polifemo arreglado por los jíbaros,
aléjate de nosotros.
Tétanos, polio, carbunco,
tapón de los infiernos,
aléjate de nosotros.

«Pero ¿qué tipo de vilezas y malignidades llevó a cabo el Molécula para merecer ese trato y esos versos?», se preguntarán ustedes. De eso precisamente es de lo que me dispongo a hablar. De modo que no se muevan de donde estén.

Bien, parecerá una invención burda, una patraña efectista, pero el caso es que la realidad puede ser muy burda y muy efectista: el Molécula tenía un hermano —heredado en el mismo lote que la fábrica de hielo— que era mongólico y paralítico y al que le gustaba más que ninguna otra de las cosas de este mundo la cerveza, porque él carecía de laberintos subsidiarios dentro del gran laberinto. Aquel desventurado, de nombre Pascual y de apodo «el Proyectil», estaba siempre en el Pabellón, de aquí para allá en su silla de ruedas, como si fuese el caballero andante preferido por la desdicha, y casi siempre iba puesto de cerveza hasta la altura de la frente, porque el Molécula le fomentaba aquel vicio suyo de beber, que hacía una mezcla imprudente con los medicamentos que tomaba para aliviar sus arranques de furia, que los tenía, y por allí circulaba el Proyectil, conduciendo su silla con torpeza abotargada, como si estuviese en el rodeo sobre un caballo loco, haciéndose un lío con las marchas y con los botones, esclavo de un zigzag incorregible, que más que persona parecía un cohete espacial gobernado por una mona borracha. «¿Y bien?» Pues que, ante aquel espectáculo angustioso, el Molécula, insensible a la compasión no ya fraternal sino puramente genérica, se reía a carrillo batiente, y le señalaba a todo el mundo, para promover la risa, los esfuerzos del Proyectil por salir del atolladero en que había derivado y en que topaba una vez y otra con la pared, marcha atrás y de nuevo un topetazo, mártir de la locomoción motorizada; o llamaba la atención sobre los temblores de los dedos del infeliz al pulsar los mandos de la silla, o se ponía él mismo a toquetear los mandos para que la silla se volviera lunática, ante la mirada de pez muerto del Proyectil, borrachito, sedado y en Mongolia. («Le estoy haciendo la eutanasia», decía el Molécula, y daba de beber al Proyectil.)

(Esto por una parte.)

Por otra parte, tras enterarme por Jup del verdadero nombre del Molécula, me puse a hurgar en los archivos policiales y logré ponerme al tanto de las faenas estelares llevadas a cabo por aquel gargajo de Dios en las ciénagas del crimen: varias estafas, un desfalco, un surtido de reyertas de repercusión variable, una implicación en un atraco a farmacia y, en fin, la perla: cuatro condenas por abuso de menores de ambos sexos y dieciocho denuncias por intento de abuso de menores. (Menorero.) El Molécula era menorero, y supongo, no sé (¿?), que esa inclinación sexual venía determinada por algún factor psicológico cocido en el caldero freudiano: ¿el pequeño Molécula en busca de gente de su talla?, ¿el subconsciente del pequeño Molécula estancado en la sexualidad infantil, anclado en el estupor de los descubridores carnales primerizos y vigilado por mil ojos, entre ellos el ojo vengativo de la Ley? (El terror excitante, esa nube de sangre en la conciencia...) (El ansioso por compartir con niñas y con niños el juego de la mano enfebrecida, hurgando bajo faldas plisadas, bajando cremalleras de cinco centímetros...) (El Molécula, menorero.) (Treinta y dos años, y ocho de ellos a la sombra.) (Y pendiente de dos juicios.)

El Molécula era aficionado a contar chistes de su invención, de los que sólo se reía él: «Van dos hombres por el campo y dice uno: "¡Qué grande es el campo!", y el otro le dice: "¡Tú sí que eres grande, preciosidad!", y se meten en una cueva prehistórica y se dan ñaka». (Y el Molécula se reía con su risa de dientes pequeños, y le daba igual que nadie se riera, porque él tenía la cabeza llena de gusanos, y esos gusanos, al moverse, le hacían cosquillas en las células esponjosas del cerebro, y al reírse cerraba sus ojos que parecían un solo ojo.)

Aparte de todo eso (y aparte de mi visión reveladora de su corazón, residencia de un alacrán agonizante), el Molécula resultó ser amigo de Quinqui. Como consecuencia de ese vínculo, el desazonante Quinqui comenzó a frecuentar el Pabellón Helado, y allí me lo encontraba a menudo («Préstame dos billetes»), porque, aunque me cueste reconocerlo, me hice asiduo de aquella gruta de las ideas. «¿Por qué?» Pues muy fácil: por culpa de El Que Fue Y Ya No Es.

«¿El Que Fue Y Ya No Es?» Exacto: ese era el raro y conceptuoso pseudónimo con que se identificó ante el auditorio del Pabellón Helado un individuo de unos cuarenta y pocos, del tipo pícnico y casi calvo, con la cara muy roída, de labia muy suelta y de ideas chocantes sobre el universo en general: desde la lencería hasta la música de las esferas, pasando por todo lo restante, que es casi infinito, ya que nada escapaba a sus divagaciones, digresiones ni efluvios verbales: a todo le ponía el cepo de una teoría, ya fuese majadera o luminosa, o ambas cosas a la vez, que era lo frecuente: una equilibrada alternancia entre la lucidez analítica y el delirio exegético.

Tenía este individuo los andares dificultosos, como si moviese dentro de sí un carruaje de huesos dislocados, y la voz grave y envolvente. Sus primeras palabras fueron más o menos las que siguen: «Yo fui protagonista estelar de una tragicomedia cósmica y ahora soy un personaje secundario de la vida. Fui lo que ya no soy ni seré, soy el viudo de mí mismo y quiero que me llaméis El Que Fue Y Ya No Es, porque eso es lo que soy: un devenir agónico». (Y agachó teatralmente la cabeza, sin duda para realzar su condición de devenir agónico.)

La primera charla de El Que Fue Y Ya No Es resultó bastante caótica, porque se dedicó a triturar temas dispares mediante la técnica del termomix, pero se daba uno cuenta de que no se hallaba ante un mindundi como el de las dietas algebraicas (por así decirlo) o como el poeta de las rimas torrenciales, sino ante un mindundi más complejo. Aquel tipo, con sus logomaquias pirueteras y con sus desvaríos sistematizados, lograba encandilar a sus oyentes, a los que mareaba y sorprendía con su estrategia errática, porque pasaba de disertar sobre —qué sé yo— la teoría freudiana del narcisismo, por ejemplo, al abordaje por sorpresa de un tema imprevisto del todo: «... Pero abandonemos ya este asunto y vayamos a otro más ameno y festivo. El amor libre, por ejemplo. ¿Qué es eso del amor libre? Depende, ¿no? Para la mayoría de nosotros, sólo será algo imaginable si podemos entrar en un burdel con un maletín lleno de billetes o de tarjetas de crédito. Esa es la utopía más corriente. Pero existen utopías más optimistas y voluntariosas, como es lógico. El movimiento *hippie*, sin ir más lejos, propugnaba el amor libre. Sí, pero ¿quiénes lo propugnaban? ¿Las rubias luteranas de lacias melenas y de tetas gordas y blanquecinas? No exactamente, ¿verdad? Lo propugnaban, más bien, los individuos con pelucones y con barbas apostólicas que se ponían hasta las orejas de yerba, de *tripi* y de bizcochos de hachís y que tenían por lo general el pito muy finillo, pero siempre tieso, igual que un espetec. Y es que ese tipo de movimientos espirituales los inventan los tíos para chingar lo más posible antes de que se les caigan los dientes y los pelos. Se trata por lo general de religiones monoteístas: el culto al conejo peludo. Pero, en fin, después de todo, los *hippie*s tuvieron suerte, porque algunas chifladas caían en la trampa y se metían en las tiendas de campaña de aquellos espabilados que se despertaron un día, tocaron un poco sus flautas dulces en homenaje al Universo, saludaron con una sonrisa al Hermano Sol y, después de beberse un cuenco de leche de cabra, formularon la Gran Pregunta: "Oh, Hermano Sol, ¿qué podríamos inventar para follar un poco con las hermanas chavalitas, con las esquivas chavalitas de bragas de acero?". Y el Hermano Sol les recomendó la fórmula mágica que ya sabéis: un poco de Krishna, un poco de grifa, macroconciertos al aire libre, varillas de sándalo, bisutería asiática, pañuelos de bambula, asesinato del subconsciente represor y así sucesivamente. Y aquellos tipos follaron cuanto pudieron mientras pudieron, que no fue mucho en el fondo: la prueba la tenemos en las canciones de esa época. Casi todas las canciones de esa época, en efecto, se quejaban de las chavalitas malas que se iban con otros, de muñecas neumáticas que no se portaban bien con ellos en los descampados oscuros, de lagartas rockeras que no los miraban con amor y que andaban siempre por ahí, medio borrachas o colocadas perdidas, acostándose con moteros con pinta de vikingos. Pero, en fin, allí estaban ellos, los profetas del pene espontáneo, cantando coplillas contra las bombas nucleares para ver si de ese modo se hincaban siquiera a alguna filántropa con gafas de concha y con el sobaco como el de un oso...». (Etcétera.)

Nadie sabía nada acerca de El Que Fue Y Ya No Es: un enigma parlante (extremadamente parlante). Suponíamos que se trataba, por su acento, de un forastero, aunque ni siquiera el Molécula sabía de dónde había salido aquel orador apocalíptico, carnavalesco y racionalista a partes iguales, pero era el caso que El Que Fue (etcétera) había contratado tres conferencias en el Pabellón Helado, y aquello derivó en un éxito sin precedente en el corto historial de aquella cueva de las ideas, ya que, por la ley del tamtan, se corrió la voz sobre los lúcidos y amenos delirios de aquel charlatán de pasado enigmático y de presente desconcertante y, a la tercera conferencia, el local se abarrotó, y el Molécula tuvo la ocurrencia de montar un servicio de bar, y aquello fue un negocio verdadero.

A esa tercera conferencia de El Que Fue (etcétera) me llevé una grabadora que cogí prestada de la comisaría, porque me interesaba oír con tranquilidad, en casa, lo que aquel tipo dijese sobre el tema anunciado: Dios.

Me permito transcribirles algunos pasajes:

«... La religión católica, por ejemplo, que es la que tenemos más a mano, ha cometido un error irreparable: haber consentido la representación antropomórfica de Dios. Porque ¿cómo va a tomarse nadie en serio a un viejo barbudo que tiene prendido del cogote un triángulo luminoso? Ahí está el fallo. (...) Dios existe, como es lógico, pero no como un ser independiente como tal ser, no es un ente delimitado, con contorno, con nariz ni mucho menos con barba, sino que es simplemente una inmensa monstruosidad: Dios es la luna y es el corazón del conejo al que devora un lince, Dios es la entelequia vaporosa y movediza de una nube con forma de vaca y es el recorte de uña que se arroja al váter y que recorre los desagües de un bloque de quince pisos, Dios es ese bloque de quince pisos y es el sudor de todos los obreros que levantaron ese bloque, Dios es el ejército de hormigas de mercurio negro que acecha en las tripas de ese bloque de pisos, Dios soy yo y Dios es esa mosca carajota que está revoloteando en este instante por la sala y que acabará posándose en la nariz de cualquiera de ustedes, Dios es la nariz de cualquiera de ustedes y es el olor asqueroso que flota en este local y que ustedes huelen con sus narices, esas narices que son Dios, esas narices en las que va a posarse una mosca que también es Dios. Porque Dios es todo y es nada, en definitiva. Es el nombre del universo y es el nombre también del vacío infinito que hay más allá de las fronteras del universo. Dios es la inmensidad, sí, pero es también la insignificancia. Dios es todo, salvo sí mismo. Incluso me atrevería a sospechar que Dios puede no ser más que una mota de polvo. Sólo eso: una mota de polvo ingrávida, suspendida siempre en el aire, ambulante siempre. Una mota de polvo que provoca una especie de explosión nuclear imperceptible que hace que giren los planetas, que la mente humana se adentre día tras día en los laberintos de la ciencia o de la angustia, que los coches existan y arranquen a la primera, que funcionen los secadores en las peluquerías de señora y que las constelaciones no se descuelguen del firmamento. Puede, ya digo, que Dios sea algo tan simple como eso: una mota de polvo con capacidad química para activar diariamente el mundo, una minúscula mota de polvo que sea la pieza indispensable para mantener la armonía y el equilibrio en un cosmos de dimensiones aterradoras. Si esa mota de polvo se desintegrase, posiblemente volveríamos a ese caos psicodélico previo a la formación de todos los mundos, porque se desmoronarían los pilares de este espejismo fabuloso. (...) De manera que ustedes eligen: o se quedan con el concepto de Dios como inmensidad o se inclinan por la concepción de Dios como micurria. A la carta. Mi opción me la callo».

En este registro más o menos panteísta nos habló El Que Fue durante un buen rato, y de pronto se zambullía en un excurso desconcertante (las mujeres gordas y la lencería de cuero, el armamento bacteriológico y el miedo a lo invisible...), y a todos nos tenía admirados su facilidad para tejer en el aire, igual que las arañas, una tela pegajosa en la que quedaba cautiva nuestra atención: el hipnotizador de las psiques desprevenidas. Sí, por supuesto, bien mirado, todo aquello no era más que filosofía muy barata, filosofía de todo a cien pesetas, y daba la impresión de que El Que Fue hablaba menos que mentía (aun hablando, como hablaba, sin parar), pero, no sé, me temo que estoy llegando a la conclusión (ojalá que equivocada) de que la filosofía no consiste en esa búsqueda ensoberbecida de la Verdad de la que alardean los filósofos profesionales, como si fueran galgos que corren detrás de una liebre mecánica, sino en una liosa formulación íntima del asombro ante el universo, en una exploración chapucera y miedosa de los misterios sin respuesta; cada vez estoy más convencido, en fin, de que la filosofía no es un detonante de las potencias del espíritu, sino algo más leve, más modesto y medicinal: un bálsamo para el oído, igual que las palabras de amor verdadero: una música verbal que te entra por un oído y que te sale por el otro, sin levantar casa en el corazón, porque el corazón no es terreno edificable, pero palabras que gusta oír, siquiera sea para no pasar por este mundo ululando de pena y desconsuelo. (Ya digo que no sé.)

Schopenhauer, en sus *Fragmentos para una Historia de la Filosofía* (concretamente en el capítulo en que pasa revista a la tropa neoplatónica), juzga de este modo a Jámblico: «Lo que enseña no ha brotado de su propia reflexión, sino de dogmas extraños, con frecuencia comprendidos sólo a medias, pero sustentados con gran terquedad, razón por la cual está plagado también de contradicciones». Pues bien, podríamos decir que, en este aspecto al menos, El Que Fue Y Ya No Es parecía un discípulo fiel de Jámblico (que, por cierto, fue biógrafo de Pitágoras). A pesar de todo —y he aquí el arcano irresoluble que suele agazaparse tras cualquier evidencia— los discursos de El Que Fue lograban encandilar a quienes los escuchaban (y reconozco que a mí el primero), y acababa él conduciendo a capricho nuestras mentes como si en vez de mentes fuesen cabras. Porque El Que Fue era un pastor de pensamientos. (Nadie podría negarlo con justicia.) (Pastor.) (De pensamientos.)

Según resultaba lógico, el éxito de aquellas charlas de trama vagabunda tuvo una repercusión inmediata: una negociación urgente entre el Molécula y El Que Fue Y Ya No Es, con arreglo a la cual El Que Fue daría una conferencia semanal en el Pabellón Helado, los jueves, no sólo sin tener que pagar el alquiler del local, sino además con un beneficio del 50% de la recaudación de taquilla.

Según resultaba igualmente lógico, acabamos saliendo por ahí con El Que Fue, a quien Jup daba tratamiento de eminencia de la mente, aunque —por mal que esté decirlo— El Que Fue trataba a Jup con una consideración bastante más liviana y desdeñosa. (Digamos que como atiende el médico al juerguista que entra de madrugada por la puerta de urgencias dando gritos porque le han roto un diente, poco más o menos.) El Que Fue bebía. (Bastante.) Era cubatero, y le gustaba pegar unas cuantas caladas a los porros, pero ahí fijaba su frontera: «Yo me he metido de todo lo que uno puede meterse, pero ya no soy el que fui. Ya hice esos viajes. Ahora me encamino a la inexistencia. Vengo del futuro y regreso al miolítico de mi ser». (¿?) (Por raro que resulte, a Jup le entusiasmaban aquellas fantasmadas medio esotéricas y medio ontológicas, y andaba hechizado por aquel charlista de registro poliédrico, y le reía las gracias, y a todos sus sinsentidos les daba consideración de frases oraculares.) (Jup, el indómito y altanero Jup, en funciones de bufón condescendiente...)

Para mi mal, el apodado Quinqui también le cogió ley a El Que Fue, y se venía con nosotros por ahí. («Préstame algo, pasma.») Estaba muy nutrida nuestra tropa, porque también se nos sumó el Molécula, empresario circense de El Que Fue. Y, aparte de nutrida, estaba también rara nuestra tropa, porque los habituales no sólo habíamos perdido protagonismo en ella, sino que también andábamos con la esencia de nuestro ser removida a causa de aquellas incorporaciones: Jup degradado a escudero rendido de El Que Fue, Blasco procurando encontrar un motivo para romperle el mayor número posible de huesos al Molécula, Mutis más silencioso y más espídico que nunca y yo molesto por el hostigamiento de Quinqui («Oye, pasma...») y también —por qué no reconocerlo a estas alturas del cuento— celoso del predicamento de El Que Fue, fantoche afortunado, seductor de las masas mediante faramallas, que había invadido mi país etéreo y que me suplantaba ante mis amigos en la presidencia del monopolio de las serpentinas filosóficas, por así decirlo, esas serpentinas que yo solía lanzar al aire cuando salíamos juntos por ahí. (Yéremi, el filósofo absolutista de la pandilla.) (Al que nadie hacía caso como tal, de acuerdo, porque los amigos no están para hacerse caso entre sí.) (Pero el filósofo, el proselitista de aforismos y aporías.) (Y de pronto arrojado a patadas de mi púlpito.)

Cuando El Que Fue Y Ya No Es se tomaba un número determinado de cubatas (digamos que ocho), bajaba un escalón en la escala del ser y se convertía en El Que Fue El Que

Fue Y Ya No Es Ni Siquiera El Que Fue, porque se le escapaba del cofre del alma el pirata que tenía allí cautivo, y ese pirata bronco le reclamaba fiesta sin fin, baile y vandalismo, la quema ritual de la madrugada, y acabábamos siendo los nómadas de todas las discotecas, y allí El Que Fue se lanzaba sobre las muchachas como suelen lanzarse los osos sobre los exploradores, y Jup le secundaba en el plan, y Blasco cooperaba a su manera, y aquello era un lío de mujeres ofendidas y estupefactas, de novios vengativos y de guardas jurados en son de guerra. Como aportación personal a aquella bulla, a Quinqui le dio por poner en práctica su nuevo método para promover el fin del mundo: arrojar bombas fétidas en las pistas de baile. «La diversión es siempre obscena», sentenciaba Quinqui cuando la gleba danzante se dispersaba, despavorida y tapándose la nariz, porque aquel concentrado olía como el culo del demonio Astaroth. El Que Fue aplaudía la iniciativa de Quinqui: «Esta gente sólo viene a estos sitios para hacer daño, para repartir pesadillas y para asesinar ilusiones. Aquella golfa rubia de allí, por ejemplo, se ha puesto ese vestido para que babeemos un poco y pensemos en guarrerías sofisticadas, ¿no? Pero al final se irá a dormir sola, porque se avergüenza de esa cicatriz que le recorre el vientre de arriba abajo, o porque la espera en casa un hijo parapléjico, o porque le pegaron fuerte hace poco y aún tiene que ponerse de acuerdo con el psiquiatra para poder convivir con ese terror», dicho lo cual, El Que Fue, con aquellos andares suyos descoyuntados, se encaminó hacia la rubia, le dijo cuatro cosas al oído, ella le dio la espalda y El Que Fue volvió al redil de los lobos: «¿No os lo dije?».

Yo aprovechaba aquellos peregrinajes para hundirme en el pesimismo y para aumentar mi colección de posavasos. («¿Te gusta robar cosas pequeñas, pasma?»)

¿Y dónde terminaba todo aquello? En el Garden, como es lógico, y allí, en la barra, mientras elegíamos víctima, El Que Fue ejercía de sultán del universo, con la lengua ya floja, con su cara roída, con su calva sudada, improvisando teorías sobre cualquier fenónemo palpable o impalpable y relatando sucesos biográficos que las más de las veces sonaban a leyenda. («Este agujero que tengo en el cogote es de un tiro que me pegaron en Melilla.») El Molécula abrazaba con violencia y saña a mujeres para él gigantescas, nostálgico sin duda de los cuerpos inacabados de las niñas, y Jup hablaba a las muchachas de El Que Fue con métodos de vendedor a domicilio («Un genio de la mente»), como si pretendiera —no sé yo— que ellas le pagaran a El Que Fue y no al contrario, y Mutis callaba, observando todo como quien intenta ver algo en el interior de una bola de cristal, y Quinqui hacía intento de vender a las putas pulseras y collares que se sacaba de los bolsillos como un prestidigitador, y Blasco procuraba no mirarme porque yo conocía su secreto, su secreto de putero casto, de cantor teórico del amor mercantil de las hetairas, y yo notaba que algo se había roto en nuestro clan, que los intrusos se habían apoderado de nuestras noches y de nuestras putas.

Pero aún quedaba mucho por venir. (Lo peor, por ejemplo, que es el pariente loco de lo malo.)

De todas formas, antes de contarles lo peor les contaré lo mejor que me ocurrió durante esa racha.

Todo comenzó con una visión radiante. Me explico: después de comer, me fumé un canuto, me tumbé para reposar un poco y, entre los algodones del colocón y de la duermevela, vi un pequeño punto de luz que avanzaba hacia mí desde un espacio remoto y cilíndrico. Como ustedes saben, la muerte puede anunciarse bajo una apariencia lumínica, a pesar de ser ella tenebrosa, y me dije: «La muerte. Ya está aquí», porque alguna vez tiene que llegar, y nunca es temprano para ella. Procuré espabilarme, reintegrarme desesperadamente a la vigilia, volver sobre mis pasos por ese puente de niebla que conduce a las regiones fingidas del sueño, pero un sopor muy denso me lo impedía, como si una bandada de murciélagos se me hubiera colgado de los párpados.

Aquel punto de luz fue acercándose, titilante y lento, y parecía tener la intención de estrellarse contra mi mente para inundarla de la luz última, de la luz que deja ciego para siempre. No podía respirar, mi pecho era una oquedad convulsa, parecía golpearse a sí mismo el corazón, martillo y yunque. La luz fue entonces una totalidad, una presencia ubicua, igual que si alguien hubiese derramado sobre mis ojos una jarra rebosante de platino líquido. Sentí entonces una repentina placidez, y di por hecho que estaba muriéndome. (Imaginé el chirriar armonioso y solemne de las cancelas fulgentes de la eternidad o de la nada.) (Imaginé el camino volátil que conduce al trasmundo.) (Imaginé, con la voluntad rendida, mi desintegración en un campo estelar, la flotación descorporeizada de mi pensamiento por un jardín de constelaciones simétricas y de planetas tornadizos como fantasías caleidoscópicas.) (Etcétera.)

Pero nada ocurrió de acuerdo con mis aprensiones, afortunadamente, porque en medio de aquella luz soberbia se me reveló, durante menos de un segundo, una silueta del color del oro, más luminosa que la luz misma, y de inmediato la luz se disolvió en la tiniebla real, y los murciélagos colgados de mis párpados emprendieron el vuelo, y abrí los ojos, y, al día siguiente, conocí a María.

María no se llama María, pero le daré ese nombre porque, cuando le comenté que andaba escribiendo estos papeles, me pidió que ocultara su nombre verdadero.

Bien. Un compañero de comisaría organizó una barbacoa en un pinar, porque se jubilaba anticipadamente y quería celebrarlo a lo grande: chuletas, costillas, Naturaleza, sol, niños, aire puro, familiares y media tonelada de policías. (La Arcadia misma, como si dijéramos.) De ese tipo de festejos más vale no dar cuenta, porque poco dan de sí, pero el caso fue que entre los invitados se contaba María.

«¿Cómo es María?», me preguntarán ustedes. La respuesta no es fácil. Digamos que si la obligaran bajo tortura a hacer la danza del vientre, a los dos minutos tendría que salir corriendo hacia el cuarto de baño más próximo a causa de una descomposición intestinal. (Ese sería el resultado.) Entiéndaseme: no es que María carezca de atractivos, todo lo contrario, sino que una de las metas que se ha propuesto más tercamente en la vida consiste en ocultar sus atractivos. «¿Por qué?» Lo ignoro. De manera que sigamos con los hechos preliminares, que para eso son preliminares.

Según era de esperar, en aquella fiesta campestre no había ninguna agrosinia (ninfa de los campos) ni ninguna amadríade (ninfa de los árboles y arbustos), pero había bastantes mujeres, muy sonrientes y teñidas, rebeladas momentáneamente contra el tedio, pero casi todas emparejadas o imposibles de emparejar, de manera que, gracias a la ley de la exclusión, acabé fijándome en María, que andaba sola por allí, dedicada a guardar en una bolsa los huesos de chuletas y costillas. «¿Tienes perro?» (Lo siento, pero eso fue lo que le pregunté, porque la comunicación cotidiana suele distar mucho de la retórica ornamental.) Pero no, María no tenía perro, a pesar de tener montones de perros, montones sucesivos de perros condenados a muerte. («¿?») Me explico: María era veterinaria. Había montado una granja en las afueras y, gracias a una contrata que tenía firmada con el Ayuntamiento, se ocupaba allí del sacrificio y posterior incineración de los perros vagabundos, aunque, según me dijo, mantenía con vida a los chuchos durante varios días a cuerpo de perro de rey, y de ahí el porqué de la recolecta de huesos. «Al principio incluso lloraba, pero ya no.» (María, la verduga...) (La cosa esta de matar debía de ser una tradición de familia, porque María era hermana de Roqui, un policía que le metió una bala en la cabeza a un chori que huía en un coche robado.) (Se habló mucho de aquello en la prensa, y a Roqui estuvo a punto de costarle el puesto, aunque luego se olvidó todo, porque la actualidad periodística es una especie de agujero negro que todo lo engulle y todo lo vomita: un poder bulímico que a diario nos vierte encima un quintal métrico de información contaminante que nuestra memoria depura en cuestión de horas.) (Afortunadamente para Roqui.) (Y también para nuestra memoria privada y colectiva, claro está.)

Cuando terminó la barbacoa propiamente dicha, alguien subió el volumen del radiocasete y empezó el baile a discreción, y aquello parecía una estampa mitológica un poco marrullera pero alegre, con bacantes achispadas, niños saltarines y sátiros policiales. Como ustedes saben incluso mejor que yo, soy uno de los peores bailarines del planeta, lo que no fue obstáculo para que le preguntase a María si le gustaba bailar, aterrado ante la posibilidad de una respuesta afirmativa. Me contestó que no, y le dije que a mí tampoco. (Primera complicidad cósmica.) «¿Damos una vuelta?» (Oh, sí, por supuesto.) Y nos adentramos en la carpa sombría del pinar, y allí me contó detalladamente el proceso de exterminio de los perros cimarrones. (Segunda complicidad cósmica.) (Porque entre el hecho de matar un perro y el de darle LSD a un gato no hay tanta diferencia en el fondo.) «¿Nos sentamos?» (Oh, sí, por supuesto.) Y nos sentamos bajo un pino de ramas muy densas que, no obstante, dejaba traspasar unas fracciones geométricas de sol, y una de esas fracciones iluminó de pronto los ojos de María, y vi en ellos una claridad limpia y atávica, heredada —como quien dice— del nacimiento del universo mismo, y asocié de inmediato aquello a la visión que había tenido el día anterior, y di por hecho que María era la silueta que apareció fugazmente en ella como un aviso venturoso: escudo contra la muerte, asidero de la vida. (Más o menos.) Pero me equivoqué.

Nuestro camarada Empédocles (ya saben: el que se tiró de cabeza al volcán) entretenía la hipótesis de que, originariamente, había montones de tribus diseminadas por el mundo. Los componentes de esas tribus eran raros: algunos tenían cabeza pero no tenían cuello, otros tenían ojos pero carecían de frente, otros tenían brazos pero no hombros... Según la teoría de la evolución defendida por Empédocles, aquellos seres defectuosos se aficionaron al turismo sexual y al mestizaje, lo que tuvo como consecuencia algo aún peor: seres sin cabeza pero con montones de manos, engendros que nacían con la cara en la espalda, cabezas de buey con cuerpo de hombre, hermafroditas con cuatro o cinco vaginas y con otros tantos penes... (Todas las posibilidades combinatorias que puedan imaginarse, en fin, y todas ellas malas.) Al final, según Empédocles, sólo sobrevivieron determinadas formas, hasta llegar a la zoología actual, que también se las trae: basta con observar a las jirafas, por ejemplo. (O al Molécula.)

«¿A qué viene esto ahora?» Bien, veamos. Con nuestra sentimentalidad ocurre algo parecido: vamos conociendo a gente, vamos relacionándonos. Vamos tejiendo, en fin, nuestras telarañas, y la gente queda atrapada en ellas, más por fatalidad que por gusto. A algunas de esas personas las instalamos en nuestro corazón, a otras las despreciamos, otras nos desprecian, la mayoría nos resulta indiferente, con alguna que otra nos vamos incluso a la cama. Al ritmo del tiempo que huye, nuestra sentimentalidad va llenándose de manos con anillos estrambóticos, de cabezas sin cuerpo, de cuerpos sin cabeza, de tetas sin cara, de caras borrosas... La memoria de nuestra sentimentalidad, a partir de una edad determinada, es un almacén repleto de monstruos fragmentarios, por así decirlo; una especie de casquería espectral: figuras híbridas, cuerpos sólo parcialmente recordados, voces distorsionadas, ojos anónimos... («¿Y qué?») (Pues nada, simplemente eso: que nuestra memoria sentimental tiene mucho que ver con la teoría de la evolución de Empédocles.)

María entró de inmediato en mi almacén sentimental de monstruos: estuve varios días reconstruyendo la imagen de sus ojos iluminados por aquel rayo de sol furtivo entre las ramas, pero sus rasgos se me difuminaban en el recuerdo: María la desvaída, dorada por la luz evanescente (etcétera), de modo que le pedí a Roqui el número de teléfono de su hermana. «Estás tú listo», murmuró Roqui, y me lo dio, y llamé a María, y quedamos en vernos cuando yo quisiera en su granja de los horrores, porque ella salía poco, según me dijo. La verdad es que María estuvo muy seca por teléfono, y aquello quedaba a más de cinco kilómetros de la ciudad, y el taxi me costó un dinero, pero el instinto se había hecho cargo de la expedición, y ese loco capitán no tiene oídos. Ni oídos ni entendimiento, y rige su nave loca.

Los perros estaban en jaulas, como es lógico. Muchas jaulas, muchos perros. (Ladridos, perros que se restregaban contra la tela metálica y perros que peleaban entre sí.) No soy aficionado a los perros, como ustedes saben (ni a los gatos), pero daba un poco de cosa el adivinar en los ojos de aquellos animales cautivos una carga infinita de aflicción, la intuición de un misterio hostil, porque la mirada de aquellos chuchos transparentaba una orfandad conmovedora ante la perspectiva asombrosa de la muerte: el viaje sin destino garantizado, la tómbola imprevisible de las tinieblas, la rifa emocionante del Más Allá: lo mismo te toca la Vida Eterna que la Nada. (Quién lo sabe.)

María mataba a los perros con un rifle que disparaba unos dardos con una sustancia en principio paralizante y finalmente letal. «No sufren.» (No.) Luego incineraba los cadáveres en un horno («Allí») levantado en medio de la parcela y utilizaba la ceniza como fertilizante, en cumplimiento de esa suposición de Anaximandro —de la que ya les hablé, si no recuerdo mal— relativa a la transformación de la materia: de perro a tomate, por ejemplo.

De pronto, mientras echaba la comida a los reclusos, un perrillo que tenía el rabo como un plumero se escabulló entre las piernas de María y se puso a corretear por la parcela a la búsqueda de una salida, sin duda porque había olido la cercanía de la muerte, aunque el fugitivo se encontró todo vallado. Pero, en fin, lo interesante no fue el intento de fuga del perro, como es lógico, sino el hecho de que María echase a correr detrás de él. «¿Y qué hay de interesante en que una veterinaria corra detrás de un perro?», me preguntarán ustedes. La respuesta es muy simple: «Nada». Pero estoy casi convencido de que a las tías buenas (y disculpen la expresión, porque no estoy hablando de la Belleza, sino de otra cosa un poco más rastrera y más perruna) se las reconoce como tales cuando corren. («¿?») En efecto, cuando una tía buena echa a correr, casi no puede hacerlo, porque todo se le mueve y descoloca: se le bambolean los pechos, le crujen las caderas, los muslos chocan entre sí, le bota el culo… Y parece un carruaje carnal de esplendor descoyuntado, un cuerpo flotante en una atmósfera ingrávida, a cámara lenta, porque al correr toma conciencia de que tiene un cuerpo por el que alguien sería capaz de morir o de asesinar, y se siente entonces manoseada y medio follada por esos duendes invisibles que viven en el aire: la mirada de los hombres ansiosos, y avanza a ralentí, contorsionista involuntaria, asombrada de sí misma, del milagro atroz del movimiento, de su suntuosidad portátil. «¿Y María es un carruaje carnal de ese tipo?» Desde luego que no, pero se le movieron cosas al correr, y eso es buena señal. (Porque hay mujeres a las que no se les mueven ni las pestañas: las mujeres palo, duras como palos, que suelen defraudar si consigues que se desnuden a medio metro de ti.) (A menos que suplan ese defecto con un temperamento de demonia, según creo.) (De demonia palo.)

Pero, llegados a estas alturas, ustedes me preguntarán: «¿Te acostaste con María, Yéremi?». Sí, por supuesto que sí, pero no ese día en concreto, sino unas dos semanas más tarde.

«Se ha muerto el travesti.» Me lo dijo Jup en Oxis. «Reventó por todas partes. Pum», y torcía la cara con gesto de repugnancia, y hacía con las manos un gesto de explosión, como si diera a entender que Sharon Topacio había volado por los aires formando un hongo nuclear de silicona y de estrógenos.

Aparte de los síntomas de la gripe y del escalofriante concepto de amputación, no sé apenas nada de medicina, pero lo normal, en fin, era que Sharon Topacio reventase antes o después, creo yo, porque aquello no era ya tanto un ser humano como una bomba química. «Se te acabó el negocio», le dije a Jup, ya que aquel asunto —unido al de su admiración servil por El Que Fue— había intoxicado mi estimación por él, que nunca ha sido un ciudadano ejemplar, pero que nunca había sido tampoco un maleante dedicado a traficar con travestis moribundos ni a jugar con la candidez de las madres de los travestis moribundos. («¿Qué negocio, camarada?»)

De todas formas, los juicios morales sobre el prójimo resultan siempre arriesgados. Aristóteles se calentó un poco la cabeza de un modo genuinamente aristotélico con este asunto, para llevarnos finalmente al terreno de una relativa relatividad moral, por así denominarla: «Uno podría decir que todos aspiran a lo que les parece bueno, pero que no pueden controlar la imaginación, sino que, según la índole de cada uno, así le parece el fin. Ahora bien, si cada uno es, en cierto modo, causante de su modo de ser, también lo será, en cierta manera, de su imaginación». Jup era causante de su modo de ser, y lo era también por tanto, en parámetros aristotélicos, de su imaginación, esa imaginación autónoma que le hacía concebir empresas peculiares: desenterrar chatarra, intentar vender un busto de Lenin a un pirado, procurar dar por culo al mayor porcentaje de la población adulta de ambos sexos, organizar una excursión asquerosa a Puerto Rico o promover la veneración del cuerpo inerte de un travesti, entre otras.

Pero las personas, al igual que las monedas, tienen reverso…

Una mañana, el poeta Blasco se pasó por comisaría para que le informara, si estaba en mi mano, sobre el orfismo, porque había oído no sé dónde que los órficos eran unos ascetas que se ponían hasta la frente de vino para de ese modo comunicarse más fluidamente con la divinidad, y aquello lo tenía perplejo. («O sea, Yéremi, que si eres un asceta y eres además un puto borracho, eres un órfico, ¿no?») Tras despachar la cuestión órfica, le comenté a Blasco mi indignación por el comportamiento de Jup ante la tragedia hormonal del travesti, con aquel negocio de tetas mutantes y de putrefacción que había montado en torno a aquella desgracia, y le dije que todo tenía un límite. (Aunque es falso que todo tenga un límite, claro está, porque muchas cosas pueden ser ilimitadas: el universo tal vez, el odio a quien se amó...) Blasco me miró con extrañeza: «Pero si al final le dio todo el dinero a la vieja, y además la ha metido gratis en un viaje a Portugal». (¿Dinero? ¿Portugal?) (Las salidas imprevisibles de Jup.) (Y me arrepentí de haber pensado mal de mi amigo, porque el que piensa mal de un amigo y se equivoca se siente como el dueño de un cubo lleno de gusanos.)

Bien, según acaba de resultar evidente, Jup puede tener un corazón de oro, pero ese oro puede resultar muy maleable. Lo digo porque su fascinación por la mente extravagante de El Que Fue iba en aumento, y a todo el mundo le hablaba de él, y por todas partes propagaba las doctrinas de aquel charlista peregrino, como si El Que Fue fuese Alá y Jup su profeta Mahoma. Y sí, de acuerdo, la irrupción en tu vida de un individuo como El Que Fue puede ser una cosa significativa, porque abre espitas ignoradas en tu pensamiento, porque te estimula la reflexión sobre asuntos insólitos o porque te hace comprender mejor el delirio atolondrado en que consiste la existencia, no digo que no, porque yo mismo andaba hecho una especie de yonqui psicológico de El Que Fue, asqueado y atraído a la vez por su credo polivalente, y aguardaba con ansia sus discursos sin brújula, en parte porque me resultaban irritantes y en parte porque me fascinaban, pero Jup estaba llegando a extremos ridículos, porque se comportaba como El Que Fue, y le imitaba los gestos, y las inflexiones de voz, y le había soltado la brida a su tendencia natural al disparate, y por ahí andaba él disparatando alegremente, y en eso se le iba el ser, como quien dice: una abducción mental padecía Jup, y aquel viejo amigo era de repente para mí un extraño: El Que Fue Jup Y Ya No Era Jup, suplente de sí mismo, diluido en la otredad.

Por si fuera poco, El Que Fue, Jup, el Molécula y Quinqui acabaron formando un cuarteto inseparable y no había noche en que no salieran por ahí de cacería abstracta: el mundo como presa. A nadie avisaba Jup de esas salidas, y el poeta Blasco sé que andaba herido por aquello, y supongo que Mutis también, aunque nada dijese, y yo por supuesto, porque éramos la trama disuelta, el complot cercenado, y a nuestra vieja tropa sólo la reunía al completo, de vez en cuando, el azar, cuando llegábamos a algún sitio y nos encontrábamos casualmente con aquellos cuatro, muy de risa entre ellos y muy cerrados en claves que a los demás nos resultaban arcanas, lo que aún más nos hería.

Incluso en las discotecas últimas, El Que Fue no dejaba de ser el que era: «Hoy el Ente Supremo se lo ha montado a lo grande: ha hecho que ciento diecisiete pastores argelinos mueran a manos de los fundamentalistas, ha hecho que suba el precio de la leche y que una cantante alcohólica mexicana grabe un nuevo disco horripilante, entre otros cuantos millones de detalles de ese corte. Mañana tendrá el antojo de derribar un avión, de provocar un terremoto y de hacer que una niña hindú pise una serpiente venenosa, entre otros cuantos millones de accidentes, porque el Ente Supremo tiende al tremendismo. Dicen los teólogos que todo eso responde a la necesidad de mantener un equilibrio misterioso, incomprensible para la mezquina mente humana, porque la gente es demasiado quisquillosa y no le sienta bien que la sepulte un alud de nieve o que se la coma un tiburón; pero no hay de qué preocuparse, dicen los teólogos, porque el Ente Supremo lleva bien ese negocio suyo de distribución a domicilio de armonía y de caos, de rutina y catástrofe, pero ¿sabéis lo que os digo?». (Y nos miraba fijamente, uno por uno, y todos íbamos negando con la cabeza.) «¿No? Pues muy fácil: que en cuanto me tome dos copas más, me voy al Garden, por si acaso al Ente Supremo le da mañana por fijarse en mí y me incluye en uno de esos lotes dramáticos, en uno de esos genocidios que son impres-

242

cindibles para mantener el horror divino en el universo, de acuerdo, pero muy desagradables a escala individual. Y ahora les ruego, caballeros, que tengan el detalle de invitar a una copa a este pobre juglar que canta las hazañas sangrientas de Dios.» (Y le invitábamos, claro está, porque El Que Fue era pródigo en palabras, pero duro de bolsillo.) (Y luego nos íbamos todos al Garden.) (Y yo pensaba en María.)

Como ustedes sabrán (porque llenan la ciudad de carteles), en Oxis organizan cada año una fiesta de disfraces, y allí estamos nosotros al completo, como es lógico.

Hay gente (psiquiatras, etcétera) que asegura que la elección de un disfraz delata de manera casi científica los recovecos del subconsciente, y no digo que no (quién sabe: habrá quien ande con el alma envenenada por la frustración de no haber sido un troglodita o un indio apache), pero en mi caso me limito a recurrir, año tras año, al único disfraz que tengo: de mago Merlín, aproximadamente. (Una túnica con estrellas, un capirote con estrellas, una varilla con una estrella en la punta, una barba del color de las estrellas.) Me lo cosió Yeri hace ya cinco años o quizá seis, y tiene algunas quemaduras de cigarrillo, y está un poco raído por los bajos, y la barba da un calor espantoso, pero me cuesta imaginarme en la fiesta de Oxis con otra pinta, porque me he acostumbrado a esa transfiguración anual y, al amparo de mi aspecto venerable, me gusta ir dándoles a las muchachas en la frente o en el hombro con la varilla mágica, y ellas suelen tomárselo a bien, especialmente las que van disfrazadas de algo relacionado con lo esotérico.

Esa fiesta de disfraces es uno de los acontecimientos del año para nosotros, y la espero siempre con una rara ilusión, porque es como viajar a un planeta habitado por brujas escotadas, por marcianos, por vampiras musculosas, por etéreas viudas envueltas en encajes... Durante unas horas, nadie es allí quien es, porque se produce un trastorno masivo de personalidad, y eso siempre despierta expectativas en los expectantes por naturaleza, y esa esperanza de enajenación colectiva hace que uno imagine casualidades exóticas: que vayas —no sé— a los servicios y que se te tire al cuello un hada cocainómana que sueña cada noche con la muerte, pongamos por caso. (O que una adolescente vestida de pantera decida devorar crudo al mago Merlín, por poner otro caso.) (Etcétera.) (Las ilusiones, en fin, que salen gratis.)

Como andaba yo con ese fantasma metido en el pensamiento, llamé a María, le comenté lo de la fiesta y le pregunté si le apetecía ir. Me dijo que no estaba segura, que no le gustaban las fiestas, y aquello en el fondo me alivió, porque en las aglomeraciones nocturnas siempre es mejor ir de cazador furtivo que de conejo bocabajo, por así decirlo.

«¿Qué vas a ponerte, camarada? ¿El traje de estrellitas?» Jup me dijo que El Que Fue iba a ir a la fiesta. Y Quinqui. Y el Molécula también. Y aquello me cayó mal, porque era una muestra más de la invasión de nuestros territorios, otra profanación de nuestros símbolos. (Pero así estaban las cosas: como al final del Imperio Romano.)

—¿De qué vas a ir tú, camarada?

—Ya te lo he dicho. De Merlín.

—No, eso ya lo sé. Lo que te pregunto es qué vas a tomarte.

Yo pensaba ir de *éxtasis*, que es lo que mejor va para esas ocasiones, porque te mantiene en pie y, si hay suerte, te pone alma de arcángel, y además hace que todas las mujeres se igualen jerárquicamente en tu imaginación: las espectrales y las gordas, las jóvenes y las marchitas, las chifladas y las meditabundas... (Y ese es un buen punto de partida.) (Aunque a veces sea un mal punto de llegada.)

—Yo también voy a ir de *éxtasis*, pero del líquido.

—¿Del líquido? Pero eso no es MDMA, sino GHB.

—¿Y cuál es el problema del GHB, camarada?

Como ustedes saben, el problema de esa sustancia es que si te pasas un poco con la dosis, puede provocarte una hipertermia de olla exprés y llevarte a veces a un coma transitorio, pero coma al fin y al cabo, que es algo que sólo puede entusiasmar a los adictos al coma. Lo sé porque Galeote, un compañero de comisaría que se encarga de mandar a los laboratorios las muestras de los alijos incautados, me informa sobre qué cosas de las que circulan tienen mayor porcentaje de pureza, cuáles son morralla y qué sustancias sobrepasan los límites prudentes de toxicidad, aunque esa información hay que renovarla continuamente, porque el mercado de psicotrópicos es muy cambiante, con su avalancha de imitaciones de marcas prestigiosas, con sus lógicas irregularidades en el suministro de materia prima, que acaban incidiendo en la calidad final del producto, sujeto al albur de los sucedáneos… (Como mercado que es, en fin.)

«Pues yo pienso tomarlo.» (Pues muy bien.)

… Y llegó por fin el sábado de la gran mascarada, la noche en que el corazón se pone una capucha con cascabeles y brinca alegremente en nuestro pecho como si en vez de un corazón fuese un titiritero nervioso. Porque es la noche en que nuestra identidad y nuestra conciencia se quedan cautivas en el congelador, envueltas en papel metálico, y salimos a la calle convertidos en un jeque de capa suntuosa y de alfanje reluciente, en una enfermera tetuda o en el mismísimo mago Merlín, con un traje de estrellas plateadas que brillan como las reales cuando les dan de lleno las luces de los focos giratorios.

El sábado de la fiesta anual de disfraces es un día anómalo en todos los sentidos. Los sábados rutinarios, solemos quedar temprano y salimos por ahí a tomar unas cervezas y a comer alguna cosa y, ya en torno a la medianoche, nos tragamos lo que haya que tragarse y nos adentramos en las cavernas platónicas, repletas de sombras bailarinas y lanzadas en picado al pandemónium, para sentir dentro de la cabeza el tambor machacón de los rituales, que es de lo que se trata: la ilusión de un viaje por la selva, con los bajos instintos como guía. Pero el día de la fiesta de Oxis todo es anómalo, ya digo, porque no va a echarse uno a la calle, disfrazado de cualquiera sabe qué cosa, a las nueve de la noche, sin estar colocado siquiera, expuesto a tener la bronca con cualquier simpático, y, como la fiesta no empieza a animarse hasta las doce o por ahí, la espera en casa se hace interminable.

Me preparé, en fin, una cena de asceta para allanarle el terreno a la dilución del *éxtasis*, me fumé un par de canutos y me puse a ver la televisión, impaciente, excitado, deseoso de transformarme en el mago Merlín para confundirme alegremente en el revoltijo de pálidas emperatrices y de cadáveres con un hacha de goma incrustada en la cabeza, de beduinos y nerones, de *drag-queens* con alas de mariposa y diademas fosforescentes, sobre tacones de veinte centímetros…

Eran más o menos las diez cuando sonó el teléfono: María. Que estaba pensándoselo. Que quizá. Que aquello de qué iba. Que a qué hora. Y entonces me alteré del todo, porque no sabía si se trataba de una noticia buena, mala o regular, aunque al final decidí que, sin ser mala, tampoco era buena, de modo que era más bien regular, tirando a buena por un lado (compañía femenina segura) y a mala por otro (compañía imprevista descartada), y, en definitiva, me arrepentí de haberle comentado a María lo de la fiesta de Oxis, que es una ocasión sagrada para mí, la marca maga en el calendario, el día del aquelarre psicotrópico, y me arrepentí también de ser siempre tan atolondrado con las mujeres, porque me siento ante ellas como un confidente policial y les suelto todo, incluso lo que menos debería, y me arrepentí igualmente de meterme por propio pie en el terreno angustioso de las coyunturas contrapuestas (María sí, María no), pero de sobra saben ustedes que el arrepentimiento se caracteriza por su carencia absoluta de efectos prácticos, porque es un sentimiento que no sólo no resuelve nada, sino que la mayoría de las veces complica todo aún más, al darse la circunstancia de que añade al pasado una dimensión de error incorregible. «Pues quedamos allí sobre las doce. Ya veré qué me pongo.» (Bueno, cualquier cosa que no fuese una piel de perro.) «Cualquier cosa, María.»

... Y estamos ya en Oxis, reino tronante de la anonimia y la impostura, sumergidos todos en la irrealidad del maquillaje y de las máscaras: los fantoches furtivos que huyen por una noche de su ser. (O similar.)

«Tú siempre fiel a la tradición, Yéremi. De brujo», me dijo Yusupe, el portero de Oxis. «Ya están los otros dentro.» Y dentro estaban, efectivamente, los otros: Jup disfrazado de narcotraficante calé, con los dedos cuajados de anillos, las muñecas llenas de pulseras, un medallón del tamaño de un huevo frito en el pecho y una peluca negra de rizos diminutos y brillantes; Blasco se había caracterizado de difunto (más o menos) a fuerza de maquillaje blanco, aunque llevaba el traje negro de siempre, y Mutis de algo inconcreto: una categoría intermedia entre el mendigo y el doctor *honoris causa*, ya que se había echado por encima una túnica llena de remiendos y se había puesto un birrete amarillo en la cabeza. Un rato más tarde llegó la facción apócrifa de la tropa, por así decirlo: El Que Fue iba de gladiador, con el torso cruzado por cinchas de cuero, y en la mitad que quedaba descubierta de su espalda se veía el tatuaje de una mariposa del tamaño de un avestruz; Quinqui iba del Zorro, con todos sus ingredientes, y el maligno Molécula (que había dejado al Proyectil en casa junto a una pirámide de latas de cerveza, según nos dijo) había tenido la agudeza de encasquetarse en la cabeza una bola de gomaespuma, de embutir su cuerpo pequeño en un traje blanco de licra y de ponerse en el culo una cola muy larga. («¿De qué vas, primo?», le preguntó Jup, y el Molécula no tardó en revelárselo: «De espermatozoide, coño, ¿no se nota?».)

Poco después llegó Ruth, la nínfula *gore* de Mutis, vestida de luto como siempre, aunque con la cara pintada de amarillo y el pelo recogido en dos trenzas: «Vengo de vietnamita violada». (¿?) Y, en fin, por allí anduvimos, cada cual amasando sus fantasías más urgentes: los acelerados alquimistas.

«¿Te has tomado la porquería esa?», le pregunté a Jup. («La porquería esa» era la sustancia conocida como GHB.) «Sí, y el camarada El Que Fue, y Quinqui, y mi primo. Y estamos que nos salimos del pellejo.» Blasco, por su parte, aficionado a la coctelería narcótica (en parte por su condición de mendigo narcótico), se había comido medio *tripi* de uno que le regalé y una pirula de *speed* que le pasó Mutis, pero, como siempre juega con el comodín del alcohol, los resultados son más imprevisibles de la cuenta: lo mismo le da por ver engendros voladores que por pensar que está en el paraíso, con más frecuencia lo primero que lo segundo. El silencioso Mutis, como no hace falta ni indicar, iba muy puesto de *speed*, y supongo que Ruth iría de lo mismo. Yo, dispuesto a echar leña al caldero del buque, me había tomado un *éxtasis* y llevaba en el bolsillo tres más, por si las moscas. (Por si las moscas me cantaban su canción:

zzzzzzzz.) (La irresistible canción del sueño, disipadora del ensueño.)

«Hola.» María no llegó disfrazada de Cleopatra, como es lógico, pero al menos había hecho cuanto estaba en su mano por incorporarse al mundo de los encantamientos: se había puesto una bata blanca, una pamela celeste, un collar de dientes de tiburón y se había pintado una estrella en el ojo derecho. El Que Fue no tardó en abordarla: «Soy un gladiador que arrojó su alma a los leones, y los leones murieron envenenados. He hecho correr la sangre vanidosa en los circos del mundo. He visto a centenares de hombres intentar recogerse las tripas. He visto el horror cristalizarse de manera instantánea en los ojos de un luchador armenio cuando le amputé el brazo de un tajo y, apenas un segundo después, le abrí el vientre como quien abre una gruta hedionda. He oído llorar en mitad de la noche de tormenta a los gigantes invictos de Etiopía. Así que, señorita vestida de absurdo ambulante, ¿baila usted conmigo?». Pero María le dijo que no. («Oye, ¿de qué va este amigo tuyo? ¿De poeta discotequero loco o algo así?»)

Me resultaba difícil hablar con María, prestarle mi atención, mirarla siquiera, en parte porque su compañía era un lastre en unas circunstancias en las que a uno suele apetecerle la navegación a la deriva, que es lo bueno que tienen las fiestas de ese tipo: el merodeo. En parte por esa razón, ya digo, pero en parte también porque a veces el *éxtasis* provoca reacciones complicadas y te da por pensar que todo el mundo está deseando arrancarte la cabeza y clavarla en un palo, que todo el mundo te observa como observa el buitre al jabalí moribundo, y sientes entonces tu cuerpo como si fuese una estructura de cristal, y ves ojos clavados en ti, y ves sujetos de ojos enemigos que avanzan hacia tu territorio para empujarte, para pisotearte, para decirte que no les gusta tu cara y que van a rompértela. (Una mera ficción psicótica, por supuesto, al menos en teoría, pero con todos los inconvenientes de una certeza absoluta.) Miraba a María y me acordaba de los perros condenados a morir, y no podía sostenerle la mirada, y deseaba que se fuese, y deseaba ser de verdad el mago Merlín para hacerla desaparecer con un golpe de mi varilla hechicera, pero María seguía allí, a mi lado, pegada a mí, inexpresiva y absorta, bebiéndose un refresco de limón y moviendo el pie derecho al ritmo de la música, extraña en ese mundo de gente colocada hasta las cejas y vestida de fantoche fantasioso.

Además, Blasco, como era previsible, tuvo un mal viaje y comenzó a pregonar el apocalipsis y el imperio imparable de la muerte. («Estoy muerto, Yéremi. Y tú también estás muerto.») (Etcétera.) Jup hacía corro aparte con El Que Fue, con Quinqui y con su primo el Molécula, empapados de GHB, que no les había provocado hipertermia ni coma, sino una felicidad obscena, ruidosa y radiante, porque los contratos que firmamos con los estupefacientes tienen mucha letra pequeña. «¿No viene Rosita, Jup?» No, porque Jup había tenido una riña con la camarada Rosita Esmeralda, una riña estratégica: él no podía concebir la fiesta anual de Oxis desde otro ángulo que el de la soltería salvaje. A Mutis le dio esa noche por hacer el aeroplano entre la gente que bailaba, y volvía sonriendo al lado de Ruth, y al rato volvía a hacer el aeroplano entre la gente, a riesgo de llevarse un par de hostias. «¿Y tú qué tal, Yéremi?», me preguntarán ustedes. Bueno, así así, porque los hombres de mirada turbia me retaban, las mujeres me miraban con desdén, los camareros servían a todo el mundo antes que a mí, mi mandíbula era una máquina de prensar metales. (Sugestiones, sí, pero más intensas que muchas realidades empíricas, por así decirlo.) (Las dolorosas ficciones, las fábulas hirientes…) (Como si dijéramos.)

Quinqui también probó suerte con María: «¿Tú eres la novia del pasma?», y la agarró por la cintura, pero ella lo esquivó, y entonces Quinqui, como venganza, me pidió dinero y, como no se lo di, arrojó una bomba fétida a mis pies: «Este, ha sido este», gritó cuando la peste se expandía, señalándome y tapándose la nariz. Por su parte, Blasco, con la lengua espesa, le recitó a María un poema al oído, supongo que repleto de murciélagos y de tumbas, y al final le dijo que ella también estaba muerta, porque veía salir orugas de sus ojos. («Oye, estos amigos tuyos, no sé...») De modo que, por no saber qué hacer y a la vez por hacer algo, me fui a los servicios, trituré una pastilla y media, volví a la barra y se la eché a María en su refresco de limón: la guerra química. (A lo grande.)

Cuando el *éxtasis* te da paranoico, el arreglo es malo: tomarte un ansiolítico potente y meterte en la cama, y meterme en la cama era casi lo único que no quería hacer esa noche, de manera que le pregunté a Jup si le quedaba GHB, y me dijo que no, pero que podía pasarme medio *tripi*, y, en fin, yo estaba valiente.

Mientras esperaba la reacción que me haría el *tripi* y la reacción que podría hacerle a María la pastilla y media, me puse a mirar a una que bailaba como si la columna vertebral se le hubiera convertido en serpiente y que iba disfrazada de súcubo babilónico (o similar), con unas bragas y un sujetador de lentejuelas doradas, una capa también dorada, unas botas doradas hasta los muslos y una diadema en forma de pirámide: algo así como la hija descarriada de Lucifer y de Afrodita Acidalia, bañada en oro. «¿Te gusta?», me preguntó María, pero yo no me había planteado el asunto desde la óptica simple del gustar o el no gustar, sino que lo había trasladado a una dimensión un poco más extremista: en ese instante (en otro tal vez no, pero en ese sí), me hubiera dejado cortar las dos manos por poder pasar un cuarto de hora revolcándome con aquella diabla en el infierno que ella eligiese. «A mí también me gusta. Muchísimo.» (¿?) Me fijé en las pupilas de María: estaban ya muy dilatadas. «Me gustan las mujeres.» Le dije que teníamos el mismo defecto y seguí a lo mío: la observación de la diabla, pero a María le entraron ganas de hablar y me contó una historia que me resultó confusa, no digo que porque lo fuera, sino porque le presté poca atención, al darse la circunstancia de que mi atención tenía un pacto de exclusividad con la diabla, que bailaba rodeada de monstruos anhelantes: el pirata tuerto, el espadachín, el hombre lagarto... «Hace más de dos años que no me acuesto con un hombre...» (Y los monstruos acercaban sus fauces a la oreja de la diabla para decirle algo que ella sabía de sobra, frases oídas miles de veces a lo largo de miles de noches, plegarias soeces, súplicas atroces, y ella ponía gesto de divertido estupor y seguía bailando sola, novia de sí misma, amante del aire, contoneándose ante un dios invisible, cuerpo de esplendor autista entrenado para causar dolor en el núcleo nervioso del ansia.) «Tuve una mala experiencia...» (Y yo querría haber nacido muerto.)

Jup y El Que Fue hablaban con dos muchachas disfrazadas de pato. Blasco se había sentado en la escalera de los servicios, con la facha desbaratada de los visionarios tenebrosos, sin duda rumiando metáforas del sinsentido universal. A Mutis y a Ruth los tenía perdidos de vista. Quinqui vagabundeaba, sin duda al acecho de bolsos descuidados. El Molécula bailaba en la pista, entre gigantes.

«... Y, desde entonces, hay algo que me impide tener relaciones normales con hombres. Pero no quiero aburrirte. Creo que voy a irme ya, porque a las ocho de la mañana los perros se ponen a ladrar por la comida.» (Adiós, adiós, asesina de perros.) (Bienvenido, ácido.) (La música descomponiéndose en el infinito como una materia angustiada.) (Las luces como líquidos aéreos.) (La gente como una mesnada de colores, un ejército de contorsionistas que se movía como un solo ser, un dragón jorobado y sinuoso.)

«Eh, Yéremi, camarada, voy a presentarte a estos patos», y las mujeres pato reían, y por allí anduve un rato más, perseguido por mi propia paranoia, pisando vasos rotos, viendo cómo se desintegraba la aglomeración de marionetas.

La diabla seguía bailando. Los optimistas habían desistido de asediarla, porque incluso los piratas más insensatos saben que hay tesoros que no pueden robar. Y entonces caí en la cuenta de que aquella, y no María (¿cómo podría serlo?), era la mujer que se había manifestado en mi visión: la silueta dorada y arrogante que ahuyentó la presencia luminosa de la muerte. Supe que era ella, lo supe como quien sabe que acaban de clavarle un puñal en el costado, y la miraba moverse como un fuego, oro cambiante, espectro diluido en claridad. Y sabía que jamás iba a cruzar con ella una mirada, una palabra, porque ella era la demonia errante que aparece en las visiones agónicas. Y lloré. Con los ojos secos, pero lloré: las lágrimas fluían dentro de mí como un manantial, inundando mi alma, inundando mi pensamiento, encharcando mi vida entera. Y sentí latir la masa de mi corazón como si fuera fango. Y los espejismos estallaron en burbujas, y esas burbujas creaban a su vez espejismos oscilantes, restos de vida mágica. Y salí de Oxis. Y estaba amaneciendo ya. Y el cielo parecía el blanco de un ojo condenado a un llanto eterno.

Hay noches que no terminan cuando el sol evapora ya el rocío y las meadas callejeras de los noctámbulos: noches prorrogadas, noches clandestinas en la luz, con su luna transparente, párpado insomne. Noches blancas, en fin, con su magia negra, porque el alma sigue instalada en la noche.

Cuando llegué a casa eran más de las ocho. Mientras esperaba el ascensor, abrió el portal la que, a falta de nombre conocido para ustedes y para mí, llamaré la Niña. («¿Quién es la Niña?») A la Niña la había visto alguna vez antes de su metamorfosis repentina en alimaña de ojos pintados y de melena teñida del color de la sangre coagulada. La había visto entrar y salir del bloque, con sus padres, con amigas, con juguetes, habitante de un reino de princesas y de gnomos que caben en una caja de cartón; insignificante, veloz, inacabada. Pero el tiempo, el alfarero urgente, había estado trabajando en secreto en el cuerpo de la Niña, en sus glándulas palpitantes, en su laberinto movedizo de células, en los círculos sin fondo de su iris, modelando la curva de su espalda, moldeando sus pechos surgidos sin aviso, tapizando de cachemir sus ingles tersas, mutante sin dolor, mutante atónita, organismo proteico transformado cada noche, cada mañana asombrado de sí, de la alteración melodiosa de su alterada melodía carnal, de su mudanza bruja y violenta: cuerpo brotado de un cuerpo. (La Niña...)

Cuando me vio, se quedó parada, porque nadie está preparado para encontrarse de amanecida con el mago Merlín. Emitió un gruñido como saludo. Le abrí la puerta del ascensor, emitió otro gruñido en señal de agradecimiento, entró, entré y le dio al 5º. Buscó las llaves en su bolso caótico, prestidigitadora de pequeñas cosas: un encendedor, un pasador de pelo, un paquete de chicles. A la altura del 3º me miró, la miré, vio mis pupilas aún dilatadas, vi las suyas dilatadas aún. Nos reconocimos como miembros dispersos de la cofradía pastillera: la nínfula intocada por la intuición de la muerte y el centauro cascado, de regreso a la cueva común del polígono Ucha tras la visita a la gruta de los encantamientos químicos, con la excitación de los prófugos de un submundo volátil, yo con un fardo de pasado y de conciencia echado a las espaldas, ella flotante en su inmortalidad transitoria, en su país de relojes detenidos.

(Y el 5º.) (El adiós sin adiós: la silueta rápida, huyendo de la luz, furtiva en el día.) (La efímera efémera...) («¿La efímera efémera?») (Sí, la efémera: esa especie de libélula que sólo vive unas horas.)

Cuando entré en mi piso, me tumbé vestido en la cama y vi en la oscuridad ráfagas oscilantes de color y luego una negrura hecha de puntos intermitentes. Unos metros más abajo, la Niña estaría desnudándose, deshaciendo el nudo de los cordones de sus botas de diseño ultragaláctico, quitándose sus colgantes de símbolos esotéricos, su lencería rudimentaria pero contagiada de la seda de la piel... Y pensaba en la Niña y pensaba a la vez en la diabla babilónica de Oxis, y hacía de las dos una imagen única y portentosa, un animal deforme y perfecto, bicéfalo y surreal, figuración duplicada por el ansia, y el ansia me decía al oído: «Si por cualquier confabulación extravagante de milagros, si por cualquier concatenación milagrosa de confabulaciones o si por cualquier extravagante configuración de irrealidades, esa lobezna de alma todavía informe te dijese alguna vez en el ascensor: "Ven conmigo", ¿qué harías, filósofo drogadicto? ¿Y si la demonia dorada...?». (El ansia: el sentimiento fantasioso...)

¿Dormiría ya la Niña —divagaba yo—, sumergida en un lago de fluido hipnótico transitado por peces de colores y tritones carnívoros? ¿La mantendría desvelada la metilenedioximetanfetamina, como me ocurría a mí, que pensaba en ella como piensa un gato en la pescadería que hay en el bajo del edificio cuando se asoma al balcón y le llega un olor abisal a peces palpitantes aún, pero envueltos ya en un sudario de hielo picado, tanatorio glacial de seres silenciosos, y el gato maúlla, dramáticamente maúlla el mierda gato anhelante, y su maullido se convierte en una súplica desgarrada, hasta que se cansa de maullar y se conforma con los piensos que saben a buey? (Lo inalcanzable, etcétera.) (Porque así pensaba yo en ella: como un gato.) ¿Y cómo sería la alcoba de la diabla de Oxis? (¿Poseída allí sucesivamente, entre nubes de azufre, en un ritual goético, por una veintena de diablos de polla escarlata?)

En fin, me levanté, me lié un canuto, conecté la emiso-

ra y me puse a retransmitir, muñeco yo del blablablá, muñeco de ventrílocuo, ventrílocuo de mí mismo, bululú, sin
guión, a lo que saliese, a las ocho y veinte de la mañana de
un domingo gélido. Para nadie sin duda, pero yo necesitaba hablar:

«Hoy es un buen día para morir. El sol brilla, pero todo
está gélido. Esta mañana se parece a la muerte. El aire está
tan frío como los azulejos de un quirófano en el que alguien
acaba de palmarla tras confundir la muerte con un desva-
necimiento, con una repentina debilidad, con una mano de
algodón. Hoy es un día estupendo para morir. Hoy es el día
adecuado para eso. Porque siempre se muere tarde. Siempre
sobrepasamos el tiempo reglamentario, incluso los que mueren antes de nacer, porque no sabemos qué hacer con esa
lombriz trascendentalista que llevamos dentro de la cabeza.

»Amigos de *El cesto de las orejas cortadas*, qué raro es el
mundo: mueren los elefantes, los ágiles guepardos que son
los dandis de la sabana, mueren las ballenas y los cocodrilos
sigilosos, moriremos todos nosotros el día menos pensado,
pero los virus, las bacterias y las células cancerosas pueden
ser inmortales. Como suena. Esos bichos diminutos pueden ser inmortales. Consultad alguna enciclopedia si no me
creéis. Y os diré más: si en un cultivo de laboratorio se mezclan células cancerosas y células normales, las células normales pueden transformarse en cancerosas, y de ese modo
alcanzan la inmortalidad plena, el goce de un tiempo sin
fin: el mito de la venta del alma al diablo, pero en versión
celular, ¿comprendéis?

»Sí, hoy es un día magnífico para morir. Porque resulta
conveniente morirse cuando tu pensamiento es ya una serpiente encerrada en un frasco de cristal...».

Y entonces sonó el teléfono.

¿A quién se le puede ocurrir llamar a casa de alguien un domingo a las ocho y media de la mañana cuando has dejado a ese alguien unas horas antes en una discoteca disfrazado de mago Merlín? A María, como es lógico. «No puedo pegar ojo. He soltado a todos los perros. Necesitaba decirte que soy feliz y que quiero verte.» (La MDMA, con su cálido poder, directa al corazón...) Yo no estaba en mi mejor momento, pero le propuse que viniera a casa, porque el hecho de ir yo al Auschwitz de los perros era algo que me apetecía tanto como haber nacido perro. «¿Dónde vives?» Y me dijo que salía enseguida.

Desconecté la emisora, arreglé un poco la cama, vacié los ceniceros y me duché, todo a la carrera. Mi fantasía continuaba pendiente de la diabla y de la Niña, pero con la sexualidad ocurre lo mismo que con la depredación, ya que la sexualidad es una variante —generalmente incruenta— de la depredación: el tigre veterano sabe que no puede correr detrás de la gacela joven y se conforma con devorar una gacela enferma o lastimada. (Incluso le sabe bien.)

María no se había borrado la estrella del ojo izquierdo. «Bueno, sí, pero ¿qué más?», me preguntarán ustedes. Pues poco más: cada cual se desnudó por su cuenta, de espaldas al otro, sin teatralizaciones, y nos metimos rápidamente en la cama, como burócratas del deseo, sin esperanzas de grandes epopeyas carnales, al menos por lo que a mí respecta. Las sábanas estaban como la nieve, aunque no tanto como el culo de María. Me pidió que la abrazara y que fuese suave con ella (¿?). Y poco más, ya digo; lo habitual en esos casos: dos cuerpos extraños entre sí que se tantean con rigidez y que no atinan a encontrar esos resortes ocultos que van abriendo las compuertas del laberinto estremecido del sistema nervioso. («No, eso no.») («Así me duele.») (Etcétera.) Al final, creo que María tuvo un par de orgasmos o similares, porque lo cierto es que los residuos del *éxtasis* me mantenían en mutación pinocha, aunque a la vez bastante insensible, como si el muñeco fuese una prótesis de caucho, y estaba deseando terminar con aquello y dormir, porque hay ocasiones en que Morfeo (hijo de Hipnos) le pega un par de patadas en la boca al dios Eros (hijo de Afrodita) y lo tumba.

Cuando terminamos, me arrepentí de haberle dicho a María que viniera a casa, porque el problema principal de meter a alguien en tu casa es que no sabes cuándo va a irse, y llegas a alimentar la angustia de que no va a irse jamás, y le suplicas al presente que se convierta en pasado cuanto antes, que fluya de inmediato hacia el olvido, porque ya se lo vio venir Schopenhauer: «La única forma de la realidad es la actualidad», y la actualidad en aquel instante era la siguiente: una mujer desnuda en mi cama, contándome sucesos para mí incomprensibles de su vida, con el alma dulcificada por la MDMA y con veintisiete lunares en la espalda. (Esa era la actualidad y, por tanto, la realidad.) (La mía.) «Tiempo, corre», susurraba yo, pero María seguía en mi cama como si fuera la suya. La estrella del ojo se le había emborronado, y había manchado de pintura la funda de la almohada, y eran las diez y media, y yo quería dormir, pero María quería hablar, y no se fue hasta cerca de las tres, y aun eso gracias a que tenía que dar de comer a los perros condenados a muerte.

Me caía de sueño, ya digo, pero tuve que hacer cálculos: si me dormía a las tres, me despertaría como mucho a las siete de la tarde, y pasaría la noche desvelado, y a las ocho menos cuarto de la mañana tendría que irme a trabajar, porque el comisario no perdona los retrasos en lunes: le resultan demasiado sospechosos, y te echa el discurso, y nadie está un lunes por la mañana para discursos. Así que me tracé el plan que sigue: tomarme un comprimido y medio de

Myolastán (un derivado benzodiazepínico que actúa como miorrelajante y que da un sueño espantoso), que, aparte de dejarme medio cataléptico, me quitaría el dolor del pie, porque en Oxis me habían dado un pisotón y, al disiparse los efectos del *éxtasis*, me dolía bastante, porque el cuerpo había vuelto al cuerpo tras su estancia en un planeta rebelde a las leyes de Newton, por así decirlo. Con eso calculé que dormiría unas siete horas, lo que significaba que me despertaría en torno a las diez de la noche. «¿Y entonces?» Pues muy fácil: tendría sobre la mesilla un vaso de agua y un comprimido de un miligramo de Rohipnol (pariente del Myolastán por la rama de las benzodiazepinas) para tomármelo nada más despertarme, y con eso calculé que podría dormir hasta las seis de la mañana. Me levantaría abotargado y hecho un golem, con la cabeza espesa como el magma, sí, pero todo quedaría más o menos arreglado con un par de cafés, con una ducha tibia y con tres o cuatro cápsulas de guaraná, esa cafeína concentrada que venden en las herboristerías y que en dosis de tres unidades equivale a una cantimplora llena de café solo.

Y todo eso hice, en fin. Y se cumplió más o menos el horario previsto. (Estas alquimias caseras no creo que resulten demasiado buenas para el cuerpo en general.) (Incluida en el cuerpo la mente.) (Pero de algún modo habrá que convivir con el organismo, domarlo un poco, ¿no?) (Porque a veces una cosa eres tú y otra tu cuerpo.) (Aunque Critias, el sofista, opinaba que el alma es sangre, que es lo que nos faltaba por oír.)

El Que Fue Y Ya No Es continuaba disfrutando de la condición de artista estelar del Pabellón Helado (Cueva de las Ideas). Un día anunció una charla sobre «La sexualidad según Sigmund Freud (Subconsciente y perversión)», y aquello se llenó de gente: más de cien personas, la mayoría de las cuales tuvo que quedarse de pie, porque habría allí unas treinta sillas como mucho, cada cual de una hechura, y el Molécula no estaba dispuesto a invertir en mobiliario, dada la condición excepcional de aquellas aglomeraciones.

El Que Fue llegó borracho del todo, aunque con la lengua firme: «Según Freud, las perversiones sexuales son de dos tipos, lo cual no deja de ser una suerte, porque imaginen ustedes que fuesen de cincuenta tipos... Bien, esos dos tipos de perversiones son los siguientes: *a)* las transgresiones anatómicas de los dominios corporales destinados a la unión sexual; es decir, dar por culo y meterse cosas en la boca, fundamentalmente, y *b)* consumación de la sexualidad en las relaciones intermedias; o sea, hallar la plena satisfacción en el hecho de oler lencería usada o en correrse dentro de un zapato, por ejemplo. Y es que la sexualidad responde a un instinto genérico, sí, pero ese instinto se echa a perder por culpa de dos hijos de perra, a saber: la infancia y el subconsciente. En términos generales, la infancia, para Freud, es un nido de bacterias psicológicas que, con el paso del tiempo, a medida que van creciendo y reproduciéndose, acaban convertidas en gordos y saludables gusanos psicóticos. Cuando eres niño, estás deseando acostarte con tu padre o con tu madre, para abrir boca, y quieres matar a tu hermana mayor porque ocupa el sitio de tu madre, o te enamoras de tu hermano pequeño porque te recuerda a ti mismo, que eres un asqueroso narcisista. La infancia es un lío, o sea. Además, los niños tienen lo que Freud llama una disposición perversa polimórfica, que es algo que huele verdaderamente mal. Voy a leerles un párrafo aclaratorio al respecto, un párrafo del propio Freud: "Es muy interesante comprobar que, bajo la influencia de la seducción, el niño puede hacerse polimórficamente perverso; es decir, ser inducido a toda clase de extralimitaciones sexuales". Lo han oído bien: a toda clase de extralimitaciones sexuales si se les cruza en el camino el hombre de los caramelos». (En ese instante, me fijé en el Molécula, que asentía detrás del mostrador del bar que había montado en un lateral de la sala, bajo la sombra protectora del busto de Lenin, al que había encasquetado un sombrero.) («Para camuflar al bolchevique», según él.) «... Freud explica este desmán sexual en el que pueden derivar los niños por su carencia de diques anímicos contra esas extralimitaciones. Esos diques serían el pudor, la repugnancia y la moral, que son pilares de la conciencia adulta, que es ya una construcción intelectual basada en convenciones y prejuicios. ¿Me siguen?» (Y el Molécula asintió de nuevo.) «Pero cambiemos de tema: ¿qué opinaba Freud de las felaciones? Según él, la repugnancia por los genitales del sexo contrario está relacionada con la histeria, sobre todo en las mujeres, de manera que si alguno de ustedes le dice a una mujer que es una histérica porque no quiere chupársela, que tenga la conciencia tranquila, porque no estará emitiendo un diagnóstico injusto, sino todo lo contrario: un diagnóstico avalado por Freud en persona.» (En ese instante, se levantaron dos mujeres y se fueron, haciendo ostentación de que se iban.) «Bien, antes de continuar, ¿tiene alguien alguna pregunta?» Jup levantó la mano: «Querría que nos explicases, camarada, la teoría de Freud sobre la bisexualidad, si es que la tenía», y El Que Fue se puso a revolver los papeles que había llevado. «Sí, cómo no. Según la terminología freudiana, existen los maricas anfígenos, también llamados hermafroditas psicosexuales, aunque más conocidos en la vida común por el nombre de bujarrones...» (Etcétera.)

El Que Fue me provocaba un sentimiento mixto de atracción y de repulsión, aunque el porcentaje de ambos ingredientes fuese cambiante según el día, con tendencia a ir aumentando la dosis del segundo de ellos. Me atraían sus juegos malabares con el pensamiento, sus bufonadas hermenéuticas, su oratoria vagamunda, pero me repugnaba su macarrismo metafísico, esa tendencia suya a llevar cualquier asunto al terreno de los chistes tabernarios, incluido el asunto Sigmund Freud. Me hubiera gustado verle el aura, para obtener de ese modo información fiable de su ser esencial, al margen de las historias extraordinarias que nos contaba de sí y al margen de su impostura filosófica, pero el aura de El Que Fue me resultaba invisible, que es lo que suele ocurrirme con las auras, de las que, a lo largo de mi vida, no habré visto más de cien, y en la mayoría de los casos de manera muy borrosa y fugaz: una rapidísima alucinación cromática, relámpago en la mente inadvertida, instante aturdidor en que sentía en los ojos una pincelada de tinta evanescente. (O similar.)

Cuando terminó la charla, los habituales y los intrusos nos fuimos a tomar algo por ahí. El Que Fue seguía con el motor encendido y no paraba de regalarnos teorías sobre materias dispares, hasta que decidió revelarnos su proyecto magno y secreto: la Isla de Metal.

«¿La Isla de Metal?» Sí. El asunto es fácil de explicar y de entender. Veamos… Se trataba de ocupar una plataforma petrolífera abandonada desde 1962, flotante desde entonces, como un fantasma de hierro, a unos quince kilómetros de la costa portuguesa, a la altura aproximada de Portimao. Según El Que Fue, existía un precedente: un español ingenioso que se apoderó de una plataforma similar en el Mar del Norte y que constituyó allí un principado desde el que actualmente se expiden títulos nobiliarios y académicos, carnets de conducir, credenciales diplomáticas, pasaportes y, en definitiva, todos los documentos que suelen expedirse en las naciones digamos normales, aunque con un factor de farsa bastante más acusado, según es natural. Aquello podía parecer al pronto una ilusión infantil: la creación de un país de juguete, de un territorio mítico en el que poder jugar al ejercicio caprichoso del poder o al menos de la burocracia, pero se trataba de una ilusión menos compleja: una mera estrategia mercantil. Según El Que Fue, llamas a alguna de las embajadas de chichirimoche que ese principado de chichirimoche tiene en varios países –porque en la plataforma del Mar del Norte no vive nadie, como es lógico– y formulas libremente tu deseo: «Quiero ser embajador en Noruega de vuestro principado», por ejemplo, y ellos te dicen: «Eso vale... diez mil dólares», y si les pagas, ya eres embajador de chichirimoche en Noruega de un principado acuático de chichirimoche, e incluso te dan una matrícula para el coche en la que consta tu pertenencia al cuerpo diplomático de chichirimoche de un país chorreante de óxido. O les dices, por cualquier oculta razón o por cualquiera sabe qué insólito anhelo: «Me gustaría tener un título de especialista en microcirugía ocular», y ellos te informan del precio de ese título, y si la tarifa te resulta asequible, ya eres especialista de chichirimoche en microcirugía ocular de chichirimoche, aunque en casa sólo dispongas de una sierra mecánica para practicar las microoperaciones de chichirimoche. O llamas y les dices que quisieras ser marqués de chichirimoche del Ancla, o duque de chichirimoche de Chichirimoche, o archiduque del Fletán, y ellos te lo arreglan. (Porque, al parecer, una tarjeta de visita con títulos nobiliarios puede deparar mucho poder de intrusión sociológica: el mismo que diecisiete millones de llaves, aproximadamente.) (Y los burócratas de esa plataforma petrolífera te venden esas llaves maestras: distintos modelos de corona.)

El Que Fue nos aseguró que aquel principado marítimo (que disponía de Constitución, de bandera, de himno y de príncipe regente) había iniciado relaciones con representantes diplomáticos de países un poco trastornados como

Gabón, Paraguay, Liberia, Jamaica, Chipre, Pakistán y Turquía, entre otros que ahora no recuerdo, y que, además, había presentado sus credenciales, con acogida muy favorable y afectuosa, a varios representantes de instituciones y países de opereta: al secretario de Estado del Vaticano, al gobernador de Bosnia, al príncipe que preside la Orden de Malta y a no sé qué ministro de la República de San Marino.

«Es un negocio bueno. Inestable quizá, pero bueno», nos aseguró El Que Fue. «Sólo tienes que izar una bandera en la plataforma, buscarte a alguien que te dibuje un escudo de armas, abrir una página *web*, reclutar ciudadanos voluntarios entre los millones de millonarios carajotes que hay repartidos por el mundo y comportarte como se comporta la mayoría de los países: recaudando el máximo posible en impuestos, haciendo una bola de nieve de la deuda externa y abriendo el Derecho Internacional por la página que convenga más. Y eso es todo. La gente añora las utopías, las arcadias, los paraísos estrafalarios. Hay miles de magnates en la Tierra que anhelan ser embajador o vizconde, porque el dinero sólo consigue volverlos más plebeyos de lo que son. La gente rica quiere tener en el bolsillo carnets de instituciones estrambóticas, asombrar a sus amistades con la revelación de una nacionalidad inédita, poder bordar una corona en sus pañuelos. La gente rica quiere ser extravagante, porque sabe que es vulgar. La gente rica necesita contar anécdotas fabulosas, porque sabe que incluso las personas corrientes que cuentan anécdotas corrientes desprecian a quienes cuentan anécdotas corrientes. Y allí estaremos nosotros, los gobernantes de la Isla de Metal, para satisfacer a todos y cada uno de esos miles de soplapollas.»

Jup, como no hace falta decir, se entusiasmó con aquello, porque él, como ustedes saben, suele tender al quimerismo: un país en medio del agua, con leyes dictadas a capricho, con poderes sin control... «Tú serías ministro de

Exteriores y Turismo, Jup. Blasco podría ser el poeta oficial, y escribiría el himno, por supuesto. El Molécula podría...» (Sí, emperador beodo, coloca a tu albedrío las coronas de cartón sobre la cabeza reclinada de tus bufones.) (Borracho hijo de puta.) «Nunca nos reconocerán oficialmente como nación, os lo aviso de antemano, pero eso nos da igual, porque aquello será una isla pirata, y nos dedicaremos a comerciar con los tesoros de ilusión putrefacta que la gente esconde celosamente en los sótanos de su cabeza asquerosa.» Y Jup sonreía. Y Blasco me miraba con cara de interrogación. Y el Molécula le preguntaba por lo de las perversiones infantiles. Y yo me repetía en silencio: «Borracho hijo de puta, charlatán». (Y el charlatán hablaba, más hablaba, más hablaba.) (Mucho más.)

Las mujeres que de entrada resultan despampanantes –por así decir– suelen tener un problema: te deslumbran en cuanto las ves, pero enseguida te pones a encontrarles defectos. (Defectos relacionados con la forma de las orejas o de la nariz, con el aliento, con la risa o con su idea del más allá.) (Eso depende.) (Porque somos vengativos.) Con las mujeres digamos feas, e incluso con las normales, el problema es de orden inverso: te parecen horrorosas o anodinas nada más verlas, carne de convento o de vibrador estriado, pero, poco a poco, comienzas a encontrarles atractivos secretos. (Atractivos menos relacionados con las orejas, con la nariz, etcétera, que con factores abstractos: limpieza de corazón, neurosis apacible...) Como es lógico, todo el mundo prefiere gastar su tiempo junto a una mujer despampanante, por muchos defectos que tenga, antes que junto a una fea o junto a una simplemente normal, por muchos atractivos recónditos que reserve la fea o la normal, pero el caso es que casi todos los hombres acabamos enamorados de mujeres feas o normales, y a ellas les ocurre exactamente lo mismo, porque supongo (no sé) que en esto manda, como en tantas otras cosas, la Naturaleza, con sus leyes primitivas: procrear, asegurar la pervivencia de la trama, satisfacer la necesidad periódica de calambres sicalípticos, y así sucesivamente. En la mayoría de los casos, el disfrute sexual exige la puesta en marcha de una ilusión sensorial alucinada, de un engaño a la vista, para que la vista no sea fiel; la elaboración resignada y paciente, en definitiva, de un trampantojo: encontrar belleza donde no la hay o donde hay muy poca, por la cuenta que nos trae. Y es que me da la impresión de que todo consiste en un pacto desesperado entre el instinto y los ideales estéticos, un pacto del que siempre sale beneficiado el instinto, más bruto y feroz que cualquier ideal estético, que nunca deja de ser lo que melancólicamente es: un ideal, un etéreo ideal. (Por otra parte, si ese pacto fuese favorable a los ideales estéticos, el 90% de la población moriría virgen.)

Bien. Me he permitido este excurso para evitarles la descripción pormenorizada de los atractivos recónditos de esa persona a la que vengo llamando María y para evitarles, de paso, la explicación de los motivos que me llevaron a solidificar mi relación con ella, que se ha prolongado hasta el instante mismo en que escribo estos papeles.

«¿Sabes cuál es el principal problema de esa mataperros tuya, camarada?», me preguntó una noche Jup, y le contesté que no, porque se me ocurrieron de inmediato varias respuestas. «Pues que, cuando quiere decir algo inteligente, intenta poner cara de persona inteligente, pero acaba poniendo cara de tonta.» (Confieso que me temía algo peor.)

Los sábados por la mañana, si el viernes no me he acostado muy tarde, me acerco a la perrera y echo allí el rato con María, a veces sin ver su cama ni de lejos, porque ella no le dispensa mucha afición a esas escaramuzas, por miedo a ser herida nuevamente en lo más hondo. (Su experiencia, la mala, latente en las cavernas del sentido...) (Me contó una vez esa mala experiencia, y era mala, pero tampoco excepcional: un simple sueño derrumbado.) (Y pisoteado luego.) (Y meado finalmente por el demonio, como quien dice.) (Pero nada, en fin, del otro mundo.) Hablamos de los perros y de la vida en general, comemos en alguna venta de los alrededores, nos acostamos juntos o no, según tenga ella el subconsciente, y al anochecer vuelvo solo a la ciudad para zascandilear con mis amigos, a pesar de que a veces hago propósito de quedarme a dormir con ella, pero, nada más asomar la luna, siento la llamada de los tamtanes, el aullido de las sirenas noctámbulas del mar gélido de la ginebra, el chirriar de los goznes de los féretros de las vampiras, y me largo, y vuelvo el sábado siguiente, y hablamos nuevamente de los perros y de otras muchas cosas, etcétera, y de ese modo vamos acostumbrándonos el uno al otro, porque el amor (o similar) consiste, al fin y al cabo, en un proceso de observación y asentimiento. «¿De observación y asentimiento?» Sí, observar el extraño misterio de la otredad y asentir emocionalmente a ese misterio, aunque el misterio no exista. Porque nos enamoramos de un misterio —aunque sea como tal inexistente, ya digo—, del fluido hipnotizante que emana de otro ser, y bajo el influjo de ese misterio nos sentimos más o menos felices, más o menos acogidos, hasta que llega el fatídico día en que decidimos satisfacer nuestro principal instinto filosófico: desentrañar cualquier tipo de misterio, y entonces nos damos cuenta de que se trata de un misterio irresoluble, sencillamente porque no existe, y que hemos estado buscando algodón entre la niebla con el convencimiento de que la niebla era algodón.

De todas formas, entre María y yo las reglas no son tan rígidas (ni a la vez tan sutiles) como las que rigen la teoría matemática de los conjuntos, pongamos por caso, pero al menos están claras, o esa impresión me da: no nos necesitamos mutuamente, pero tampoco nos molestamos el uno al otro; no podemos enamorarnos, pero tampoco aborrecernos; nunca salimos exultantes de la cama, pero tampoco defraudados; entre nosotros no hay fusión, en fin, pero tampoco repelencia. Ella sueña despierta con mujeres, igual que sueño yo, pero eso forma parte de la zona restringida de cada cual, y allí no pisa el otro, a pesar de que durante un tiempo alimenté el desvarío de que María decidiera compartir conmigo sus amantes: la mujer doble y el atónito Yéremi, inmerso en su quimera duplicada. Pero me di cuenta a tiempo de que sería un intruso en ese ámbito, ya digo, porque era su propiedad secreta, su bosque de las hadas perseguidas vorazmente por las hadas, y ni siquiera llegué a llamar a esa puerta (y de hacer ese ridículo que me libré). Ella tiene dos amigas con las que se acuesta habitualmente, pero el sábado aparece de pronto el mago Merlín y convierte a esas amigas en una fumarola evanescente gracias al poder de su varilla traviesa y de sus conjuros susurrados, y entonces María me hospeda en su mundo de perros condenados a morir y a veces en el calor de su cuerpo de hermosura humilde. «¿De hermosura humilde?» Sí, no me importa reconocerlo, porque la edad va haciéndonos desistir gradualmente de la persecución del arquetipo de la hermosura, ¿verdad?, y nos resignamos al disfrute de las sombras cautivas en la caverna de la fogata inextinguible, esas sombras resabiadas que miran fijamente la pared en la que se proyectan otras sombras imperfectas, y allí nos revolcamos unos con otros, cómplices en lo oscuro, porque somos los topos deseantes, palpando bultos al albur, hermanos de sangre y miedo, siempre de espaldas a la hoguera.

María y yo, en fin, nos sentimos cómodos en la caverna tenebrosa, viendo nuestras sombras chinescas brincar y abrazarse en la pared. Nos gustaría ser huéspedes de otro sitio, claro está, pero no nos importa habitar ese refugio subterráneo, esa cripta que nos acoge, y hay veces en que incluso nos brilla allí el corazón como la plata, porque, a fin de cuentas, el corazón es un músculo, y se ejercita en la ilusión. Y es que también la ilusión, en suma, se resigna, lo que no deja de ser una ventaja de primer orden, ya que el problema más doloroso del ser consiste en su afán de multiplicidad. «¿De multiplicidad?» Sí, de multiplicidad, de disgregación, de expansión desesperada... Démosle el nombre que se nos antoje. O dicho de otro modo: el problema más doloroso del ser no es el ser mismo, sino su anhelo de ser lo que no es, para así pretender ser todo: ser el leopardo que asesina a un antílope, ser el antílope que goza de su carrera en el amanecer helado, sentir la furia inocente del leopardo y sentir el inmaculado terror del antílope que se sabe perseguido, ser el cazador que abate al leopardo y sentir por nosotros mismos la sucia compasión que siente el buitre por el cadáver hediondo del antílope devorado por el leopardo. Ese es el problema doloroso: el apetito de ser demasiadas cosas. (Demasiadas: tantas como las infinitas cosas que en absoluto somos ni seremos.) (Y, sin embargo, esa avaricia angustiosa de identidades ilusorias...) (Qué desastre.)

Tenía que hacer un trabajo para la asignatura de Historia de la Filosofía (y lamento comunicarles que aún lo tengo pendiente) y andaba yo medio loco con aquello, porque no sabía qué materia elegir, al ser el tema libre, ni qué tratamiento darle, y me daba además vergüenza la posibilidad de quedar como un simple ante el profesor, porque los profesores suelen tener muy mal fondo de espíritu.

En principio, se me ocurrió un trabajo titulado «Conjetura conjetural sobre la conjetura» (uno de esos títulos que impresionan al vulgo), de modo que una mañana en que la cosa estaba tranquila con lo de los pasaportes, me puse a tomar notas: «Cualquier conjetura es una imposibilidad en sí misma. Una conjetura puede ser razonable o descabellada, pero da lo mismo que sea una cosa u otra, porque siempre será eso: una conjetura. Es decir, una posibilidad inútil como tal posibilidad, ya que si la conjetura se cumple, deja de ser conjetura, y si no se cumple, ¿para qué sirvió la conjetura?». Y por ese pedregoso camino iba mi pensamiento, en fin, cuando me llamó el comisario para hacerme una consulta, y entonces entró en juego el factor casualidad indeseable y ligeramente increíble, que es un factor más corriente de lo que solemos pensar, sin duda por ese descrédito que padecen las manifestaciones artificiosas del azar cuando se pasan de artificiosas.

Pues bien, cuando iba camino del despacho del jefe, vi que dos compañeros míos llevaban esposado a Quinqui. Lo normal es que aquella circunstancia me alegrase, pero lo cierto es que me aterró. (Aquel desecho estaba al tanto de mi psicotropía, me había visto disfrazado de Merlín, había estado conmigo en Puerto Rico, era amigo de mis amigos…) Quinqui me miró de arriba abajo con ojos muy grandes, supongo que porque mi uniforme lo descolocó, y llegó a sonreírme con esa sonrisa suya que sabe herir, porque contiene un mensaje encriptado que yo había aprendido de sobra a descifrar: «Eres un puto mamarracho, pero estoy haciéndote el favor de manifestarte mi desprecio con una sonrisa y no con un escupitajo en la frente». Confieso que me puse nervioso, porque di curso al delirio de que la detención de Quinqui podía perjudicarme: era un tipo de boca blanda, delator incluso de sí mismo, fanfarrón de sus propias fechorías, y yo le caía mal, y podía procurar involucrarme en cualquiera sabe qué para morir matando.

«¿Qué te pasa?», me preguntó el comisario al verme entrar en su despacho con la cara del color de los papeles, y le dije que me dolía el estómago, lo cual no era falso del todo, porque todo el amasijo de nervios se me había agolpado allí como si fuese la cabeza tremebunda de la gorgona Euríale (hija de Forcis y Ceto, con su cabellera de serpientes), y despaché con el comisario, y me sentí sin fuerzas intelectuales para proseguir mi refutación sofística de la conjetura, y todo mi razonamiento se derrumbó a plomo, y ya no pude reconstruirlo, porque los razonamientos filosóficos son como los sueños: se disipan antes de grabarse en la memoria, quizá porque se trata de estructuras mentales efímeras. (Qué sé yo.)

Me daba la impresión de que las palabras delatoras de Quinqui traspasaban las paredes y resonaban en toda la comisaría como si saliesen de un altavoz: «Ese poli fuma costo, y come pastillas, y se disfraza de mago, y tiene una emisora pirata, y anda liado con una lesbiana gorda...».

Como es lógico, comencé a soltar signos de interrogación por todas partes, para ver si lograba enterarme del motivo de la detención de Quinqui: «¿Qué ha hecho ese?». (Etcétera.) Pero nadie sabía nada en concreto, lo que aumentaba mi nerviosismo, porque las sospechas indefinidas son las más mortificantes, al trazar un radio de aprensión casi infinito.

Llegó la hora de irme y seguía sin saber nada. («Algo grande», decían algunos, basándose en el indicio de que el comisario ni siquiera había salido a tomar café durante más de dos horas, aunque el camarero del bar de enfrente le había llevado ya cinco o seis tazas.) Y a casa me vine, ignorante de todo, y llamé a Jup, por si él sabía algo, pero no estaba enterado siquiera de la detención, de modo que, para distraer la angustia, intenté pensar en algún tema para el trabajo de clase, porque, como ya dije, mi conjetura conjetural sobre la conjetura era asunto desechado: un amago conjetural. Me puse a repasar la libreta en que anoto las elucubraciones importantes de los filósofos, a la búsqueda de algún asidero, y entonces di con una curiosa apreciación de Anaximandro: el ser humano, al igual que el resto de los animales, proviene de los peces. («¿De los peces?») (Sí, así tenía la cabeza por dentro Anaximandro.) Era un buen asidero, sin duda: los peces... Me planteé el trabajo como una conversación entre sofistas, porque me pareció un enfoque original:

—Aseguras, oh Anaximandro, que todos los animales provienen de los peces.

—Así es, en efecto.

—¿Los gatos también?

—Sí, también los gatos.

—Con arreglo a eso, los gatos serían caníbales, oh Anaximandro.

—¿Caníbales?

—Sí, porque, según tu teoría, cuando un gato se come un pescado está comiéndose a un antepasado suyo. Y es más: cuando tú y yo nos comemos una merluza pescada en el mar de Creta, somos en realidad antropófagos, porque nos estamos zampando a un congénere.

(Así funcionan, en fin, los sofismas.)

Y en eso estaba cuando, de pronto, me puse a pensar en lo infinito, y me pareció un tema mejor para mi trabajo que el de los peces, así que no lo dudé: «La palabra "infinito" debe ser usada con mucha prudencia. O mejor aún: no debe ser usada jamás, porque designa un concepto no diré que falso, pero sí ilusorio. Alguien, allá en la noche de los tiempos paleolíticos, pensó en algo inconmensurable y sin término, en algo que fuese la suma interminable de todo lo enorme, y concibió la idea de la infinitud. Pero la verdad es que la mente humana —la mía al menos— no puede imaginar siquiera el infinito, por la sencilla razón de que el infinito no cabe en un pensamiento humano. (Ocurre prácticamente lo mismo con la Nada, que es un ilustre concepto intelectual, de acuerdo, pero que no puede ser una irrealidad física: la Nada es un *sitio.*) (Un mal sitio tal vez, pero un sitio.) (Porque si la Nada existe como tal, podemos ir de excursión allí, y estaremos en alguna parte.) En definitiva, cuando pensamos en la infinitud, no pensamos exactamente en algo infinito, sino en algo muy grande. Sencillamente eso: algo enorme, pero no infinito, porque ese concepto sobrepasa nuestra capacidad de entendimiento…». Entonces oí que aporreaban la puerta. Y sólo existe una persona en el mundo que, en vez de tocar el timbre, aporrea la puerta de mi casa: el camarada Jup.

«¿Qué hostia confitada ha pasado con el camarada Quinqui?» Le dije lo único que podía decirle: que no sabía nada, y me dijo que él tampoco. «Pues a ver si te enteras de algo», y nos pasamos un rato mareando hipótesis.

A continuación, Jup pasó a exponerme un nuevo plan: El Que Fue había propuesto una visita de inspección a la plataforma petrolífera para analizar la utopía sobre el terreno, y Jup iba a encargarse, a través de su agencia, de organizar el viaje, vía Portugal. Contaba ya con la confirmación del Molécula y de Mutis. «¿Te apuntas, camarada?» Y le dije que no, como es lógico, porque aquel asunto del país acuático me parecía un desvarío infantil, y me resultaba raro que Mutis se hubiera sumado a esa expedición, que prometía ser más descabellada que la que nos condujo a Puerto Rico. «Sólo es un fin de semana. Anímate», y le dije que lo pensaría, aunque sólo para evitar su insistencia, porque ni secuestrado haría yo ese viaje. (Con el Molécula incluido en el lote…)

«Voy a pedirte un favor», me dijo mientras se quitaba los zapatos, y me eché a temblar, no sólo por el hecho alarmante de que se quitara los zapatos (¿?), sino también porque el concepto de «favor» que maneja Jup está relacionado casi siempre con el sacrificio ajeno. «¿Te importaría darme un masaje en los pies? Estoy que no puedo ni andar», y me mostró sus pies desnudos, y movió los dedos como si fuesen títeres, y apeló a nuestra camaradería, y me preguntó si tenía alguna crema.

Mientras le masajeaba los pies, le vi de pronto el aura, quién lo diría, porque es algo que se deja ver poco. Era un aura de color morado, que no es un mal color, porque entra en la gama de los tonos benéficos. Cerré entonces los ojos y sentí que, a través de sus pies, me fluía por dentro una visión fabulosa y desasosegante: un fauno sonriente, pleno de vigor, que corría en torno a un grupo de jóvenes, machos y hembras, casi desnudos, con la piel como el marfil y las cabelleras undosas, y todo era muy verde, y turquesa el cielo, y entonces los pies de Jup me parecieron, al tacto, dos pezuñas, y abrí los ojos. «No pares ahora, camarada. Sigue», y seguí masajeándole los pies, sus dedos duros de uñas duras, acostumbrados a triscar por los prados mitológicos en que juegan efebos y ninfas de inocencia lasciva y en los que los faunos astutos siembran el festivo terror de su ansia sin fondo, su ebria sed sin fin de carne joven, su codicia de culos oferentes, su avaricia de coños del color de las rosas machacadas. («Más crema, Yéremi.»)

Cuando terminamos con aquello, Jup me anunció que iba a pedirme otro favor, y creo que puse sin querer cara de espanto, porque él suele racionar las cosas de menos a más: «No te asustes, camarada. Mira, sólo tienes que hablar con tu novia mataperros...». Y pedirle, en fin, que le consiguiera ketamina. «¿Ketamina?», se preguntarán ustedes, que es lo mismo que me pregunté yo. Pues bien, la ketamina es un anestésico de uso frecuente en veterinaria, pero que, según en qué dosis, tiene una doble personalidad psicodélica, ya que propicia la separación del cuerpo y del espíritu, y te pones a flotar por ahí como un espectro, indoloro e ingrávido, entre vendavales y perspectivas sin final, y te sugiere, según cuentan, el viaje de la muerte. (Y eso se lo dan a los caballos y a las vacas cuando los operan.) (Y los caballos y las vacas en cuestión se colocan como monas.) «Ketamina, camarada. Apúntatelo.»

(María me dijo que no tenía ketamina y que no estaba dispuesta a meterse en líos, porque ya habían pillado a varios veterinarios desviando el uso de esa sustancia, que se había puesto de moda entre un grupo selecto de pioneros psicotrópicos.) (Galeote, el experto en narcóticos, me confirmó esos extremos y me aseguró que el efecto predominante de la ketamina consiste en hacerte sentir como una especie de vaca visionaria.) (¿?)

«¿Le comentaste a la camarada mataperros lo que te dije?», me pregunta de vez en cuando Jup, deseoso como está de hacer esa excursión al mundo de los muertos. Y hablando, por cierto, de muertos...

Cuando volví al día siguiente al trabajo, lo hice con el temor de que el comisario me mandara llamar y me leyese la transcripción de la declaración de Quinqui, en la que yo saldría implicado en algo inconcreto de una manera igualmente inconcreta, pero implicado en suma, de eso estaba seguro, o mencionado al menos, porque Quinqui me había perdido el respeto del todo y le había tomado afición al juego de mortificarme, de modo que no iba a dejar correr la ocasión de gastarme una de las gordas, puesta la cosa tan a tiro. Pero mis temores se incumplieron, y entonces el instinto me susurró que la detención de Quinqui no se debía a una bagatela. De modo que me puse a preguntar.

Preguntando, dicen, se llega a Roma, pero yo llegué más lejos: a China. «¿Al país natal de Confucio?» Efectivamente, porque la detención de Quinqui estaba relacionada, por sorprendente que resulte, con el caso Xin Myn.

A ver si logro explicarlo... En un principio, como ustedes saben, se dio por hecho que Zhu Ye había asesinado a Xin Myn y quizá también a la mujer conocida como Eli, aunque en este segundo punto no había certeza alguna. Se daba por supuesto, por otra parte, que Xin Myn se dedicaba a la venta de cadáveres femeninos, como sin duda ustedes recordarán, y se daba igualmente por supuesto que tanto el asesinato del restaurador cantonés como el de la buscavidas cordobesa estaban relacionados con ese negocio mortuorio. Pero, una vez desplegada como un pulpo la investigación, hubo que rectificar sustancialmente algunos detalles.

Para empezar, Xin Myn era una simple víctima, y no por el hecho de que le clavaran un cuchillo de cocina en la cabeza (circunstancia que convierte en víctima instantánea a cualquier persona, incluso a los verdugos), sino porque resultó ser inocente del comercio de difuntas, a pesar de que el cadáver de la mencionada Eli apareciera en la cámara frigorífica de su restaurante. Para continuar, hay que decir que Zhu Ye no asesinó a Xin Myn, como en un principio se dio por hecho, aunque sí a Eli, con quien se traía amores (o similares) de tormenta y tempestad. «¿Quién mató entonces a Xin Myn?», se preguntarán ustedes. La respuesta es muy fácil: Li Fon. «¿Li Fon?» No sé si lo recuerdan: el lugarteniente de Xin, como si dijéramos. «¿El amable Li Fon, admirador del arquetipo masculino y especialista en repostería?» Pues sí, era él quien llevaba el negocio de cadáveres, con una estrategia tan vulgar como la siguiente: cuando moría algún chino soltero o viudo, se personaba Li Fon en el velatorio y tanteaba a los familiares por si estos asumían la creencia tradicional de que los varones no deben ser enterrados solos, y menos aún en tierra extraña, a riesgo de padecer un inconmensurable desamparo; si se trataba de una familia respetuosa con esa creencia y dispuesta a pagar los costes de la maniobra (que eran bajos, ya que Li Fon no obtenía ganancia de aquello: lo hacía únicamente por apego supersticioso al tradicionalismo); si la familia aceptaba, según iba diciéndoles, Li Fon recurría al guarda del cementerio, al que tenía comprado, para que este sacara de su nicho a una recién muerta (a ser posible antes de fijar la lápida, para no ocasionar desperfectos sospechosos), volviera a tabicar el nicho tras alojar en él el ataúd vacío y ayudara finalmente a Li Fon a meter a la fiambre en la furgoneta del restaurante de Xin Myn. («Yo creía que era para hacer comida», declaró el guarda, un alcohólico que, a esas alturas, se tomaba a chirigota todos los asuntos relacionados con la muerte, de tanto bregar con ella.) A veces, la operación había resultado inviable, al no haber ninguna muerta disponible en el momento preciso, pero, en general, las casualidades habían jugado a favor de esas maniobras macabras de emparejamiento post mórtem. Una vez en posesión del cadáver, Li Fon gestionaba su entrega inmediata a los familiares del soltero o del viudo, que gustosamente hacían ese regalo postrero al ser querido, y embutían a la muerta en el ataúd. En total, Li Fon había llevado a cabo seis operaciones de robo de difuntas en el plazo de dos años, aproximadamente, lo que no era gran cosa, ya que la colonia china de aquí apenas suma unos doscientos individuos. «¿Y por qué mató Li Fon a su jefe?» Para poder darles una respuesta, sería conveniente que me hicieran antes otra pregunta: «¿Qué ocurrió entre Zhu Ye y la llamada Eli?». Bien, como ustedes saben, la tal Eli no era precisamente el tipo de mujer que los padres de Zhu Ye hubiesen querido para su hijo cuando lo trajeron al mundo allá en Chonqing. Le daba mucha guerra psicológica Eli al chino, mucha tortura china, como si dijéramos, no sólo a causa de sus labores nocturnas de alterne (a pesar de que esas labores atormentaban a Zhu lo indecible, porque estaba aquel chino comido por los celos, según el testimonio del confidente Merodio, que trató mucho a ambos), sino también porque la artista lo manejaba menos como a hombre que como a muñeco, y lo ridiculizaba en público, y lo metía en reyertas por ella divertirse, y le sacaba el dinero, y lo engañaba con villanos a los que ni siquiera cobraba, y cosas similares que ni ustedes ni yo sabremos jamás, aunque podamos imaginárnoslas sin esfuerzo, porque se trata de un patrón de conducta muy corriente entre las pájaras bravías de la madrugada.

El caso fue que, harto Zhu Ye de padecer aberraciones, concibió su propia aberración: envenenar a Eli. De modo que se plantó en una droguería, compró un paquete del plaguicida bautizado como Baythion DP3, que debió de parecerle el más exterminador de los productos a la venta, y lo disolvió en un bote de leche, porque se daba el caso de que la llamada Eli padecía de gastritis, sin duda por los desórdenes inherentes a su oficio, y se tomaba un bote de leche nada más volver de los reinos del champán. Una vez realizada la fatídica mezcla, Zhu Ye se personó en el bar Tarsis a la hora del cierre, recogió de aquel fango a su amada y le rogó que pasara la noche con él, a lo que Eli accedió, porque, con arreglo a su sistema de equilibrios difíciles, le tocaba estar condescendiente con el chino. Una vez en casa de Zhu, él le ofreció un vaso de la leche venenosa, del que ella sólo tomó un sorbo, al resultarle raro el sabor, en vista de lo cual Zhu Ye, tras una discusión de tono agrio, se vio obligado a apuñalarla. Una vez apuñalada y muerta Eli, Zhu Ye llamó a Li Fon, ya que éste había vendido una muerta a un pariente de aquel, y entre ambos trasladaron el cuerpo de la víctima al restaurante de Xin Myn, lo arrastraron hasta la cámara frigorífica y lo metieron finalmente en el congelador. Como pasaban los días sin que muriese un chino soltero o viudo, el cuerpo de Eli permanecía sepultado entre patos y pollos, para inquietud de Li Fon, que temía que el cadáver fuese descubierto.

Li Fon, según ya he dicho, era el brazo derecho de Xin Myn, y ambos tenían la costumbre de tomarse un té cuando echaban el cierre y se iban los empleados, y hablaban entonces de su país y de asuntos étnicos suyos. Pues bien, una noche, tras aquella tertulia, Xin le comunicó a Li su propósito de inspeccionar el congelador, porque alimentaba la sospecha de que uno de los cocineros le robaba piezas de pato, y Li Fon, como es lógico, se echó a temblar. «Yo lo haré mañana, Xin. No te preocupes. Mañana haré inventario. Dame los albaranes y las facturas y yo mismo me encargaré de desenmascarar a ese ladrón, en el caso de que lo sea», debió de decirle Li Fon a su jefe. «No podría dormir con esa inquietud. Lo haré yo, y en este mismo instante, amigo Li.» (Más o menos.) Bajó, pues, Xin Myn a la cámara frigorífica y Li Fon se quedó pensando. (Aterrado y nervioso pero pensando, lo que es gran malabarismo.) Al cabo de unos minutos, bajó Li Fon a la cámara frigorífica y vio a Xin Myn inclinado sobre el congelador, que tenía las dimensiones de cuatro ataúdes apilados. El suelo estaba lleno de aves congeladas y de paquetes de verduras vueltos hielo, ya que Xin Myn había vaciado el contenido del congelador hasta llegar al fondo, donde reposaba, con el pelo hecho carámbanos, el cuerpo de la asesinada. Presa del pánico (según suele decirse) y sumamente confuso (como suele decirse también), Li Fon le dio un golpe en la nuca a su jefe con uno de aquellos paquetes congelados con la intención de hacerle perder el conocimiento y de aplazar lo posiblemente inaplazable, pero, sin duda por el nerviosismo, se le fue la mano y lo liquidó: Xin Myn RIP, como quien dice.

A continuación, Li Fon telefoneó a Zhu Ye, pero de aquel cónclave de asesinos no salió ningún acuerdo ni estrategia común, puesto que Zhu andaba lo suficientemente desesperado y lo suficientemente bebido como para no entender siquiera lo que Li Fon le decía, ya que este a su vez lo decía con la garganta obstruida por el horror y por el llanto. De modo y manera que Li Fon se encontró de pronto con dos cadáveres, sin nadie a quien pedir ayuda, loco de dolor.

Como es lógico, Li Fon pensó en trasladar los dos muertos al cementerio y, con la ayuda del guarda, ocultarlos en alguno de los nichos vacíos, pero, fuese por lo complicado de la maquinación o por su grado extremo de ofuscación y de angustia, propio de un homicida casual, decidió al final entregarse, porque el asunto tenía a su entender muy mal arreglo.

De todas formas, antes de dar ese paso no menos drástico que melodramático, Li Fon se echó a la calle, y por ahí anduvo desnortado, hasta que el instinto lo condujo, como otras tantas noches, al bar Anubis, templo local del chaperismo. Y, bueno, comprendería yo que les pareciera a ustedes una rima forzada en el interminable poema cósmico, un puro ripio, pero el caso es que a Li Fon se le presentó allí la Providencia bajo la apariencia humana de Quinqui, que resultó entretener sus ocios de ladrón con tareas de puto. Con un pretexto o con otro (¿?), el chino y el delincuente acabaron haciendo migas, y Li Fon le expuso a Quinqui su problema «Todo tiene arreglo», le dijo el optimista al abatido, de manera que al restaurante se encaminaron el asesino inexperto y el supuesto reparador de realidades.

Según la declaración de Quinqui, él sólo pretendió ayudar a Li Fon mediante la simulación de un asesinato propio de un psicópata, para que de ese modo las sospechas no pudieran recaer sobre el mejor amigo de la víctima, y por eso le clavó a Xin Myn el cuchillo en la cabeza, que es casi lo único que un amigo no suele hacerle a otro amigo, al menos en Occidente. («¿Es delito apuñalar a un muerto?», preguntaba Quinqui en su declaración.) Naturalmente, la filantropía no es uno de los valores que sobrecargan el espíritu de Quinqui, y aquella simulación iba a costarle a Li Fon un buen dinero. («No se trataba de un chantaje, sino de un trato», según Quinqui.) De todas formas, aquella acción teatral sirvió de poco, porque Li Fon acabó derrumbándose por dentro, se entregó y delató a todo el mundo.

«Se acabó el vodevil chino», suspiró el comisario, aliviado por el hecho de que aquel enredo de cadáveres ambulantes pasara a manos judiciales. «Todo el mundo está invitado a un café», dijo el comisario, de modo que, por turnos, fuimos yendo al bar de enfrente a tomar ese café de celebración y a comentar lo rara que es la gente de la China.

Finalmente, Mutis no fue a la excursión a la Isla de Metal, y confieso que me agradó su renuncia, porque la entendí como un gesto de fidelidad a la tropa, amenazada de dispersión por los últimos avatares. Jup sí fue, como es lógico, y, durante ese fin de semana, Blasco, Mutis y yo anduvimos de noche por ahí, haciendo la ronda habitual, y nos sentíamos desplazados de un misterio, de una aventura que nuestra imaginación magnificaba, porque la imaginación es un potente microscopio. («¿Qué estarán haciendo?», nos preguntábamos.) («¿Cómo será aquello?»)

A Blasco se le había echado encima, como un tigre, la adversidad: el cine que limpiaba su mujer iban a cerrarlo en cuestión de meses, el banco en que hacía la limpieza había firmado una contrata con una empresa de mantenimiento y la moribunda a la que cuidaba había ingresado en un geriátrico, de manera que sólo iba a quedarle faena en un par de casas, y eso ni siquiera daba para el pago del alquiler. «La ruina», repetía Blasco, porque *Leve y de jade* continuaba dando tumbos malhadados por los concursos poéticos, y ese libro era su único bien: una propiedad etérea y lírica, un capital de tempestades y de tumbas resquebrajadas... Un latifundio, en fin, en el infierno. («La ruina.»)

Aquel fin de semana se me hizo muy largo, porque tenía ganas de que volviera Jup y me contase, con su oratoria hiperbólica, la visita a la plataforma fantasmal, no porque me interesase la visita en sí, claro que no, sino porque de pronto eché mucho de menos a mi amigo, su presencia ruidosa, su verbo zaratustra y vehemente, y creo que a Mutis y a Blasco les ocurría lo mismo, a pesar de que Jup andaba últimamente distanciado de nosotros, dedicado a rendir culto a El Que Fue Y Ya No Es, que le había robado el alma o similar.

Tan enrarecida tenía yo la conciencia, que el domingo por la tarde, a pesar del traumatismo postsabático, llamé a María con la intención de quedar con ella. Me dijo que tenía cosas que hacer, que mejor en otro momento, pero cogí un taxi y me planté en la perrera a media tarde, y María se quedó inmóvil mientras follábamos, inmóvil a propósito, y aquello fue triste, ¿verdad?, triste como pisar una mariposa y restregar el zapato hasta dejarla convertida en un grumo de colores sucios, reconvertida en el gusano que fue, y volví enseguida a casa. Me lié un pitillo y seguí dándole vueltas al trabajo que tenía que hacer para la asignatura de Historia de la Filosofía, y me di cuenta de la dimensión sobrecogedora de mi ignorancia: un desierto interminable —lo que se dice interminable— con dos o tres palmeras enanas azotadas por el simún. (Porque he llegado tarde a esto, porque me han precedido en la indagación de los misterios del ser miles de pensamientos poderosos, miles de charlatanes también, miles de majaras sublimes, legiones de pirados trascendentes, y la búsqueda primigenia de la luz, inherente a toda especulación filosófica, degeneró en la elaboración de esta inmensa tiniebla imposible ya de iluminar: sabemos tantas cosas a estas alturas, que no podemos saber nada con certeza, porque el conocimiento lo hemos convertido en un tótem poliédrico, y cada cual se arrodilla ante uno de sus múltiples ángulos.) (Y es que era relativamente fácil ser un filósofo en la era presocrática, cuando el filósofo no pasaba de ser una mezcla de teúrgo, de augur, de gurú y de sacamuelas, aproximadamente.) (Pero, hoy por hoy, incluso Sócrates nos parece un troglodita.) (Porque todo es ya un lío, una suma de arabescos abstractos.) (¿Y los hermosos nombres, por cierto, de los filósofos antiguos, fósiles ya, fundadores del caos metafísico? Filón de Alejandría, Jeniades de Corinto, Gorgias de Leontini, Pródico de Ceos, Jenófanes de Colofón...) (¿Yéremi de Ucha, del polígono Ucha?)

El lunes llamé a Jup. Le pregunté por el viaje a la plataforma petrolífera, como es lógico, pero no quiso darme detalles: «Mira, camarada, hay veces en que uno se mete donde no debe, pero eso también forma parte esencial del viaje por el laberinto, ¿comprendes?». (La verdad es que no, que no comprendía.) Al día de hoy, no sé qué pudo ocurrir durante ese viaje, porque Jup no suelta prenda, pero estoy convencido de que se trató de un mal viaje, por así decirlo. El hecho de que El Que Fue no volviese es un dato a favor de mi hipótesis, y les confieso que me alivió mucho esa desaparición: aquel charlista había tomado un rumbo nuevo, orador errante, tornado verbal, y andaría por cualquiera sabe dónde sembrando entre la gente el sueño de un país de metal flotante en un océano y profiriendo teorías paradójicas sobre el conjunto de cosas visibles e invisibles que conforman la trama de este mundo.

«Aquel tipo era un farsante, camaradas», nos dijo Jup una noche en que los cuatro integrantes de la vieja tropa andábamos de nuevo juntos, supervivientes felices de invasiones enemigas, en busca de tesoros fortuitos. «Un farsante y un mamón.» («A este seguro que le ha sacado dinero el charlatán», me dijo Blasco.) (Pudiera ser.) (¿?) (Porque los visionarios casi siempre rompen por ahí.)

Es curioso: por aquella época, en el terreno sentimental, todos pisábamos arenas movedizas, si me permiten la expresión. Jup rompió definitivamente con Rosita Esmeralda y andaba vanamente encaprichado de Vani Chapí (no sé si la recuerdan: la camarera de Hospital, la que tenía unas tetas enormes y llevaba un parche bucanero en el ojo por capricho, ya que el ojo tapado estaba sano y entero). Lo de Ruth y Mutis, por su parte, había acabado, porque a Mutis las orquídeas sombrías le duran poco: el tiempo de devorar su cápsula. Blasco andaba con una puta medio retirada a la que había conocido en una de esas discotecas de gente vencida a las que suele ir para matar los deseos apremiantes y para satisfacer sus delirios de seducción, y una noche, a las altas horas de las confidencias, nos confesó que había tenido una pesadilla en la que ella le decía: «Me has echado cien polvos, y eso quiere decir que me debes un millón de pesetas», y el poeta de los apocalipsis y de las madrugadas de walpurgis se despertó sudando. Yo seguía viéndome, una vez por semana, con María, pero me dio por distraer una ilusión mortificante, personificada en una cajera del supermercado en el que suelo comprar, una muchacha de aire absorto llamada Elena. (Lo ponía en la placa identificativa: Elena.) (La de los ojos grises, la del negro pelo trenzado, hundida en su melancolía, meditabunda y misteriosa, hacendosa y pudibunda.) (La atónita ante su destino.) Debo de doblarle la edad —y corto puedo quedarme—, y la verdad es que uno acaba comprendiendo que el tiempo es un valor mercantil muy exótico: cuanto más acumulas, no sólo te queda menos, sino que menos vale para los demás lo que te queda. (El tiempo, con sus negocios raros...) Pensaba en Elena antes de dormirme, que es la hora de los sueños electivos; imaginaba su desnudo rotundo y acobardado, su espanto de doncella raptada por un dragón que no quisiera ser dragón sino un caballero de armadura de plata, pero que es un dragón y ruge, y echa fuego por la boca porque le arde el alma de rencor; iba a comprar cualquier cosa sólo por verla, por ver sus manos finas y veloces pasar los paquetes por la pantalla de infrarrojos, por mirar durante unos segundos el hueco que formaban sus muslos en la silla giratoria, una caverna cálida de sombra y nailon (el nailon blanco de sus medias, escarcha geométrica sobre su piel...), y hacía yo cola delante de su caja aunque las demás cajeras estuviesen con los brazos cruzados... No sé, esa brújula enloquecida (o similar) que tenemos en el corazón.

Según me contó Eva Báez, en el siglo XVIII hubo un cura francés, cuyo nombre no recuerdo, que afirmó en un libro que con sólo varias frases compuestas por palabras mágicas se podrían dominar todas las ciencias. Y, bueno, las ciencias no sé, pero sí desde luego el corazón de alguien. Basta una frase mágica, en efecto, para encender el amor, para formar una fogata y quemarte a lo bonzo abrazado a otra persona. (Y al contrario también, claro está, y con mayor frecuencia, porque basta una frase equivocada para apagarlo, al ser siempre el amor la hoguera amenazada, el fuego frágil.) No me refiero a esas frases que sirven para llevarse a alguien a la cama. (Para eso puede ser suficiente un trabalenguas ingenioso, una súplica oportuna, un simple chiste de náufragos.) No. Me refiero a esas frases que despiertan la ilusión de la apertura de un mundo fascinante en quien las oye y se dice: «Quiero entrar en ese mundo». Pero no conozco ninguna de esas frases mágicas, esas frases ladronas de espíritus, esos susurros corsarios que se adueñan de tesoros escondidos, y Elena será siempre un mero juguete doloroso de mis duermevelas por culpa de una frase que no sé formular, de un abracadabra de sílabas raptoras, de un rápido conjuro capaz de hacer que choquen entre sí los universos, los sangrantes universos vagabundos que somos cada uno de nosotros, ignorantes de la hechicería de las palabras afortunadas, con nuestra boca rígida como la de los muertos, imposibilitados para la pronunciación de esas frases secretas que abren el portón astral de lo sagrado, porque los labios se nos quemarían. «Sí, el champú y los champiñones. ¿Cuánto es?», y Elena me decía una cifra, y le daba entonces unas monedas, y ella me devolvía otras junto al recibo, en un movimiento robótico, y las yemas de sus dedos rozaban por un instante la palma de mi mano, y las frases mágicas flotaban inasibles en su limbo, como una sopa de letras, como un abecedario de cartón desparramado por una cámara ingrávida. (Un día llegué al supermercado y Elena no estaba. Y al día siguiente tampoco estuvo. Ni al otro. Y me dije: «Todo fluye imparable hacia el carajo».) (Porque esa es la verdad: que todo fluye.) (Hacia el carajo.) (Esa es la dirección exacta que acaba tomando todo.) (Aunque, al mes siguiente, Elena volvió.) (No sé de dónde: del Hades, del carajo…) (No lo sé.) (Pero volvió.)

Con la fuga repentina de El Que Fue, el Pabellón Helado perdió a su estrella, de modo que la programación retomó su línea original: poetas ricos en rimas, historiadores locales, profesores jubilados con ansias de púlpito para revelar a la plebe sus teorías sobre la caída de la civilización tartésica o sobre los enigmas esotéricos de las pirámides, ufólogos tronados, etcétera.

La última vez que asistí a un acto cultural en el Pabellón fue con motivo del número que montó un vidente: Raffo. En el cartel anunciador se pedía al público que llevase fotografías individuales, no de grupo, de personas vivas o muertas, porque una de las mañas de aquel individuo consistía en adivinar si el retratado andaba por aquí o por el más allá con sólo pasar el dedo por el reverso de la foto. Éramos unos quince los asistentes, y casi todos llevamos fotos, y en todos los casos acertó, a pesar de que el margen de trampuchería era como quien dice nulo, porque, antes de tocar la foto y de dar su veredicto, Raffo se vendaba los ojos y pedía al propietario de la foto que enseñara al público un cartón en que se leía SÍ o NO, según se tratase de un vivo o de un fiambre, respectivamente, y Raffo decía lo que correspondiera. (Yo llevé tres fotos: una de Ana Frei, otra de mi padre y otra mía.) (Y en los tres casos acertó, ya digo.) Cuando terminó aquello, Jup se puso a hablar con Raffo, porque mi amigo no desaprovecha la ocasión de trato con celebridades, así lo sean de categoría penosa. «El camarada Yéremi también es vidente», y Raffo me miró a los ojos durante los dos o tres segundos en que le sostuve la mirada y dijo secamente: «No», y siguió alternando con unos y con otros, disfrutando de su brillante noche. («El camarada Raffo te ha calado, camarada.») (Pero el camarada Raffo no es el camarada Dios, camarada Jup.) (Y hay pequeños poderes invisibles, y soy dueño de un pequeño y confuso poder.)

Esa fue la última vez que estuve en el Pabellón Helado por un motivo cultural, según les decía, y no sólo porque mi interés por los charlistas decreciera, sino también porque, tras la marcha de El Que Fue y la detención de Quinqui, el Molécula era el único virus que infectaba mi pensamiento, por así decirlo, y conviene sanear el pensamiento de presencias intrusas, porque ese tipo de virus acaba instalándose en la conciencia, y allí se hace fuerte, y te la pudre. Aquello sigue en funcionamiento, y acuden allí oradores de varia condición a enredar a su modo en las artes, las letras o las ciencias, pero el público es más escaso cada vez, según me dice Jup, de modo que el Molécula, para no perder calidad de vida, decidió un día abrir aquello como bar nocturno, de completo tapadillo, como es lógico, aunque se guardó en la manga la excusa de presentarlo como una actividad recreativa para uso exclusivo de los miembros de una asociación cultural sin ánimo de lucro, subvencionada además por el propio Ayuntamiento. Montó el Molécula allí un equipo de música, llenó las neveras y se cruzó de brazos a la espera de clientes, bajo la sombra del busto de Lenin, irreconocible a esas alturas no sólo por el sombrero que el Molécula le había puesto, sino también por unas gafas de sol de patillas doradas que, sobre el verdor del bronce, le daban un aire de narcotraficante jamaicano o similar. Los primeros clientes, como es lógico, fuimos nosotros cuatro, los de siempre, porque Jup se empeñó en que fuésemos allí a tomarnos una copa antes de seguir el itinerario habitual, y allí estuvimos bebiendo y liando pitillos, mientras el Molécula nos contaba sus chistes de gracia intransferible. Y en esto llegó el Proyéctil en su silla motorizada. Le pidió una cerveza a su hermano, pero el Molécula le dijo que no, de modo que se puso el inválido a dar vueltas por el local igual que un perro loco, chillando como si le estuviesen sacando la tráquea por la oreja, hasta que tropezó con Jup y por poco lo tumba, y entonces el Molécula le tiró a su hermano un cenicero de cristal y le dio en plena cara, y aquella criatura se puso a chillar con más fuerza y más inquina, y sus chillidos resonaban en el local vacío como la modulación operística del berrido de un cerdo degollado, y aquello parecía un aquelarre. Salió a continuación el Molécula de detrás de la barra y se puso a empujar al Proyectil, hasta que lo estrelló contra una pared, y la silla se volcó, y el Proyectil chillaba, y lo pateaba el Molécula. Entonces, el poeta Blasco increpó al Molécula, y el Molécula increpó a Blasco, y empezaron a engallarse, y se repartieron unas cuantas tortas, y tuvimos que separarlos como pudimos, porque parecían un solo cuerpo con muchas manos, y el Proyectil, tirado en el suelo, seguía chillando incluso con los ojos, porque parecía que se le iban a salir de las cuencas por la presión del espanto.

Entre Mutis, Jup y yo levantamos al Proyectil y lo acomodamos en su silla. Jup le dijo al Molécula que le pusiera una cerveza al Proyectil, que lo invitaba él, pero el Molécula dijo que a la mierda, que esa noche no había cerveza para el Proyectil porque había roto la pantalla del televisor, y el Proyectil gemía como un niño moribundo, y Blasco acabó dándole su cerveza. «Tú, puerta», le dijo el Molécula a Blasco, y entonces Blasco derribó los vasos y botellas que había sobre la barra. El Molécula, por su parte, cogió una botella por el cuello, se fue para Blasco y le dijo poeta maricón, y tuvimos que parar de nuevo aquello, y entonces Jup llegó a la conclusión de que era mejor irse, y nadie se lo discutió, quizá porque el infierno puede ser a veces un concepto objetivo.

Por lo que sé, el Molécula mantiene abierto el bar, y la policía no le incordia, y le va mucha gente, según Jup, porque los sábados es lo último que cierra, y allí desembocan las cabalgatas de colocados, igual que dráculas que huyen de la luz, buscando el calor de los ataúdes, los terciopelos de la tiniebla en pleno día. (Supongo que aquello será una madriguera de perturbados, como es lógico.) (Y que se congregarán allí las muchachas más tiradas y más politoxicómanas de toda la región, como es lógico.) (Y que no estará mal.) (Pero nunca iremos, por respeto a Blasco.)

Desde hace un par de semanas, trabajo por las tardes en la agencia de viajes de Jup. Me lo propuso y acepté, en parte por el sobresueldo y en parte porque me pareció una tarea coherente con mi trabajo: tramitar pasaportes durante la mañana y, por la tarde, facilitar a la gente la huida temporal de su vida asquerosa. Esta nueva ocupación me quita tiempo para el estudio, pero ustedes saben, tan bien como yo, que tengo asumido el hecho de que nunca seré un filósofo profesional, sino un autodidacta empeñado en tantear en las tinieblas, y me conformo con eso, porque peor hubiese sido pasar por este mundo cegado del todo por esas tinieblas, sin intentar siquiera desbrozarlas.

Jup tiene dos empleados dicharacheros que catapultan a cualquier parte del mundo a los marcopolos repentinos, y resulta curioso observar a ese tándem sentado ante el ordenador, igual que magos ante el caldero de las hechicerías, estudiando las conexiones de los vuelos, barajando destinos, las opciones de fuga, hablando de ciudades en las que jamás han estado como si hubieran crecido allí, emperadores de las playas tropicales, de los hoteles junto al mar y de las camas supletorias.

Mi labor es más modesta y callada: clasificar y resumir diariamente las ofertas de última hora para que, cuando lleguen viajeros indecisos, tengan información ordenada de adónde pueden escaparse: el lugar más lejano posible al menor precio posible. (Incluido Puerto Rico.) (Pobre gente.)

El sábado pasado, antes de irnos por ahí, vino Jup a casa con una botella de ron. «Vamos a celebrar tu incorporación al gremio de vendedores de alfombras volantes, camarada.» Y brindé con mi nuevo jefe, y yo tenía ya dos pirulas de *éxtasis* y una china de hachís en el pastillero, dispuesto a lanzarme con mis amigos, igual que misiles trastornados, a las ilusiones inciertas de la noche. «Brindemos de nuevo», y brindamos de nuevo, pero se me cayó el vaso. «Este brindis ha sido una mierda, camarada. Brindemos de nuevo», y ese nuevo brindis sonó bien: como el choque fraterno de dos planetas de cristal. «Eso está mejor», y seguimos bebiendo. «Un día tengo que llevarte a Hospital, camarada. ¿Cuándo es tu cumpleaños?»

Mi cumpleaños ocurrió hace ya unas horas. Lo he celebrado contándoles a ustedes estas historias peregrinas. «¿Y por qué nos has hecho perder el tiempo con tus historias peregrinas?», me preguntarán, y con razón, porque comprendo que el relato de cualquier vida es un misterio, sí, aunque no para quienes lo escuchan, sino para quien lo cuenta. (Pero, en fin, no sé, digamos que tenía ganas de hablar.)

No obstante, todo se acaba, y este relato mío, que en un principio iba a ser una carta de súplica a unos reyes fantasmagóricos, ha derivado en una carta de protesta dirigida al tiempo. Porque me temo que, a partir de ahora, mi vida será un etcétera, un futuro representado por tres puntos suspensivos. Sé que algún día, más pronto que tarde, no tendré ya ganas de quemar la noche en Oxis, en parte porque me sentiré allí como un contrabandista y en parte porque me notaré reblandecido el espíritu épico, por así decirlo, y las resacas serán enfermedades mentales demasiado serias; sé que algún día dejaré de ir al Garden, porque el sexo dejará de ser un incendio rápido en el alma; sé que llegará el momento en que el alcohol será para mí puro veneno, en que el hachís me provocará una taquicardia alarmante, en que el *éxtasis* me hará únicamente llorar. Y sé que las muchachas me resultarán inaccesibles del todo (aunque un poco indiferentes también), que sentiré rencor hacia los jóvenes, que maldeciré el tiempo que perdí, que consideraré una fortuna dilapidada incluso los días anodinos del pasado. (Pero, en fin, supongo que todo eso está previsto en el guión, porque la vida tiene esencia de melodrama.)

Antes, hasta hace no mucho, entendía mi existencia como una acumulación caótica de episodios sueltos, como una suma azarosa de experiencias dispares, pero, de repente, todo cobró un sentido global, una armonía pavorosa, una coherencia inesperada, y me dije: «Yéremi, el destino era esto: no un camino predeterminado, sino una improvisación chapucera».

En fin, los cumpleaños resultan muy deslucidos cuando caen en miércoles, porque es el día más melancólicamente laborable de todos. María me dijo esta mañana que tenía mucho trabajo, pero que me pasara a verla si me apetecía, cosa que no me apetece, como es lógico, porque, en vez del humo de las velas de una tarta, vería el humo de los perros incinerados, y tampoco está uno para eso. Jup me ha prometido que el sábado iremos todos a Hospital, pero el sábado me parece ahora mismo una fecha remota. Mutis casi nunca sale entre semana, ocupado en sus latines, y Blasco ha tenido que emplearse en la central de una distribuidora de productos refrigerados: mil metros de Antártida en las afueras de la ciudad, y allí pasa ocho horas al día, metido en una especie de traje de astronauta, clasificando mercancías heladas y concibiendo sin duda grandes poemas sobre el horror polar, límpido como debe de serlo el que sentiremos en el instante previo al de la muerte. De manera que pasaré la noche en casa, y quizás aproveche el tiempo para escribir de una vez el trabajo filosófico que tengo pendiente, porque, hace unos días, leyendo un antiquísimo texto anónimo de tradición sofística titulado *Razonamientos dobles*, encontré un párrafo que puede dar mucho juego: «El mismo hombre vive y no vive, y lo mismo es y no es. Pues quien está aquí no está en Libia, quien está en Libia no está en Chipre, y todo según el mismo razonamiento. Por tanto, las cosas son y no son». (Las ocurrencias, en fin, de los sofistas.)

Son las once y veintitrés de la noche. Les confieso que aún alimento la esperanza de que de pronto lleguen mis amigos, con botellas y regalos, y me digan: «Venga, Yéremi, vístete, que nos vamos por ahí». Pero no creo que vengan, porque ya lo han oído ustedes: quien está en Libia no está en Chipre, y las cosas son y no son.

Hace cosa de una hora, cogí los prismáticos y me distraje en espiar los movimientos de mis vecinos, aunque reconozco que esa tarea me defrauda siempre: mujeres cansadas que preparan la cena a hombres cansados, siluetas que encienden una luz, que apagan una luz, que se mueven lentamente, que fuman lentamente en el balcón... Estaba en eso cuando vi llegar a Coyote Psicopático, con su pelo engominado y con su chupa de gala, pero solo, porque se ve que los miércoles no son un buen día para nadie, o quizá porque el tiempo acaba tratándonos a todos de forma parecida.

Pero, en fin, ya hemos echado el rato, ¿no? Merodeando, dando vueltas sobre el mismo eje, pero de eso se trataba en el fondo. Porque el pasado no es un pasillo recto (creo yo), sino una cámara circular, y allí no hay ningún rincón en el que poder refugiarse de la tormenta que viene. (Lo que se dice ninguno, amigos míos.) Porque el futuro fluye hacia el pasado cada vez más deprisa. Y algo habrá que inventar.

Rota, marzo de 1998-abril de 2002